KB038921

청소년 인터넷 게임 중독의 예방과 치료

K. Lindenberg · S. Kindt · C. Szász-Janocha 공저
홍순범 · 박선영 · 이승아 · 지성인 · 강소연 · 김선주 · 박영은 공역

INTERNET ADDICTION IN
ADOLESCENTS

The PROTECT Program for Evidence-Based Prevention and Treatment

학지사

이 저작물은 서울대학교병원 더쉼(The SHIM, SNUH Health In Mind) 마인드바디센터로 기부된
기부금 재원으로부터 지원받아 제작된 성과물임
This publication is a product supported by funds donated to The SHIM(SNUH Health In Mind)
Mind—Body center, Seoul National University Hospital, Republic of Korea

역자 서문

 정신과 의사로 일하다 보면, 인터넷 게임, 스마트폰 사용과 관련된 문제를 경험하고 있는 청소년이나 젊은 성인들을 자주 마주하게 된다. '게임 중독', '스마트폰 중독'으로 진료실을 방문하는 환자들도 있지만, '우울', '무기력감'을 증상으로 찾아와 면담을 진행하다 보면 "아무것도 하기 싫어서 게임만 해요.", "그냥 누워서 스마트폰으로 영상 보다 보면 하루가 다 가요."와 같은 이야기를 하게 되는 경우가 많다. 환자와 함께 방문한 부모님이 "우리 아이는 하루 종일 게임만 하고, 거기에 용돈도 다 써 버려요. 제발 게임 좀 못하게 해 주세요." 라는 호소를 하는 사례도 많다. 하지만 치료자로서 가장 무력감을 느낄 때는 청소년들이나 젊은 성인들이 "어차피 저는 뭘 하기에도 늦은 것 같고 이미 이번 생은 망한 것 같은데, 그냥 계속 이렇게 살래요."라고 이야기할 때였다.

 이처럼 많은 젊은이가 인터넷 중독과 관련된 문제를 보이고 있지만, '인터넷 사용 장애(Internet use disorder)'와 '게임 장애(gaming disorder)'는 아직까지 '질병'으로 확실하게 인정받은 것도 아니고, 그렇다고 '질병'이 아닌 것도 아닌 애매한 위치에 있다. '질병'으로서의 지위가 불완전하기 때문에 '치료법'에 대한 합의된 의견이나 지침이 나와 있는 것도 아니다. 우울증이나 ADHD와 같은 공존 질환이 아닝, 인터넷과 관련된 상태 자체에 효과가 있다고 공인된 약물치료가 없다 보니, 과다한 인터넷 사용에 대한 개입을 해야 하는 상황에서 많은 임상가는 당혹스러움을 느끼게 된다. 필자도 마찬가지였다. 그 래서 서울대병원 정신건강의학과에서 '비약물적 통합치료'의 개발과 도입을 위한 '더쉼 센터'가 개소한다는 소식을 듣고, 인터넷/게임 장 애를 위한 근거-기반 치료법을 개발해 보겠다고 제안하게 되었다.

치료 프로그램 개발을 위한 첫 번째 단계로, 서울대학교 의학도 서관 사서 선생님의 도움을 받아 인터넷 게임 중독의 치료를 주제로 출판된 논문과 책들을 검토하였는데, 생각보다 자료가 많지 않아 놀 랐던 기억이 난다. 논문의 수 자체는 적지 않았지만, 충분한 표본 수 로 효과성이 검증된 임상 연구가 많지 않았고, 실제 프로그램의 구 체적인 내용을 알기 어려운 경우가 많았다. 논문을 출판한 저자들에 게 직접 메일을 보내, 한국에 치료 프로그램을 개발하고 도입해 보 기 위해 프로그램 자료를 공유해 줄 수 있는지 문의해 보기도 했지 만, 답장을 받지 못한 경우가 대부분으로, 프로그램 개발을 어디서 부터 시작해야 할지 막막함을 느꼈었다.

그렇게 방황하던 중, 2022년 2월 JAMA Network Open에 실린 Lindenberg 박사의 PROTECT 프로그램에 관한 논문을 접하게 된 것은 큰 행운이었다. 독일의 학교 현장에서 422명의 청소년을 대상 으로 효과성이 검증되었을 뿐만 아니라, 책을 통해서 누구나 인지행 동치료 프로그램의 내용을 확인하고 사용할 수 있도록 매뉴얼을 제 공하고 있기 때문이었다. 바로 책을 구입해서 프로그램 내용을 살펴 보니 인터넷 게임 장애와 관련된 이론을 바탕으로, 4회기의 짧은 회 기 동안, 생활습관을 개선하고 감정 조절 능력을 키움으로써 인터넷 게임 중독 문제에 접근하는 방식이 매우 훌륭하다고 생각되었다. 곧

바로 프로그램의 개발 책임자인 Lindenberg 박사에게 메일을 보내 한국에서 프로그램을 수용 개작하여 도입해 보고 싶다는 의사를 밝혔고, Lindenberg 박사는 한국에서의 프로젝트에 깊은 관심과 흥미를 가지고 흔쾌히 응해 주어 프로젝트가 시작되었다.

홍순범 교수님의 적극적인 지원하에 강소연, 김선주, 박영은 세 분의 연구원 선생님께서 프로그램 매뉴얼의 초벌 번역을 진행해 주셨다. 이 프로그램의 핵심이 되는 '합리적 정서 이야기(rational emotive story)'의 예시 사례들이 독일의 청소년들을 기반으로 만들어졌기 때문에 한국의 청소년들의 삶과 맞지 않는 부분이 있어, 뒤늦게 합류하였지만 정말 큰 도움이 되고 있는 이승아 선생님과 함께 청소년들과 학교 현장에 계신 선생님들의 인터뷰를 진행하며 수용 개작을 진행하였다. 마지막으로, 청소년 및 젊은 군 장병들의 진료와 연구에 깊은 관심이 있는 지성인 선생님이 먼 곳에서 함께 이 책의 제1부인 인터넷 사용 장애에 대한 기본 개념들의 번역을 진행해 주어 책이 완성될 수 있었다.

한국에 맞게 수용 개작된 PROTECT-K(PROTECT-Korea) 프로그램은 현재 서울대병원에 도입되어 지역의 청소년들과 외래에 방문하는 청소년들의 건강한 인터넷 사용을 위한 도움을 주고 있다. 이 책을 통해 학교, 진료실, 상담실 등 다양한 환경에서 더 많은 청소년들이 도움을 받을 수 있기를 희망하였던 Lindenberg 박사의 바람처럼, 한국에서도 청소년들을 만나는 다양한 전문가 선생님들이 이 책을 활용하여 더 많은 청소년들에게 도움을 주실 수 있기를 희망한다. 이 책의 제1부를 통해 인터넷 사용 장애에 대한 이론을 정리할 수 있고, 제2부를 통해 프로그램의 구체적 진행 방법을 익힐 수 있다. 원저에서 온라인을 통해 트레이너 자료집 및 활동지를 제공했던 것처럼, 한국판 역시 온라인(학지사 홈페이지 자료실에서 다운로드)을 통해 트레이너용 자료집 및 활동지를 제공받을 수 있다. 또한 대표 역자들이 자세한 프로그램 진행 노하우가 궁금한 모든 전문가 선생님께 가능한 많은 도움을 드릴 예정이다. 이 책과 PROTECT-K 프로그램을 통해 한국에서도 청소년의 인터넷 사용 문제에 대한 이해의 폭이 넓어지고, 중재에 대한 많은 논의와 연구가 확산되기를 기대한다.

서울 종로구 연건동

서울대학교병원

박선영

오늘날 스마트폰, 태블릿 PC, 컴퓨터, 노트북 등의 전자 기기 없이 일상을 살아간다는 것은 상상도 하기 어려울 정도가 되었다. 최근의 통계에 따르면, 산업화된 국가의 대다수 가정은 적어도 5개 이상의 기기를 가지고 있으며, 거의 모든 아이들은 게임을 위한 전자제품을 가지고 있다. 우리의 학교, 직장, 여가 생활의 많은 부분이 전자 기기에 의존하고 있고, 이 기기들 덕분에 많은 혜택을 보아 온 것은 분명하다. 하지만 많은 학자들은 사람들이 이러한 기기에 '의존' 되는 것의 위험성을 경고하고 있다. 논란이 되는 질문은 다음과 같다. "사람들이 디지털 기술에 '중독'되었다고 이야기하는 것이 과연 공정하고 유의미한가? 그렇지 않다면, 사람들은 단순히 디지털 기기를 많이 사용하는 것뿐인가?" 보건 당국에서 '적정 사용 시간'을 발표하는 것은 우리의 일상에서 동떨어져 보일 때가 많은데, 학교 환경을 포함해서 사람들은 결코 전자 기기와 떨어져 있을 수 없기 때문이다. 그렇지만 지난 수십 년간의 연구 결과를 통해 많은 사람들, 그중에서도 특히 젊은 사람들이 게임, SNS, 온라인 쇼핑, 온라인 포르노, 온라인 도박 등의 디지털 기술을 과도하게 사용하고 있다는 것을 잘 알고 있다. 극단적인 일부의 경우에서는, 외부의 개입이나 도움 없이는 스스로 이런 행동을 조절할 수 없기도 하다.

오늘날 사람들의 반복적인 인터넷 사용 행동이 어떻게 발생하고 지속되는지에 대해서는 중독 이론을 통해서 설명되고 있다. 이러한 모델의 기본 설명은, 개인들이 조절되지 않은 행동으로 인해 스스로에게 분명한 피해가 발생하고 있다는 사실을 알고 있음에도 불구하고, 이 행동을 통제하지 못하고 지속하고 있다는 것이다. 2018년 발표된 세계보건기구(World Health Organization)의 『국제질병분류』(11판)(International Classification of Diseases 11th revision: ICD-11)'에는 '게임 장애(gaming disorder)'가 도박 장애와 함께 '중독성 행동으로 인한 장애'의 범주에 포함되었다. '해로운 게임'과 '게임 장애'의 정의를 통해서, 개인에게 심각한 고통과 부정적 결과를 유발할 수 있는 과도한 행동의 정의가 확립되었다. 이러한 분류는 1990년대 이후로 축적되어 온 여러 연구 및 임상적 증거를 바탕으로 한 학계의 토론을 통해 얻게 된 산물이다. '행위 중독(behavioral addiction)' 분야는 빠르게 성장하고 있으며, 특히 최근 관련된 전문 학술지가 출판되고 국제 학회가 개최되는 등 많은 주목을 받고 있다. 하지만 학계에서도 아직까지 인터넷과 관련된 문제 행동에 어떻게 효과적으로 대응할 수 있을지에 대한 분명한 답을 내리지는 못했다. 특히, 중재와 관련된 연구 결과들은 연구 설계의 불충분함이 있는 경우가 많았고, 행동 변화에 효과를 보이는 요소를 분명하게 제시하지 못했다는 점에서 비판을 받았다.

인터넷 과사용 문제의 중재와 관련된 새 책의 서문을 맡게 된 것은 관련 분야의 학자로서 개인적인 큰 기쁨이다. 이러한 연구는 인터넷과 관련된 문제들을 예방하고, 이 문제인 취약한 집단인 젊은이들의 증가하는 요구를 해결하는 데 기여할 수 있는 근거를 마련하는 토대가 된다. PROTECT 모델은 인지행동치료(Cognitive-Behavioral

Therapy: CBT)의 기본 개념에 토대를 두고 있으며, 이는 중독 행동 중재에 대한 합리적인 출발점이 된다. 여러 연구 결과들의 비일관성과 한계에도 불구하고 CBT는 게임과 인터넷 관련된 문제들을 다룬 최신의 연구들에서 가장 강력한 지지를 받고 있는 중재 방법이다. 특히 이 책의 강점으로 여겨지는 중요한 포인트는, 과도한 행동을 줄이기 위한 핵심 접근으로서 '감정 조절'에 초점을 맞추고 이를 다룬다는 것이다. 게임 중독을 포함한 행위 중독의 위험 요소에 관한 많은 연구들에서, 감정 조절이 문제 행동의 발달과 밀접한 관련이 있다는 사실이 보고되어 왔다. 이 책의 감정 조절과 대처 기술 훈련에 초점을 맞춘 방향은, 반드시 '중독된' 개인만을 포함하는 것이 아니라 여러 대상으로 확장되어 적용될 수 있다는 점에서 유연성을 가지고 있다. 뿐만 아니라 위험 요소를 가지고 있거나, 문제를 경험하기 시작한 개인들을 위해 활용될 수 있다는 점에서도 강점을 갖는다.

이 책에 제시된 접근의 또 다른 중요한 측면은, '문제해결'에 중점을 두고 있다는 것이다. 이는 감정 조절과 상보적으로 작용하며, 도박과 같은 비슷한 문제들에 대한 권장 사항을 잘 따르고 있다. 일반적인 문제해결 기술을 기르는 것은, 특정한 문제 행동을 명시적으로 연결 짓지 않으면서도 이를 해결하는 데 적용될 수 있다는 데 강점이 있다. 특히, 행위 중독과 같이 대상자 본인과 가족들의 문제 행동에 대한 보고가 일치하지 않는 정신건강 문제에 접근하는 데 효과적으로 적용될 수 있다. 인터넷 과사용처럼 새로운 기술과 관련된 문제를 치료하는 데 있어 흔히 발생하는 문제는, 내담자들이 많은 경우에 병식(insight)이 별로 없으며, 본인들의 인터넷 사용 행동에 문제가 있다는 점을 받아들이는 데 저항한다는 것이다. 게임이나 다른 온라인 사용 행동이 '문제'라는 점에 초점을 맞추고자 하는 치료자는 내담자의 부정(denial)과 분노(anger), 그리고 좌절(frustration)을 맞닥뜨리고, 내담자가 치료에 참여하지 않는 방식으로 무시당할 수 있다. 이는 일부 내담자들이 중독성 행동이 단기적으로만 스트레스의 감소를 가져올 뿐, 장기적으로는 처리해야 할 문제가 된다는 사실을 받아들이기가 어렵기 때문에 발생하는 문제다. 여러 다양한 상황에서의 해결책을 탐색하고 대처 역량을 기르는 것은, 회복탄력성을 키우고, 개인의 복지와 목표 달성, 만족감을 가져오는 데 귀중한 자산이 되며, '문제 행동' 자체에 초점을 맞추지 않으면서도 해결할 수 있는 효과적인 방법이 된다.

마지막으로, 과도한 온라인 행동에 관한 연구와 이에 대한 효과적인 대응을 마련하는 초기 단계에 있다는 저자들의 관점에 지지를 보내고자 한다. 앞으로, 순수한 기초 연구부터 응용 연구, 대조군 실험 등 심리 과학과 행위 중독 학계 전반의 발전을 가져올 다방면의 연구가 더욱 많이 필요하다. 이 책이 독자들에게 과도한 온라인 활동의 예방 및 치료에 접근할 수 있는 분명하고 쉬운 방법을 제시할 수 있는 한 걸음이 되기를 기대한다.

Flinders University

Bedford Park, SA, Australia

Daniel King

저자 서문 🔍

규민이의 알람 시계가 7시 반이 되었음을 알리며 울리고 있습니다. 하지만 규민이는 여전히 피곤하고 학교에 갈 의욕이 생기지 않습니다. 규민이는 눈을 뜨자마자 스마트폰을 켜고 밤사이 쌓인 메시지를 확인하며 하루를 시작합니다. 규민이의 친구 도준이가 새벽 4시에 보낸 메시지를 발견합니다. 도준이는 새벽 4시에도 게임을 하고 있었다고 하고, 오늘은 학교에 등교하지 않을 예정이라고 합니다. 규민이가 '나도 학교에 가지 말까……'라고 생각하는 동안, 규민이의 엄마가 방으로 들어와 일어나라고 소리를 칩니다. 엄마가 일어나라고 세 번이나 외친 뒤에야 규민이는 가까스로 자리에서 일어납니다. 지금 출발해도 학교는 지각입니다. 규민이의 엄마는 결국 규민이를 차로 데려다줍니다.

1교시 내내 규민이는 수업에 집중하지 못합니다. 규민이는 수업에 집중하는 대신 어젯밤 플레이했던 게임에 대해서 생각합니다. 도준이는 규민이보다 훨씬 게임을 잘합니다. 규민이는 어떻게 하면 게임 레벨을 올려서 도준이를 따라잡을 수 있는가에 대해 생각합니다. 쉬는 시간 동안 규민이는 같은 반 친구들과 함께 게임 공략법에 대해 이야기하고, 새롭게 올라온 게임 영상 이야기를 나눕니다. 오늘 학교 끝나고 같이 온라인에서 만나서 게임을 하기로 약속을 하고 다시 수업에 들어갑니다. 규민이는 오늘 학원에 가야 한다는 것을 잠시 떠올리지만, 가지 않기로 결심합니다. 엄마는 퇴근하고 늦게 들어올 것이고, 학원에 가지 않고 게임을 했다는 사실을 눈치 채지 못할 것입니다.

종례 시간이 되자 규민이의 담임 선생님은 다음 주가 중간고사라는 사실을 알려 줍니다. 규민이는 잠시 멘붕에 빠집니다. 이번 학기 내내 수학 수업은 하나도 이해하지 못했기 때문입니다. 규민이는 '이젠 따라가기에 너무 늦었어.'라고 생각하며 다시 게임 생각에 빠집니다.

집에 돌아온 규민이는 곧바로 컴퓨터를 켜고 첫 번째 판을 시작합니다. 잠시 숙제와 수학 시험에 대해 생각하지만, 다음 판이 시작됨과 동시에 학교와 학원에 대한 생각은 잊어버립니다. 3시간 동안 게임에 몰입한 규민이는 엄마가 집에 돌아온 사실도 눈치 채지 못합니다. 엄마는 숙제는 다 했는지, 학원은 다녀왔는지 묻습니다. 규민이는 숙제도 다 했고, 학원도 잘 다녀왔다고 거짓말을 합니다. 엄마는 밥 다 차렸으니 와서 먹으라고 부르지만 규민이는 "이번 판만 하고 갈게"라고 대답만 하고 계속 게임에 몰입합니다. 화가 난 엄마는 컴퓨터 전원 콘센트를 뽑아 버립니다. 화가 난 규민이는 퉁명스러운 태도로, 식사 내내 한 마디도 하지 않고 밥만 먹고는 방으로 들어가 문을 닫아 버립니다. 침대에 누운 규민이는 스마트폰으로 도준이와 메시지를 주고받습니다. 도준이네 부모님은 도준이가 게임하는 것에 대해 잔소리를 별로 안 하신다고 해서 부러움을 느낍니다. 규민이는 도준이에게 수학 시험 준비는 잘 하고 있는지 물어보지만, 도준이 역시 수학은 하나도 이해하지 못한다고 합니다. 규민이는 밤늦게까지 스마트폰을 붙잡고 친구들과 메신저를 하고, 동영상을 시청

합니다. 학원 선생님이 오늘 왜 학원에 오지 않았냐고 문자를 하셨지만, 학원 선생님 문자는 그대로 삭제해 버립니다.

　디지털 미디어는 오늘날 우리의 삶 전반에 존재하고 있습니다. 인터넷을 사용하지 않고 하루를 보낸다는 것은 상상할 수 없는 일입니다. 특히, '디지털 원주민(digital native)'으로 불리는 규민이와 도준이 같은 세대들에게는 더더욱 상상하기 어렵습니다. 인터넷은 우리에게 유용한 여러 도구들을 제공해 주었지만, 이와 함께 온라인을 너무 많이, 너무 오래, 너무 자주 사용할 수 있는 위험을 함께 제공했습니다. 규민이와 도준이의 이야기처럼 과다한 인터넷 및 게임 사용은 학업을 소홀하게 하고, 현실 세계에서의 칭찬과 보상을 잃게 만들며, 수면 장애, 부정적 감정, 가족이나 친구와의 갈등을 유발합니다. 더욱 심각한 경우에는 인터넷 사용이 '중독'으로 발전하게 됩니다. 규민이와 도준이 역시 '인터넷 사용 장애(Internet use disorders: IUD)'라고 불리는 행위 중독의 위험 앞에 놓여 있는 것처럼 보입니다.

　원래 '중독 질환'이란, 향정신성 약물의 사용에 국한되어 사용되었던 말로, 사회적·학업적·직업적 생활에 부정적 영향이 생김에도 불구하고 약물의 사용을 조절할 수 없을 때 진단하는 질병이었습니다. 하지만 도박, 일, 쇼핑, 운동, 인터넷, 게임 등과 같은 '행동'들도 중독적인 성향을 가지고 있다는 연구 결과들이 쌓이면서(Bilke-Hentsch, Wölfling, & Batra, 2014), '행위 중독'이 중독 장애에 대한 논의에서 점점 더 중요한 역할을 차지하게 되었습니다. 2018년에는 세계보건기구(World Health Organization: WHO)에서 『국제질병분류』(11판)(International Classification of Diseases 11th revision: ICD-11)에 '중독성 행동으로 인한 장애(disorders due to addictive behaviors)'

라는 카테고리에 이러한 '행위 중독'과 관련된 상태를 소개하였습니다. 이 카테고리는 '게임 장애(gaming disorder)'라는 진단을 인터넷과 관련된 첫 번째 진단으로 포함하였습니다(WHO, 2018).

인터넷이 중독 가능성을 가지고 있다는 개념은 Steven Goldberg의 재치 있는 논문에서 최초로 제시되었습니다(Goldberg, 1995). Goldberg는 논문에 대한 답변으로, 인터넷 중독과 관련된 현실의 수많은 케이스를 공유하는 이메일을 받게 됩니다. 1996년 Kimberly Young은 처음으로 인터넷 중독의 임상 사례를 제시하였습니다(Young, 1996). 1990년대 이후로, 이 분야에는 많은 진전이 있었습니다. 많은 연구 논문들이 발표되고, 인터넷 중독을 위한 치료 기관이 문을 열었으며, 중재와 예방 프로그램들이 개발되고, WHO에서도 과도한 온라인 게임을 임상 질환으로 볼 수 있다는 사실을 인지하게 되었습니다.

인터넷 사용 장애는 개인, 특히 청소년과 젊은 성인들에게 심각한 부정적인 결과를 가져올 수 있습니다. 그 예로는, 학업적 문제(Beutel, Hoch, Wölfling, & Müller, 2011), 신체적, 정신건강적 문제, 친구, 교사, 부모님과의 대인관계 문제(Achab et al., 2011; Carli et al., 2013)가 있습니다. 따라서 인터넷 사용 장애의 예방과 조기 개입은 높은 중요성을 가지고 있습니다. 예방적 접근의 중요성은 이러한 상태에 있는 사람들의 숫자를 통해 더 강조될 수 있습니다. 인터넷 사용 장애의 유병률은 정의와 진단 기준에 따라 차이를 보이고 있기는 하지만(Kuss, Griffiths, Karila, & Billieux, 2014), 0.7%(Aboujaoude, Koran, Gamel, Large, & Serpe, 2006)부터 중국의 26.7%(Shek & Yu, 2012)까지 높게 보고되고 있습니다. 이러한 현상은 의료 시스템에 많은 비용을 초래하며, 예방과 조기 개입이 보건 영역의 중요 문제임을 보여 줍니다.

　인터넷 사용 장애가 치료에 대한 낮은 동기를 특징으로 하고 있으며, 이환된 개인들이 도움을 받기까지 오랜 시간이 소요된다는 점에서, 짧고 간단하면서도 체계적인 저임계치(low-threshold) 중재 방법들이 예방과 조기 개입에 적합합니다. 이 책은 인터넷 사용 장애에 대한 최근 연구 결과들을 전체적으로 개괄하고, 청소년 인터넷 사용 장애의 예방 및 조기 개입 방법인 PROTECT 중재 방법을 소개하는 책입니다. 이 프로그램은 독일 하이델베르크 교육 대학교(University of Education in Heidelberg)에서 개발되었으며, 교육, 상담, 치료 세팅에서 활용 가능하도록 디자인되었습니다. 책의 첫 번째 파트는 다음과 같은 내용을 설명합니다.

- 인터넷 사용 장애의 정의와 진단
- 인터넷 사용 장애와 관련된 조건
- 인터넷 사용 장애의 병인론
- 인터넷 사용 장애의 예방과 치료
- 예방 및 치료를 위한 PROTECT 중재 프로그램

병인론 모델에 따르면, 인터넷 사용 장애는 두 가지 메커니즘의 결과로 발생합니다.

① **만족감**(gratification): 특정 인터넷 응용 프로그램 사용 시에 발생하는 만족감으로 인해 더 많은 사용을 하게 됨.
② **보상**(compensation): 현실의 기쁨을 주는 다른 활동들 대신 온라인 활동으로 우선순위를 변경함으로 인해 발생하는 감정적

요구에 대한 보상.

과도한 인터넷 사용이 지루함, 수행 불안, 사회 불안과 같은 감정을 조절하기 위한 1순위 대처 전략으로 사용되면서, 보다 적응적인 감정 조절 전략들을 동원하는 것을 방해하게 되고, 결국 인터넷 사용 행동이 지속되게 됩니다.

PROTECT 중재 프로그램은 이러한 모델에 기반을 두고 있습니다. 이 프로그램은 행동 활성화, 인지 재구조화, 감정 조절 전략을 포함하는 인지행동치료 기법을 사용합니다. 또한, 이 프로그램은 '합리적 감정 이야기(rational emotive story)' 사례를 통해, 저임계치로 청소년들에게 다가갈 수 있습니다.

이 책의 두 번째 파트에서는, PROTECT 중재 프로그램의 세부 사항이 사용자-친화적인 매뉴얼의 형식으로 제공됩니다. 이 매뉴얼은 PROTECT 프로그램을 교육 상담, 치료 세팅에서 이용할 수 있도록 안내하고 있습니다. PROTECT 프로그램의 모든 설명을 포함한 활동지는 온라인으로 제공되며, 함께 사용할 수 있습니다.

PROTECT 중재 프로그램은 게임 중독과 다른 소셜 미디어 같은 다른 인터넷 응용 프로그램의 중독적 사용 모두를 타깃으로 하고 있습니다. 따라서 이 책의 전반에서 '인터넷 사용 장애'라는 용어를 사용할 예정입니다.

Frankfurt and Heidelberg, Germany

Katajun Lindenberg

Sophie Kindt

Carolin Szász-Janocha

참고문헌

Aboujaoude, E., Koran, L. M., Gamel, N., Large, M. D., & Serpe, R. T. (2006). Potential markers for problematic internet use: A telephone survey of 2,513 adults. *CNS Spectrums*, *11*(10), 750-755.

Achab, S., Nicolier, M., Mauny, F., Monnin, J., Trojak, B., Vandel, P., ⋯ Haffen, E. (2011). Massively multiplayer online role-playing games: Comparing characteristics of addict vs nonaddict online recruited gamers in a French adult population. *BMC Psychiatry*, *11*, 144. https://doi.org/10.1186/1471-244X-11-144

Beutel, M. E., Hoch, C., Wölfling, K., & Müller, K. W. (2011). Klinische Merkmale der Computerspiel-und Internetsucht am Beispiel der Inanspruchnehmer einer Spielsuchtambulanz. *Zeitschrift fur Psychosomatische Medizin und Psychotherapie*, *57*(1), 77-90. https://doi.org/10.13109/zptm.2011.57.1.77

Bilke-Hentsch, O., Wölfling, K., & Batra, A. (2014). *Praxisbuch Verhaltenssucht: Symptomatik, Diagnostik und Therapie bei Kindern, Jugendlichen und Erwachsenen* (1. Aufl.). s.l.: Georg Thieme Verlag KG. Retrieved from http://dx.doi.org/10.1055/b-002-95255

Carli, V., Durkee, T., Wasserman, D., Hadlaczky, G., Despalins, R., Kramarz, E., ⋯ Kaess, M. (2013). The association between pathological internet use and comorbid psychopathology: A systematic review. *Psychopathology*, *46*(1), 1-13. https://doi.org/10.1159/000337971

Goldberg, I. (1995). Internet Addiction Disorder (IAD) - Diagnostic Criteria. Retrieved from http://www-usr.rider.edu/~suler/psycyber/supportgp.html

Kuss, D. J., Griffiths, M. D., Karila, L., & Billieux, J. (2014). Internet addiction: A systematic review of epidemiological research for the last decade. *Current Pharmaceutical Design*, *20*(25), 4026-4052. DOI:10.2174/13816128113199990617

Shek, D. T. L., & Yu, L. (2012). Internet addiction phenomenon in early adolescents in Hong Kong. *TheScientificWorldJournal*, *2012*, 104304. https://doi.org/10.1100/2012/104304

World Health Organization (2018). *International Classification of Diseases: ICD-11 for Mortality and Morbidity Statistics*. Retrieved from https://icd.who.

int/browse11/l-m/en

Young, K. S. (1996). Psychology of computer use: Xl. Addictive use of the
    Internet: A case that breaks the stereotype. *Psychological Reports*, *79*(3),
    899-902. https://doi.org/10.2466/pr0.1996.79.3.899

차례	Q

▶ 역자 서문 _ 3
▶ 추천사 _ 7
▶ 저자 서문 _ 11

제1부 · 청소년의 인터넷 사용 장애

제1장 | 인터넷 사용 장애의 정의와 진단 • 25

1. 용어와 개념 _ 25

2. 인터넷 사용 장애의 형태 _ 26

3. 진단의 어려움 _ 31

4. 진단 기준 _ 32

5. 진단 도구 _ 38

6. 감별 진단과 동반 질환 _ 40

7. 결론 _ 41

제2장 | 인터넷 사용 장애와 관련된 특성과 조건 • 49

1. 인터넷 사용 장애의 추정 유병률 _ 49
2. 인터넷 사용 장애와 관련된 증상 _ 50
3. 결론 _ 62

제3장 | 인터넷 사용 장애의 병인론 • 73

1. 행동심리학 및 신경생물학적 병인론 모델 _ 73
2. 통합적 모델과 부적응적 대처 방법 _ 76
3. PROTECT 병인론 모델 _ 80
4. 결론 _ 83

제4장 | 청소년을 위한 인터넷 사용 장애 치료와 예방 • 89

1. 서론 _ 89
2. 예방 _ 90
3. 치료 _ 93
4. 결론 _ 95

제5장 | PROTECT 중재 프로그램 • 99

1. 프로그램 준비와 대상 집단 _ 99
2. 적응증 _ 99
3. 방법과 기법들 _ 100
4. 평가 _ 104
5. 결론 _ 106

제2부 · PROTECT 줌재 프로그램
근거 기반의 예방 및 치료 프로그램

제6장 첫 번째 시간: 지루함과 귀찮음 극복하기 • 111

   1. 목차 _ 111
   2. 자료(온라인 이용 가능) _ 112
   3. 인사, 그룹의 규칙과 회기 목표 _ 113
   4. 지루함과 인터넷 사용 문제를 위한 심리교육 _ 116
   5. 부정적인 생각을 찾고 바로잡기(인지 재구조화) _ 127
   6. 문제해결과 행동 활성화 연습(변화 계획) _ 135
   7. 숙제와 마무리 _ 140

제7장 두 번째 시간: 중요한 일을 미루는 습관 고치기 • 141

   1. 목차 _ 141
   2. 자료(온라인 이용 가능) _ 142
   3. 인사, 복습, 숙제 확인, 이번 회기의 진행 순서와 목표 _ 142
   4. 수행 불안과 미루기를 위한 심리교육 _ 144
   5. 부정적인 생각을 찾고 바로잡기(인지 재구조화) _ 152
   6. 문제해결과 행동 활성화 연습(변화 계획) _ 158
   7. 숙제와 마무리 _ 163

제8장 세 번째 시간: 친구관계 문제 대처하기 • 167

   1. 목차 _ 167
   2. 자료(온라인 이용 가능) _ 168
   3. 인사, 복습, 숙제 확인 및 회기 목표 _ 168

4. 대인관계 불안과 인터넷 사용 장애를 위한 심리교육 _ 170

5. 부정적인 생각을 찾고 바로잡기(인지 재구조화) _ 179

6. 문제해결과 행동 활성화 연습(변화 계획) _ 184

7. 숙제와 마무리 _ 189

제9장 │ **네 번째 시간: 감정 조절하기 • 193**

1. 목차 _ 193

2. 자료(온라인 이용 가능) _ 194

3. 인사, 복습, 숙제 확인 및 회기 목표 _ 195

4. 감정 조절과 인터넷 사용 문제를 위한 심리교육 _ 196

5. 감정 조절 전략 _ 205

6. 결론 _ 214

▶**부록: 인터넷 게임 스마트폰 과몰입 예방 프로그램(PROTECT-K) _ 217**

1. 트레이너용 자료집(Trainer sheet: TS) _ 218

2. 활동 기록지(Worksheet: WS) _ 266

▶**찾아보기 _ 311**

제1부

청소년의
인터넷 사용 장애

제1장 　 _ □ ✕

인터넷 사용 장애의
정의와 진단

1. 용어와 개념

1990년대부터 시작된 병적 비디오 게임 및 인터넷 사용에 관한 연구 초기에는 표준 진단 기준이 부족하여 다양한 정의가 사용되었다. 일부 연구자들은 이 현상을 충동 조절 장애(impulse control disorder)로 분류하여 병적 도박과 유사하다고 정의했으며(Beard & Wolf, 2001; Shapira et al., 2003; Young, 1998b), 다른 연구자들은 중독성 장애, 즉 행위 중독으로 정의했다(King, Delfabbro, Griffiths, & Gradisar, 2011; Kuss & Griffiths, 2012). 연구 문헌에서는 온라인 게임과 인터넷의 부적절한 사용을 설명하기 위해 '비디오 게임 중독'(Fisher, 1994), '강박적 인터넷 사용'(Greenfield, 1999), '병적 인터넷 사용'(Davis, 2001), '문제적 인터넷 사용'(Shapira, Goldsmith, Keck, Khosla, & McElroy, 2000) 또는 '인터넷 중독'(Young, 1998b)과 같은 다양한 용어가 사용되었다. 또 다른 논쟁은 인터넷 자체가 중독성을 가질 수 있는지 여부, 아니면 중독성이나 병적 사용이 특정 인터넷 응용 프

로그램(예: 소셜 네트워크, 온라인 게임, 온라인 쇼핑, 온라인 포르노 등)
과 관련이 있는지에 대한 것이다(Davis, 2001; Griffiths, 2000; Rehbein
& Mößle, 2013; Starcevic & Aboujaoude, 2017). Davis(2001)는 '특정
병적 인터넷 사용(specific pathological Internet use)'이라는 용어를 사
용하여 특정 응용 프로그램의 사용과 '일반화된 병적 인터넷 사용
(generalized pathological Internet use)'을 구분하였는데, 이는 가상 세
계로 탈출하고자 하는 일반적인 욕구를 포함하는 다차원적인 사용
을 의미한다. 이 책에서는 이러한 현상을 설명하기 위해 '인터넷 사
용 장애'(Internet Use Disorders: IUD)라는 용어를 사용하며, 이는 게
임 중독과 다른 인터넷 응용 프로그램의 중독적 사용(예: 소셜 미디어
중독)을 모두 포괄하는 개념이다.

2. 인터넷 사용 장애의 형태

인터넷 사용 장애의 형태는 다양하며, 청소년들이 가장 흔하게 이
용하는 응용 프로그램은 게임과 소셜 네트워크다.

1) 게임 중독

온라인 게임은 특히 남자 청소년들 사이에서 널리 퍼져 있으며
(제2장 참조), 대규모 다중 사용자 온라인 롤플레잉 게임(Massively
Multiplayer Online Role-Playing Game: MMORPG)은 잠재적으로 높
은 중독성을 가지고 있다. 그러나 멀티플레이어 온라인 배틀 아레
나(Multi-player battle arena games: MOBA)와 같은 다른 장르도 행

위 중독으로 발전하기 쉬운 요소를 포함하고 있다(Beutel, Hoch, & Wölfling, 2011; Illy & Florack, 2018; Müller & Wölfling, 2017). 이러한 게임들은 모두 다른 사람들과 함께 온라인으로 플레이하며, 서로 소통하는 특성을 가지고 있다. 게임 플레이어들은 팀이나 길드에 참여하며 무한한 판타지 세계를 탐험하고 함께 '퀘스트(quest)'를 해결한다. 이는 사회적 책임과 소속감을 유발하여, 퀘스트를 완료할 때까지 함께 온라인에 참여하도록 만든다. 다른 게임 플레이어들과 경쟁할 수 있는 기회는 세계 어느 곳에서든 많은 사람들에게 매력적인 도전이다. 또한 이러한 장르는 종종 '비선형적인 진행'을 포함한다. 즉, 게임이 진행됨에 따라 퀘스트가 점점 어려워지고 더 많은 시간이 필요하다. 플레이어는 아바타라고 불리는 게임 캐릭터를 통해 게임 진행 과정에서 자원을 모으고 자신의 능력을 개발한다. 아바타는 현실에서 성공을 경험하지 못하는 사람들에게 특히 매력적이고 이상적인 자기 표상(self-representation)을 가능하게 한다. 아바타에 대한 높은 수준의 동일시(identification)로 인해 점점 더 몰입하게 되고 가상의 자아에 대한 강한 동일시를 경험하게 된다. Leménager 등 (2014)의 기능적 자기공명영상(fMRI) 연구는 게임에 중독된 플레이어들이 자신의 사진보다 아바타와 더욱 강한 감정적 동일시를 경험한다는 것을 입증했다.

　게임의 중독성을 증가시키는 또 다른 기제는 간헐적 강화(inter-mittent reinforcement)다. 간헐적 강화는 행동이 발생할 때마다 강화하지 않고 가끔씩 강화하는 것을 의미하는데, 보상(reward)의 빈도와 유관성을 예측할 수 없다. 게임 과정에서 간헐적 강화를 사용하는 한 가지 예는 아바타에게 가치 있는 아이템과 전혀 쓸모없는 아이템 중 하나가 포함된 보물 상자인 랜덤 박스(loot box)가 있다. 이 방법은 랜덤 박스 당첨을 게임 속 행운으로 여기게 된다는 점에서 도박과 매우 유사하다(Griffiths, 2018).

현대의 온라인 게임은 대부분 시작할 때 돈을 지불할 필요가 없는 '무료 게임(free-to-play)'이다. 그러나 그중 일부는 게임 내에서 승리, 고득점, 상위 랭킹, 스테이지 클리어 등을 빠르게 얻기 위해 돈을 지불할 수 있는 '이기기 위한 지불(pay-to-win)' 기제를 포함하고 있다. 이는 일반적으로 실제 돈이나 게임 내 화폐로 이루어지는 소액 거래다. 이러한 기제는 종종 게임에 중독된 사람들이 큰 금액을 지출하게 되거나 자신의 게임 및 지출 행동을 더 이상 통제하지 못하는 문제를 유발할 수 있다(Dreier et al., 2017).

현재까지 온라인 중독에 관한 대부분의 연구는 온라인 게임 행동에 초점을 맞추고 있다. 이에 따라 세계보건기구(WHO)는 '게임 장애(gaming disorder)'를 ICD-11에서 진단으로 포함시켰다. 다른 형태의 중독적 인터넷 사용은 아직 포함되지 않았다.

2) 소셜 네트워크 중독

소셜 네트워크의 과도한 사용은 행위 중독으로 이어질 수 있는 또 다른 위험 행동이다. 남자 청소년들은 온라인 게임 중독(Gaming addiction)에 더 많은 영향을 받는 반면, 여자 청소년들은 소셜 네트워크에 더 많은 시간을 소비하며, 소셜 미디어 중독에 더 취약할 수 있다(Rehbein & Mößle, 2013). 온라인 게임 세계에서의 아바타와 마찬가지로 소셜 네트워크 프로필은 이상적인 자기 표상을 가능하게 한다. 안전한 거리에서 온라인 메신저를 통해 다른 사람들과 소통할 수 있다는 것은 내향적인 사람들이 다른 사람들에게 훨씬 쉽게 다가

갈 수 있게 해 준다. 더욱이 '좋아요'와 '싫어요', '공유'와 '댓글' 등의
기능을 통해 사회적 비교를 촉발하고, 사용자를 네트워크에 묶이게
하여 중독적 사용의 위험을 증가시킨다.

3) 온라인 쇼핑 중독

중독적인 형태로 나타날 수 있는 또 다른 온라인 활동은 강박적
인 온라인 쇼핑이다. 이는 개인들이 필요하지 않은 물건을 구매하
고, 이를 개봉하지도 않은 채로 두는 행위를 의미한다. 많은 사람들
이 새 물건의 '소유'가 아닌, '구매 행위' 자체를 매우 만족스럽게 느
낀다(Müller et al., 2012). 온라인 쇼핑 중독은 강박적 구매가 온라인
에서 일어나는 것에 불과할 수 있지만, 많은 경우에는 온라인이라는
측면 자체가 문제가 된다. 온라인은 익명성을 증대시키기 때문이다.
여기에 영향을 받은 개인들은 자신의 구매 행동을 통제하지 못하고,
특가 상품에 강박적으로 집착하며, 재정적인 문제나 빚과 같은 부정
적인 결과에도 불구하고 이런 행동을 계속한다. 온라인 쇼핑 중독의
위험 요인으로는 여성, 낮은 자기 가치감, 높은 충동성, 그리고 강한
물질주의적 성향 등이 있다(Rose & Dhandayudham, 2014).

4) 온라인 도박 중독

인터넷의 급부상 이후 나타난 새로운 형태의 행위 중독은 온라인
도박이다. 인터넷은 도박을 이전보다 훨씬 접근하기 쉽게 만들었다.
카지노로 직접 가서 도박을 하는 것은 카지노 입장이 허용되지 않는
미성년자들에겐 특히 큰 장애물이었지만, 온라인 도박은 미성년자

들도 쉽게 접근할 수 있다. 온라인 도박은 다양한 게임을 제공하며 (많은 도박꾼들이 여러 게임을 동시에 플레이한다), 익명성과 빠른 보상 (reward)을 제공한다. 게다가 가상 화폐 사용은 돈을 쓰기 쉽게 만들고, 손실을 직접적으로 체감하지 않게 하여 더욱 위험하다(Griffiths & Parke, 2010).

5) 온라인 포르노 중독

마지막으로, 온라인 포르노 중독은 모든 연령층 사이에서 증가하는 문제다(Müller & Wölfling, 2017). 연구자들에 따르면, 이러한 행위 중독에 시달리는 사람들은 대부분 남성이다. 온라인 포르노 중독으로 의학적 도움을 찾게 되는 주된 이유는 과도한 포르노 시청을 배우자가 알게 되어 갈등이 생겼을 때다(Müller & Wölfling, 2017). 그러나 많은 사람이 사회적 낙인이 두려워 도움을 찾지 않는 것으로 추정된다. 인터넷을 통한 포르노 소비는 일반적으로 자위 행동과 관련이 있으며, 청소년들이 어린 시절부터 경험하게 되는 새로운 형태의 성적 행동이다. 중독된 개인들은 시간이 지남에 따라 '정상적인' 포르노물에는 더 이상 흥분이 되지 않아 '더욱 과격'한 이미지나 영상을 보게 되는 경향이 있다. 과도하게 온라인 포르노물을 소비한 청소년들은 현실에서 깊은 관계를 형성하고 유지하거나 실제 성관계에서 만족감을 경험하는 법을 배우지 못할 수 있다.

3. 진단의 어려움

다양한 형태의 인터넷 사용 장애를 평가하는 것은 몇 가지 어려움과 관련이 있다. 첫째, 물질 중독 장애와 달리 행위 중독은 혈액이나 소변 검사 등의 객관적 검사로 검출될 수 있는 생화학적 지표가 없기 때문에 진단하기가 더욱 어렵다. 따라서 의사는 환자가 보고한 행동, 인지 및 정서적 지표를 주의 깊게 탐색해야 한다. 이러한 지표는 이전에 정의된 진단 기준과 일치해야 한다. 과거에는 온라인에서 보낸 시간이 병리학적 지표로 사용되었다. 가상 세계에서 많은 시간을 보내는 개인은 분명히 중독으로 발전할 위험이 증가한다. 그러나 최근 연구에 따르면, 단순히 온라인에서 보낸 시간만으로는 질병을 정의하는 데 충분하지 않다(Israelashvili, Kim, & Bukobza, 2012).

둘째, 청소년기의 진단은 사춘기 청소년들이 과도한 인터넷 사용행동을 하면서도 자율성을 추구하는 경향으로 인해 더욱 복잡해진다. '디지털 원주민(Digital Natives)'인 청소년들은 기성세대에게는 덜 익숙한 가상 세계에서 자유롭게 활동한다. 또한, 청소년기의 심리적 문제는 발달심리학적인 관점에서 고려되어야 한다. 성장함에 따라 (게임) 행동에서 자연스러운 변화가 발생할 수 있기 때문이다. 청소년 뇌의 신경생물학적 성숙은 충동성 및 약물 복용이나 과도한 온라인 게임과 같은 위험 행동 경향과 같은 행동적 특성을 포함하여 진행된다. 그러나 이는 인터넷 사용 장애가 시간이 지나면 사라지는 일시적인 현상이라는 의미는 아니다(Müller, 2017). 인터넷 사용 장애로 치료를 받는 많은 성인들은 청소년 시기에 과도하게 인터넷을 사용했던 경험을 보고한다. 임상 케이스 보고에 따르면, 청소년기에 과도하게 인터넷을 사용하는 것은 훗날 인터넷 사용 장애의 위험 요소가 될 수 있다(Müller & Wölfling, 2017). 이러한 결과는 청소년 집단에서 깊이 있는 심리적 진단의 중요성을 강조한다.

4. 진단 기준

2013년에 발간된 『정신질환의 진단 및 통계 편람』(제5판)(Diagnostic and Statistical Manual for Mental Disorders: DSM-5)은 최초의 일관된 정의를 제시하였다. DSM-5는 '인터넷 게임 장애'를 제3부의 '추가 연구가 필요한 진단적 상태'로 포함하였다. 그러나 이 진단은 온라인 게임의 병적인 사용만을 포함하고 있으며, 다른 온라인 응용 프로그램의 과도한 사용은 포함하지 않는다(American Psychiatric Association, 2013).

인터넷 게임 장애를 진단하기 위해서는 12개월 동안, 9가지 기준 중 최소 5가지를 충족해야 한다. DSM-5에서 제시된 인터넷 게임 장애의 기준은 물질 관련 장애와 밀접한 관련이 있으며, 병적 도박과 같은 충동 통제 장애와 몇 가지 특징을 공유한다. 이들은 다음과 같이 정의된다.

1. **게임에 대한 지나친 몰두.** 병적인 게이머들은 게임을 하지 않을 때에도 종종 정신적으로 게임에 지나치게 몰두한다. 예를 들어, 병적인 게이머인 학생들은 수업 중에도 게임의 다음 단계나 퀘스트에 대해 생각하며, 수업에는 집중하지 않을 수 있다. 게임 활동은 많은

인지적 용량을 필요로 하기 때문에, 이를 동시에 다른 작업에 할당할 수 없다. 개인은 자유 시간에 게임에 매여 있는 것뿐만 아니라 다른 모든 시간을 게임 활동을 중심으로 조정하게 된다.

2. 게임을 하지 않을 때 생기는 금단 증상. 게임 중독에서는 종종 금단의 심리적인 증상이 관찰될 수 있다. 이는 게임이 불가능한 경우나 게임 행동을 줄이려고 시도할 때 발생하는 우울감, 불안감 또는 분노의 감정을 포함한다. 게임과 관련된 중독성 장애에서 금단과 관련된 공통적인 측면인 갈망은 진단 기준에 명시적으로 포함되어 있지는 않지만, 인터넷 게임 장애에서도 중요한 역할을 할 수 있다(Ko et al., 2014; Müller & Wölfling, 2017).

3. 내성. 개인이 게임에 소요하는 시간만으로는 인터넷 게임 장애를 정의하기에 충분하지 않지만, 게임에 사용하는 시간의 증가는 관련이 있을 수 있다. 중독된 게이머들은 종종 더 많은 시간을 게임에 할애해야 한다고 보고한다. 그러나 이 개념은 크게 논쟁의 여지가 있다. King, Herd와 Delfabbro(2018)는 게임에 소요하는 시간의 증가가 물질 관련 장애에서의 약물 사용량 증가와 유사하게 적용될 수 없다고 주장한다. 대신에 게임 속 아이템, 등급, 진행에 대한 더 큰 열망 또는 불만족감이 플레이어들에게 점점 더 많은 시간을 게임하도록 만드는 동기를 제공한다고 본다.

4. 게임을 중단하거나 조절하려는 시도의 실패. 인터넷 게임 중독자들은 게임에 대한 강한 욕망이나 갈망으로 인해 행동 통제에 어려움을 겪을 수 있다. 많은 사람들이 게임을 줄이려고 하지만(혹은 부모님의 요구로 중단해 보려고 하지만), 다시 원래대로 게임을 하게 된다. 게임을 중단하기 위한 결정은 더 이상 의식적인 선택이 아니며, 행동에 대한 통제력은 감소한다. 몰입 현상은 통제력 상실을 더욱 악

화시킨다. 사람들은 게임에 과도하게 몰두하여 시간 감각을 잃게 되고, 종종 자신이 얼마나 오랫동안 게임을 했는지를 알게 되었을 때 놀라고는 한다(Lehenbauer-Baum & Fohringer, 2015; Müller, 2017).

5. 게임 이외의 다른 여가 활동에 대한 흥미 상실. 병적인 게이머들은 게임 이외의 다른 여가 활동에 대해 관심이 거의 없거나 전혀 없다고 보고한다. 그들은 사회적 상호작용에서 멀어지고, 이로 인해 종종 고립되는 결과를 초래한다. 이러한 결과는 중독성 장애와 관련된 도파민 시스템의 변화로 설명될 수 있다(Robinson & Berridge, 2003). 게임은 다른 활동들에 비해 점점 더 큰 만족감을 주게 되고, 심지어 식사, 수면과 같은 기본적인 욕구도 점차 덜 중요하게 느끼도록 만든다.

6. 사회 및 심리적 문제가 있음에도 게임 행동을 지속. 많은 정신질환과 마찬가지로, 인터넷 게임 중독은 경제적 문제, 성과 저하, 학업 성적 하락, 가족 문제와 같은 사회 및 직업적 영역에서 해로운 영향을 미친다. 그러나 많은 개인들은 이러한 결과를 무시하거나 받아들이고, 그들의 역기능적인 행동을 지속한다.

7. 다른 사람에게 게임 시간을 거짓말하거나 속임. 특히, 청소년 게이머들은 밤에 게임을 하는 등 자신의 실제 게임 행동을 감추려고 한다.

8. 부정적인 기분이나 현실적인 문제로부터 도망치기 위해 게임을 사용. 해결해야 할 현실적인 문제를 잊기 위해서, 혹은 부정적인 감정에서 벗어나기 위해 게임을 사용하는 것은 중독된 게이머들 사이에서 매우 흔한 현상이다. 그러나 중독되지 않은 게이머들도 종종 감정을 조절하기 위해 게임을 사용한다. 따라서 이 기준은 인터넷 게임 중독을 진단하는 데 그다지 특정적이지 않은 것으로 보인다

(Rehbein, Kliem, Baier, Mößle, & Petry, 2015).

　9. **게임 행동으로 인해 중요한 관계, 직업 또는 교육 기회를 상실하거나 잃을 위험.** 인터넷 게임 중독자들은 중요한 관계나 교육 및 직업 기회를 상실할 위험이 증가한다. 학생들은 인터넷 게임으로 인해 학업 성적이 상당히 저하되는 경우가 많다. 성인들은 게임 중독의 영향으로 직장을 잃거나 승진 기회를 놓칠 수 있다.

　DSM-5 출판 이후의 연구는 제안된 진단 기준의 경험적 평가와 새로운 진단 도구 개발에 초점을 맞추었다. 인터넷 게임 장애에 대한 구체적인 기준은 전체 진단에 대해 그 적합성이 서로 다른 것으로 보인다(Király, Griffiths, & Demetrovics, 2015; Ko et al., 2014; Lemmens, Valkenburg, & Gentile, 2015; Rehbein, Kliem et al., 2015). '중요한 관계, 직업, 또는 교육 기회의 상실 또는 상실 위험', '사회적·심리적 문제에도 불구하고 게임 행동의 지속', '게임 이외의 다른 여가 활동에 대한 흥미 상실', '내성' 및 '금단'은 진단과 매우 관련이 있다고 알려져 있다(Ko et al., 2014). 반면에 '부정적인 기분이나 현실적인 문제로부터 도망하기 위해 게임 사용'과 '게임에 대한 지나친 몰두'는 변별타당도가 상대적으로 낮은 것으로 나타났다(Rehbein, Kliem et al., 2015). '다른 사람에게 게임 시간을 거짓말하거나 속임'은 청소년 게이머들에게 특정적인 것으로 보이며, 성인에게는 그렇지 않은 것으로 나타났다. 이는 부모의 감시를 받을 때에만 실제 게임 행동을 감추어야 할 필요성이 증가하기 때문일 수 있다. 5가지 항목으로 절단점을 설정한 것은 유효한 것으로 보인다(Ko et al., 2014).

　Petry 등(2014)은 DSM-5 기준에 따라 인터넷 게임 장애를 어떻게 평가해야 하는지에 대한 문제를 다루었으며 국제적 합의를 도출했다. Cho, Kwon과 Choi(2014), Király 등(2017), Pontes와 Griffiths(2017) 등의 여러 연구자들은 인터넷 게임 장애를 위한 설문지를 개발하고 타당화하였다.

　DSM-5의 인터넷 게임 장애 진단과 진단 기준은 '일상생활에 과도한 병적인 요소를 부여하는 것(Billieux, Schimmenti, Khazaal, Maurage, & Heeren, 2015)'과 '게임에 몰두하지만 건강한 게이머들을 '중독자'로 낙인찍는 것(Lehenbauer-Baum et al., 2015; Lehenbauer-Baum & Fohringer, 2015)'의 위험성 측면에서 비판적으로 논의되어 왔다. 다른 연구자들은 인터넷 게임 장애를 단독으로 진단하는 것은 부족하다고 주장하였다. 그 이유는 단독 진단이 다른 인터넷 활동의 병적 사용을 배제할 수 있으며(Musetti et al., 2016; Musetti & Corsano, 2018), 인터넷 게임 장애가 물질 관련 장애나 병적 도박과 너무 밀접한 관련이 있기 때문이다(Kardefelt-Winther, 2015).

　이러한 비판적인 의견에도 불구하고, 게임 장애는 2018년 6월에 발표된 새로운 버전의 국제질병분류(ICD-11)에 진단으로 포함되었다(Luciano, 2015; WHO, 2018).

　ICD-11(WHO, 2018)에서는 다음과 같이 언급되고 있다.

> 게임 장애는 지속적이거나 반복적인 게임 행동의 패턴('디지털 게임' 또는 '비디오 게임')으로 특징지어지며, 이는 온라인(인터넷 상에서)이나 오프라인에서 다음과 같이 나타난다.
>
> 1. 게임에 대한 손상된 조절 능력(예: 시작, 빈도, 강도, 지속 시간, 종료, 맥락)
> 2. 게임이 다른 생활 관심사와 일상 활동보다 우선시되는 정도가 증가함
> 3. 부정적인 결과가 발생하더라도 게임 행동을 계속하거나 확대함. 이러한

행동 패턴은 개인적 · 가족적 · 사회적 · 교육적 · 직업적, 또는 기타 중요
한 기능 영역에서 상당한 장애를 유발할만한 심각성을 지니고 있음

　게임 행동의 패턴은 연속적이거나 반복 삽화적일 수 있다. 진단이
부여되기 위해서는 게임 행동 및 기타 특징이 적어도 12개월 이상
의 기간 동안 보편적으로 분명히 나타나야 하지만, 모든 진단 요구
사항이 충족되고 증상이 심할 경우 진단에 필요한 기간이 축소될 수
있다.

　다시 한번 강조하지만, 게임 장애의 진단은 학계에서 매우 큰 논
쟁거리가 되어 왔다. 일부 연구자들은 게임 장애가 중요한 건강 문
제이며 사회적 부담이라고 주장하고 있다(Griffiths, Kuss, Lopez-
Fernandez, & Pontes, 2017; Király & Demetrovics, 2017; Lee, Choo, &
Lee, 2017; Saunders et al., 2017; Shadloo et al., 2017; Van den Brink,
2017). 그러나 다른 연구자들은 성급한 진단이 건강한 게임 행동을
낙인찍고 '도덕적인 공황(moral panics)'과 '과도한 위양성 사례'를 유
발할 수 있다고 믿는다(Aarseth et al., 2017; James & Tunney, 2017).
전 세계적으로 대부분의 보건 의료 시스템이 ICD를 기반으로 하
고 있으며, 진단이 확립되어야만 치료적 접근이 가능하기 때문에,
ICD-11에 게임 장애가 포함된 것은 문제가 있는 많은 사람들이 건
강관리 서비스에 접근할 수 있는 기회를 제공할 수 있다.

5. 진단 도구

인터넷 사용 장애를 평가하기 위해 여러가지 진단 도구들이 개발되어 왔다. 대부분의 도구는 만족스러운 신뢰도(내적 일치도 계수)와 구성 타당도를 가지고 있지만, 많은 도구들은 외적 타당도와 임상적 타당성이 부족하다(King, Haagsma, Delfabbro, Gradisar, & Griffiths, 2013; Laconi, Rodgers, & Chabrol, 2014; Lortie & Guitton, 2013). 또한, 대부분의 도구들은 표준화 샘플을 제공하지 않아 임상적 맥락에서의 적용이 어려울 수 있다.

추가적으로, DSM-5의 인터넷 게임 장애 진단 기준이 발표된 이후에 몇 가지 진단적 면담 도구들이 개발되었다(Koo, Han, Park, & Kwon, 2017). 〈표 1-1〉은 인터넷 사용 장애의 진단에 가장 일반적으로 사용되는 심리측정 도구들과 그들의 심리측정적 특성에 대한 정보를 제공한다.

심층적인 진단 과정은 최소한 하나의 심리측정 설문지와 필요한 경우 구조화된 임상 면담을 포함해야 한다. 특히, 인터넷이나 게임에 소요되는 시간을 평가할 때는 주의가 필요하다. 인터넷 게임 과 사용 문제가 있는 많은 사람들은 게임 중에 시간 개념을 잃어버리는 경우가 많기 때문이다[이러한 현상은 '몰입(immersion)'이라고 알려져 있음]. 게임 일지나 특정 응용 프로그램의 사용 및 온라인 시간을 추적하는 애플리케이션(app)은 보다 현실적인 평가를 도울 수 있다. 또한, 인터넷 사용 장애는 종종 여러 정신질환과 함께 동반되기 때문에 감별 진단(differential diagnostics)을 시행하는 것이 중요하다.

〈표 1-1〉 **인터넷 사용 장애 진단 도구**

진단 도구	저자	설명	특성	임상적 절단점/표준 샘플
Compulsive Internet Use Scale (CIUS)	Meerkerk, van den Eijnden, Vermulst, and Garretsen (2009)	• 14개 항목으로 이루어진 설문지 • 강박적 인터넷 사용의 5가지 차원(조절력 상실, 몰두, 위축, 갈등, 대처) • 대규모 집단을 대상으로 검증됨(N = 17,000)	• 검사-재검사 신뢰도: r = 0.83 • 내적 일치도: α = 0.90 • 수렴 타당도: 온라인에 쓰는 시간: r = 0.42; 중독된 느낌: r = 0.52	• 절단점: 28
Video Game Addiction Test (VAT)	van Rooij, Schoenmakers, van den Eijnden, Vermulst, and van de Mheen (2012)	• 4개 항목으로 이루어진 설문지 • 항목은 게임용 CIUS에서 차용함 • 일차원 척도	• 내적 일치도: α = 0.93 • 타당도: 게임 중독 척도(GAS)와의 상관관계(r = 0.74) 및 CIUS와의 상관관계(r = 0.6); 심리사회적 웰빙 및 다양한 게임 유형에 소요된 시간을 측정하는 척도와는 작은 상관관계(r = 0.22 to r = 0.37)	• 절단점 보고되지 않음
Video Game Dependency Scale (CSAS-II)	Rehbein, Baier, Kleimann, and Mößle (2015)	• 18개 항목으로 이루어진 설문지 • 자기평가와 가족 구성원의 평가를 포함 • DSM-5 기준에 따른 인터넷 게임 장애를 평가	• 내적 일치도: α = 0.94 • 타당도: 사용 시간과 유의미한 연관성(r = 0.51)	• 성별 및 학년별 특정 기준
Internet Addiction Test	Young (1998a); Widyanto and McMurran (2004)	• 20개 항목으로 이루어진 설문지 • DSM-IV의 물질 중독 및 병적 도박 기준을 따름 • 총 6가지 요인 포함(현저성, 과도한 사용, 일 소홀, 기대, 조절 능력 부족, 사회활동 소홀)	• 내적 일치도: α = 0.54 to α = 0.82	• 20~39점: 평균 온라인 사용자 • 40~69점: 인터넷 사용으로 인해 종종 문제가 발생함 • 70~100점: 인터넷으로 인해 확실한 문제가 발생함
Short Internet Addiction Test (s-IAT)	Pawlikowski, Altstötter-Gleich, and Brand (2013)	• IAT의 12개 항목 버전 • 두 가지 요인 포함(조절 능력 상실/시간 관리와 갈망/사회적 문제)	• 내적 일치도: α = 0.74 to α = 0.90 • 수렴 구성타당도: CIUS (r = 0.90)	• 절단점 보고되지 않음
Assessment for Computer and Internet Addiction-Screener (AICA-S)	Wölfling, Müller, and Beutel (2010)	• 16개 항목으로 이루어진 설문지 • 물질 중독 진단 기준을 따름(DSM-IV-TR, ICD-10)	• 내적 일치도: α = 0.89 to α = 0.91 • 민감도 = 0.81 • 특이도 = 0.82	• 7점: 중독적 사용의 지표
Structural Clinical Interview for Internet Gaming Disorder (SCI-IGD)	Koo et al. (2017)	• DSM-5 인터넷 게임 장애 기준에 따른 12개 항목으로 구성된 진단 인터뷰	• 검사-재검사 신뢰도: PABAK = 0.41~0.91 • 인터넷 게임 중독 집단은 비중독 집단에 비해 우울, 불안, 행동 문제, 주의력 문제, 감정 조절 문제에 대한 점수가 더 높았음 • 민감도 = 0.57 • 특이도 = 0.96	• 인터넷 게임 사용 장애의 5가지 기준 만족

• 주: GAS = Game Addiction Scale, PABAK= Prevalence-Adjusted Bias-Adjusted Kappa

6. 감별 진단과 동반 질환

기존의 연구 결과들은 인터넷 사용 장애에 공존하는 정신질환이 매우 흔하다는 것을 보여 주고 있다(Carli et al., 2013). 가장 흔한 동반 질환(comorbidity)으로는 우울증, 불안장애, 그리고 주의력 결핍 과잉행동장애(Attention Deficit Hyperactivity Disorder: ADHD)가 있다. 특히, 인터넷 사용 장애를 가진 청소년들 사이에서 ADHD는 상당히 흔한데, ADHD를 가진 개인들은 중독으로 발전하는 성향이 일반적으로 더 높기 때문일 수 있다(Wilens, 2004). 또 다른 설명은 비디오 게임에서 자극과 보상의 구성에 있을 수 있는데, 게임 세계에서는 매우 짧은 간격으로 보상(reward)을 받기 때문에 만족감이 높다. 이로 인해 게임을 계속 하게 되며, 특히 만족 지연에 어려움을 겪는 ADHD를 가진 개인들은 더욱 게임에 몰입하게 된다. 게임에서의 성공은 실생활에서 충분히 경험하지 못했던 성공을 경험하게 해 주고, 이는 게임에 대한 매력을 더욱 높일 수 있다. ADHD에서 충동 조절 저하와 감각 추구 성향은 ADHD와 인터넷 사용 장애를 매개하는 요인일 수 있다는 연구 결과도 있다(Frölich, Lehmkuhl, & Döpfner, 2009).

동반 질환을 고려할 때, 인터넷 사용 장애가 주된 문제인지 아니면 다른 정신질환의 '부작용'인지를 판단하는 것이 중요하다. 예를 들어, 우울증에서의 사회적 회피는 인터넷 사용 증가와 관련될 수 있다. 이 경우, 우울증 치료를 통해 과도한 인터넷 사용이라는 이차적인 문제가 해결될 수 있다. 반면, 인터넷 사용 장애는 우울증과 같은 다른 정신질환의 원인이 될 수도 있고, 그 증상을 악화시킬 수도

있다. 따라서 양쪽 문제 영역의 시간적 순서를 평가하는 것이 중요
하다.

7. 결론

인터넷 사용 장애의 정의는 단일한 접근 방식의 부재로 인해 매우
오랜 기간 동안 논쟁이 되어 왔다. DSM-5 및 ICD-11의 출간을 통
해 '인터넷 게임 장애'와 '게임 장애'의 정의가 각각 제시되면서 보다
명확해진 측면이 있다. 게임과 관련된 인터넷 사용 장애에 대한 새
로운 기준이 제시되었지만, 다른 형태의 인터넷 사용 장애는 여전히
진단 매뉴얼에 포함되어 있지 않기 때문에 이 분야에서는 더 많은
연구가 필요하다. 더불어 지난 몇 년 동안 인터넷 사용 장애를 평가
하기 위한 다양한 진단 도구가 개발되어 왔다. 그러나 진단 절차에
있어 중요한 문제는 동반 질환들을 고려하는 것이다.

참고문헌

Aarseth, E., Bean, A. M., Boonen, H., Colder Carras, M., Coulson, M., Das, D., et al. (2017). Scholars' open debate paper on the World Health Organization ICD-11 gaming disorder proposal. *Journal of Behavioral Addictions, 6*(3), 267-270. https://doi.org/10.1556/2006.5.2016.088.

American Psychiatric Association. (2013). *Diagnostic and statistical manual of mental disorders* (5th ed.). Arlington, TX: American Psychiatric Publishing.

Beard, K. W., & Wolf, E. M. (2001). Modification in the proposed diagnostic criteria for Internet addiction. *Cyberpsychology & Behavior, 4*(3), 377-383. https://doi.org/10.1089/109493101300210286.

Beutel, M. E., Hoch, C., Wölfling, K., & Muller, K. W. (2011). Klinische Merkmale
der Computerspielund Internetsucht am Beispiel der Inanspruchnehmer
einer Spielsuchtambulanz. *Zeitschrift fur Psychosomatische Medizin und
Psychotherapie*, 57(1), 77-90. https://doi.org/10.13109/zptm.2011.57.1.77

Billieux, J., Schimmenti, A., Khazaal, Y., Maurage, P., & Heeren, A. (2015). Are
we overpathologizing everyday life? A tenable blueprint for behavioral
addiction research. *Journal of Behavioral Addictions*, 4(3), 119-123.
https://doi.org/10.1556/2006.4.2015.009.

Carli, V., Durkee, T., Wasserman, D., Hadlaczky, G., Despalins, R., Kramarz,
E., et al. (2013). The association between pathological internet use and
comorbid psychopathology: A systematic review. *Psychopathology, 46*(1),
1-13. https://doi.org/10.1159/000337971.

Cho, H., Kwon, M., Choi, J.H., Lee, S.K., Choi, J. S., Choi, S.-W., & Kim, D.J.
(2014). Development of the Internet addiction scale based on the Internet
Gaming Disorder criteria suggested in DSM-5. *Addictive Behaviors, 39*(9),
1361-1366. https://doi.org/10.1016/j.addbeh.2014.01.020.

Davis, R. A. (2001). A cognitive-behavioral model of pathological internet use.
Computers in Human Behavior, 17(2), 187-195. https://doi.org/10.1016/
S0747-5632(00)00041-8.

Dreier, M., Wölfling, K., Duven, E., Giralt, S., Beutel, M. E., & Müller, K. W.
(2017). Free-to-play: About addicted Whales, at risk Dolphins and healthy
Minnows. Monetarization design and internet gaming disorder. *Addictive
Behaviors, 64*, 328-333. https://doi.org/10.1016/j.addbeh.2016.03.008.

Fisher, S. (1994). Identifying video game addiction in children and adolescents.
Addictive Behaviors, 19(5), 545-553. https://doi.org/10.1016/0306-4603
(94)90010-8.

Frölich, J., Lehmkuhl, G., & Dopfner, M. (2009). Computerspiele im Kindes-
und Jugendalter unter besonderer Betrachtung von Suchtverhalten,
ADHS und Aggressivität. *Zeitschrift fur Kinder-und Jugendpsychiatrie
und Psychotherapie*, 37(5), 393-402.; quiz 403-4. https://doi.
org/10.1024/1422-4917.37.5.393.

Greenfield, D. N. (1999). Psychological characteristics of compulsive internet
use: A preliminary analysis. *Cyberpsychology & Behavior, 2*(5), 403-412.

https://doi.org/10.1089/cpb.1999.2.403.

Griffiths, M. D. (2000). Does Internet and computer 'addiction' exist? Some case study evidence. *Cyberpsychology & Behavior, 3*(2), 211-218. https://doi.org/10.1089/109493100316067.

Griffiths, M. D. (2018). Is the buying of loot boxes in video games a form of gambling or gaming? *Gaming Law Review, 22*(1), 52-54. https://doi.org/10.1089/glr2.2018.2216.

Griffiths, M. D., Kuss, D. J., Lopez-Fernandez, O., & Pontes, H. M. (2017). Problematic gaming exists and is an example of disordered gaming. *Journal of Behavioral Addictions, 6*(3), 296-301. https://doi.org/10.1556/2006.6.2017.037.

Griffiths, M. D., & Parke, J. (2010). Adolescent gambling on the internet: A review. *International Journal of Adolescent Medicine and Health, 22*(1), 59-75.

Illy, D., & Florack, J. (2018). *Ratgeber Videospiel-und Internetabhängigkeit: Hilfe fur den Alltag* (1. Auflage). München, Germany: Elsevier. Retrieved from http://www.sciencedirect.com/science/book/9783437229916

Israelashvili, M., Kim, T., & Bukobza, G. (2012). Adolescents' over-use of the cyber world-Internet addiction or identity exploration? *Journal of Adolescence, 35*(2), 417-424. https://doi.org/10.1016/j.adolescence.2011.07.015.

James, R. J. E., & Tunney, R. J. (2017). The relationship between gaming disorder and addiction requires a behavioral analysis. *Journal of Behavioral Addictions, 6*(3), 306-309. https://doi.org/10.1556/2006.6.2017.045.

Kardefelt-Winther, D. (2015). Assessing the diagnostic contribution of internet gaming disorder criteria requires improved content, construct and face validity-a response to Rehbein and colleagues (2015). *Addiction (Abingdon, England), 110*(8), 1359-1360. https://doi.org/10.1111/add.12987.

King, D. L., Delfabbro, P. H., Griffiths, M. D., & Gradisar, M. (2011). Assessing clinical trials of internet addiction treatment: A systematic review and CONSORT evaluation. *Clinical Psychology Review, 31*(7), 1110-1116. https://doi.org/10.1016/j.cpr.2011.06.009.

King, D. L., Haagsma, M. C., Delfabbro, P. H., Gradisar, M., & Griffiths, M. D.

(2013). Toward a consensus definition of pathological video-gaming: A systematic review of psychometric assessment tools. *Clinical Psychology Review, 33*(3), 331-342. https://doi.org/10.1016/j.cpr.2013.01.002.

King, D. L., Herd, M. C. E., & Delfabbro, P. H. (2018). Motivational components of tolerance in Internet gaming disorder. *Computers in Human Behavior, 78*, 133-141. https://doi.org/10.1016/j.chb.2017.09.023.

Király, O., & Demetrovics, Z. (2017). Inclusion of gaming disorder in ICD has more advantages than disadvantages. *Journal of Behavioral Addictions, 6*(3), 280-284. https://doi.org/10.1556/2006.6.2017.046.

Király, O., Griffiths, M. D., & Demetrovics, Z. (2015). Internet gaming disorder and the DSM-5: Conceptualization, debates, and controversies. *Current Addiction Reports, 2*(3), 254-262. https://doi.org/10.1007/s40429-015-0066-7.

Király, O., Sleczka, P., Pontes, H. M., Urbán, R., Griffiths, M. D., & Demetrovics, Z. (2017). Validation of the Ten-Item Internet Gaming Disorder Test (IGDT-10) and evaluation of the nine DSM-5 Internet Gaming Disorder criteria. *Addictive Behaviors, 64*, 253-260. https://doi.org/10.1016/j.addbeh.2015.11.005.

Ko, C. H., Yen, J. Y., Chen, S. H., Wang, P. W., Chen, C. S., & Yen, C. F. (2014). Evaluation of the diagnostic criteria of Internet gaming disorder in the DSM-5 among young adults in Taiwan. *Journal of Psychiatric Research, 53*, 103-110. https://doi.org/10.1016/j.jpsychires.2014.02.008.

Koo, H. J., Han, D. H., Park, S. Y., & Kwon, J. H. (2017). The structured clinical interview for DSM-5 internet gaming disorder: Development and validation for diagnosing IGD in adolescents. *Psychiatry Investigation, 14*(1), 21-29. https://doi.org/10.4306/pi.2017.14.1.21.

Kuss, D., & Griffiths, M. (2012). Internet and gaming addiction: A systematic literature review of neuroimaging studies. *Brain Sciences, 2*(3), 347-374.

Laconi, S., Rodgers, R. F., & Chabrol, H. (2014). The measurement of Internet addiction: A critical review of existing scales and their psychometric properties. *Computers in Human Behavior, 41*, 190-202. https://doi.org/10.1016/j.chb.2014.09.026.

Lee, S. Y., Choo, H., & Lee, H. K. (2017). Balancing between prejudice and fact for gaming disorder: Does the existence of alcohol use disorder stigmatize healthy drinkers or impede scientific research? *Journal of Behavioral Addictions, 6*(3), 302-305. https://doi.org/10.1556/2006.6.2017.047.

Lehenbauer-Baum, M., & Fohringer, M. (2015). Towards classification criteria for Internet gaming disorder: Debunking differences between addiction and high engagement in a German sample of World of Warcraft players. *Computers in Human Behavior, 45*, 345-351. https://doi.org/10.1016/j.chb.2014.11.098.

Lehenbauer-Baum, M., Klaps, A., Kovacovsky, Z., Witzmann, K., Zahlbruckner, R., & Stetina, B. U. (2015). Addiction and engagement: An explorative study toward classification criteria for internet gaming disorder. *Cyberpsychology, Behavior and Social Networking, 18*(6), 343-349.

Leménager, T., Dieter, J., Hill, H., Koopmann, A., Reinhard, I., Sell, M., et al. (2014). Neurobiological correlates of physical self-concept and self-identification with avatars in addicted players of massively multiplayer online role-playing games (MMORPGs). *Addictive Behaviors, 39*(12), 1789-1797. https://doi.org/10.1016/j.addbeh.2014.07.017.

Lemmens, J. S., Valkenburg, P. M., & Gentile, D. A. (2015). The Internet Gaming Disorder Scale. *Psychological Assessment, 27*(2), 567-582. https://doi.org/10.1037/pas0000062.

Lortie, C. L., & Guitton, M. J. (2013). Internet addiction assessment tools: Dimensional structure and methodological status. *Addiction (Abingdon, England), 108*(7), 1207-1216. https://doi.org/10.1111/add.12202.

Luciano, M. (2015). The ICD-11 beta draft is available online. *World Psychiatry, 14*(3), 375-376. https://doi.org/10.1002/wps.20262.

Meerkerk, G. J., van den Eijnden, R. J. J. M., Vermulst, A. A., & Garretsen, H. F. L. (2009). The compulsive internet use scale (CIUS): Some psychometric properties. *Cyberpsychology & Behavior, 12*(1), 1-6.

Müller, A., Mitchell, J. E., Crosby, R. D., Cao, L., Johnson, J., Claes, L., & de Zwaan, M. (2012). Mood states preceding and following compulsive buying episodes: An ecological momentary assessment study. *Psychiatry Research, 200*(2-3), 575-580. https://doi.org/10.1016/j.psychres.2012.04.015.

Müller, K. (2017). *Internetsucht: Wie man sie erkennt und was man dagegen tun* kann. *Essentials*. Wiesbaden, Germany: Springer Spektrum.

Müller, K., & Wölfling, K. (2017). *Pathologischer Mediengebrauch und Internetsucht (1. Auflage). Sucht Track 2.* Stuttgart, Germany: Verlag W. Kohlhammer.

Musetti, A., Cattivelli, R., Giacobbi, M., Zuglian, P., Ceccarini, M., Capelli, F., et al. (2016). Challenges in Internet addiction disorder: Is a diagnosis feasible or not? *Frontiers in Psychology, 7*, 842.

Musetti, A., & Corsano, P. (2018). The internet is not a tool: Reappraising the model for internet-addiction disorder based on the constraints and opportunities of the digital environment. *Frontiers in Psychology, 9*, 558. https://doi.org/10.3389/fpsyg.2018.00558.

Pawlikowski, M., Altstötter-Gleich, C., & Brand, M. (2013). Validation and psychometric properties of a short version of Young's Internet Addiction Test. *Computers in Human Behavior, 29*(3), 1212-1223. https://doi.org/10.1016/j.chb.2012.10.014.

Petry, N. M., Rehbein, F., Gentile, D. A., Lemmens, J. S., Rumpf, H. J., Mößle, T., et al. (2014). An international consensus for assessing internet gaming disorder using the new DSM-5 approach. *Addiction, 109*(9), 1399-1406. https://doi.org/10.1111/add.12457.

Pontes, H. M., & Griffiths, M. D. (2017). The development and psychometric evaluation of the Internet Disorder Scale (IDS-15). *Addictive Behaviors, 64*, 261-268. https://doi.org/10.1016/j.addbeh.2015.09.003.

Rehbein, F., Baier, D., Kleimann, M., & Mößle, T. (2015). *Computerspielabhängigkeitsskala*. Göttingen: Hogrefe.

Rehbein, F., Kliem, S., Baier, D., Moßle, T., & Petry, N. M. (2015). Prevalence of internet gaming disorder in German adolescents: Diagnostic contribution of the nine DSM-5 criteria in a statewide representative sample. *Addiction, 110*(5), 842-851. https://doi.org/10.1111/add.12849.

Rehbein, F., & Mößle, T. (2013). Video game and internet addiction: Is there a need for differentiation? *Sucht: Zeitschrift für Wissenschaft und Praxis, 59*(3), 129-142.

Robinson, T. E., & Berridge, K. C. (2003). Addiction. *Annual Review of Psychology, 54*, 25-53. https://doi.org/10.1146/annurev.

psych.54.101601.145237.

Rose, S., & Dhandayudham, A. (2014). Towards an understanding of internet-based problem shopping behaviour: The concept of online shopping addiction and its proposed predictors. *Journal of Behavioral Addictions, 3*(2), 83-89. https://doi.org/10.1556/JBA.3.2014.003.

Saunders, J. B., Hao, W., Long, J., King, D. L., Mann, K., Fauth-Bühler, M., et al. (2017). Gaming disorder: Its delineation as an important condition for diagnosis, management, and prevention. *Journal of Behavioral Addictions, 6*(3), 271-279. https://doi.org/10.1556/2006.6.2017.039.

Shadloo, B., Farnam, R., Amin-Esmaeili, M., Hamzehzadeh, M., Rafiemanesh, H., Jobehdar, M. M., et al. (2017). Inclusion of gaming disorder in the diagnostic classifications and promotion of public health response. *Journal of Behavioral Addictions, 6*(3), 310-312. https://doi.org/10.1556/2006.6.2017.048.

Shapira, N. A., Goldsmith, T., Keck, P., Khosla, U., & McElroy, S. (2000). Psychiatric features of individuals with problematic internet use. *Journal of Affective Disorders, 57*(1-3), 267-272.

Shapira, N. A., Lessig, M. C., Goldsmith, T. D., Szabo, S. T., Lazoritz, M., Gold, M. S., & Stein, D. J. (2003). Problematic internet use: Proposed classification and diagnostic criteria. *Depression and Anxiety, 17*(4), 207-216. https://doi.org/10.1002/da.10094.

Starcevic, V., & Aboujaoude, E. (2017). Internet addiction: Reappraisal of an increasingly inadequate concept. *CNS Spectrums, 22*(1), 7-13. https://doi.org/10.1017/S1092852915000863.

Van den Brink, W. (2017). Icd-11 gaming disorder: Needed and just in time or dangerous and much too early? *Journal of Behavioral Addictions, 6*(3), 290-292. https://doi.org/10.1556/2006.6.2017.040.

Van Rooij, A. J., Schoenmakers, T. M., van den Eijnden, R. J. J. M., Vermulst, A. A., & van de Mheen, D. (2012). Video game addiction test: Validity and psychometric characteristics. *Cyberpsychology, Behavior and Social Networking, 15*(9), 507-511. https://doi.org/10.1089/cyber.2012.0007.

Widyanto, L., & McMurran, M. (2004). The psychometric properties of the internet addiction test. *Cyberpsychology & Behavior, 7*(4), 443-450.

https://doi.org/10.1089/cpb.2004.7.443.

Wilens, T. E. (2004). Impact of ADHD and its treatment on substance abuse in adults. *The Journal of Clinical Psychiatry, 65*(Suppl 3), 38-45.

Wölfling, K., Müller, K., & Beutel, M. (2010). Diagnostische Testverfahren: Skala zum Onlinesuchtverhalten bei Erwachsenen (OSVs-S). In D. Mucken (Ed.), *Pravention, Diagnostik und Therapie von Computerspielabhängigkeit* (pp. 212-215). Lengerich, Germany: Pabst Science Publishers.

World Health Organization. (2018). *International classification of diseases: ICD-11 for mortality and morbidity statistics.* Retrieved from https://icd.who.int/browse11/l-m/en

Young, K. S. (1998a). *Caught in the net: How to recognize the signs of internet addiction-and a winning strategy for recovery.* New York, NY: Wiley.

Young, K. S. (1998b). Internet addiction: The emergence of a new clinical disorder. *Cyberpsychology & Behavior, 1*(3), 237-244. https://doi.org/10.1089/cpb.1998.1.237.

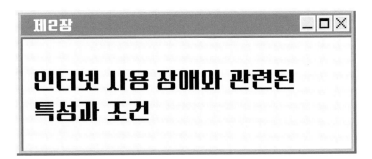

제2장 ⎯ ☐ ✕

인터넷 사용 장애와 관련된 특성과 조건

1. 인터넷 사용 장애의 추정 유병률

전 세계적으로 인터넷 사용 장애는 특히 청소년과 젊은 성인들 사이에서 증가하고 있는 건강 문제다. 미국 성인들 중 0.7%(Aboujaoude et al., 2006)부터 중국 청소년들 중 26.7%(Shek & Yu, 2012)까지 매우 다양한 유병률이 보고되었다. 31개 국가에서의 인터넷 사용 장애 유병률에 대한 메타분석 결과(총 89,281명), 전 세계적인 유병률 추정치는 6.0%이며, 중동 지역에서 가장 높고 북유럽과 서유럽에서 가장 낮은 수준이었다(Cheng & Li, 2014). ICD-11(WHO, 2018) 및 DSM-5(American Psychiatric Association, 2013)에 이미 포함된 인터넷 게임 장애의 유병률은 노르웨이 청소년과 성인들 중 0.6%(Mentzoni et al., 2011)부터 중국 청소년 중 21.5%(Xu & Yuan, 2008)까지 다양하다. 지난 30년간의 연구를 포함한 메타분석 결과, 전 세계적으로 청소년 인터넷 게임 장애의 유병률은 4.6%였다(Fam, 2018). 다양한 평가 도구, 기준, 조사 방법(온라인, 전화, 학교 등)이 이러한 이질적인 결과에 영향을 미칠 수 있다. 예를 들어, 온라인 설문 조사를 했을 때 유병률이 가장 높았다(Mihara & Higuchi, 2017).

　　이러한 수치는 인터넷 사용 장애가 청소년 인구에게 특히 심각한 문제임을 나타내며, 효과적인 예방 및 치료적 접근법을 개발하는 것이 중요함을 뜻한다.

2. 인터넷 사용 장애와 관련된 증상

　　인터넷 사용 장애의 등장은 다른 사회적, 학업적, 정신건강 문제뿐만 아니라 동반 정신장애의 급증과도 관련되어 왔다. 인터넷 사용 장애에 선행하는 위험 요인들을 알고 있는 것은 몇 가지 이유에서 필수적이다. 첫째로, 이는 중재 프로그램의 대상 집단을 선택하기 위한 지표로 중요하다. 위험 요인을 많이 가지고 있는 사람들이 예방 프로그램을 통해 가장 큰 혜택을 받을 가능성이 높다(표적 예방, indicated prevention)(Junge-Hoffmeister, 2009). 둘째로, 중재 프로그램 내에서 위험 요인들을 수정할 수 있도록 한다(예: 감정 조절 기술 촉진, 사회 불안 감소).

　　인터넷 사용 장애의 발생과 유지와 관련된 근본적인 과정을 이해하기 위해, 다양한 잠재 요인들에 대한 연구가 진행되어 왔다. 이에 따라 인터넷 사용 장애가 다른 정신질환의 증상인지 아니면 동반 이환율이 높은 독립적인 장애로 존재하는지에 대한 많은 의문이 제기되어 왔다. 인터넷 사용 장애가 독립적인 정신장애로서 존재한다고 가정한다면, 다른 정신건강 문제들은 인터넷 사용 장애의 원인인가 아니면 결과인가? 아니면 상호 관계가 있는가? 많은 경험적 연구는 우리가 인터넷 사용 장애의 맥락을 더 잘 이해하는 데에 기여했지만, 여전히 많은 의문점이 남아 있다. 중요한 문제 중 하나는 DSM-5의 인터넷 게임 장애에 대한 연구 기준이 발표되기 전까지 지난 몇 년간, 통일된 정의의 부재로 인해 연구방법에 일관성이 없었다는 것이다. 또한 대부분의 연구 결과는 상관관계만을 제시하고 있어 인과관계에 대한 결론을 내릴 수 없었다. 종단 연구(longitudinal study)는 드물지만 인터넷 사용 장애의 관련 요인을 밝히기 위해서 필수적이다. 이와 관련하여, 지난 20년간의 횡단 및 종단 연구 결과를 요약한 여러 편의 문헌고찰 연구(Anderson, Steen, & Stavropoulos, 2016; Carli et al., 2013; Ho et al., 2014; Ko, Yen, Yen, Chen, & Chen, 2012; Mihara & Higuchi, 2017) 결과들을 논의해 보고자 한다.

1) 개인적 특성

인터넷 사용 장애와 관련된 개인적 요인에 대한 문헌고찰은 여러 사회인구학적, 학업적, 성격적 및 정신건강 기반 변수들을 고려해 왔다.

성별이 인터넷 사용 장애에 미치는 영향에 관한 연구 대부분에서 남성이 인터넷 게임 장애에 대한 위험 요인인 것으로 나타났다(Haagsma, Pieterse, & Peters, 2012; Király et al., 2014; Mentzoni et al., 2011; Wittek et al., 2016). 그러나 일부 연구에서는 인터넷 사용 장애의 유병률이 남녀 간에 동일하게 분포되어 있다고 보고하였다(Jackson et al., 2003; Lindenberg, Halasy, Szász-Janocha, & Wartberg, 2018; Rumpf et al., 2014). 다른 연구자들은 더욱 세밀하고 구체적인 접근이 필요하다고 강조하고 있다. 예를 들어, 인터넷 게임 장애는 남성에게서 더 많이 나타나고, 인터넷 사용 장애는 여성에서 더 많다고 보고되고 있다(Rehbein & Mößle, 2013; Strittmatter et al., 2015).

연령이 인터넷 사용 장애에 미치는 영향에 대한 연구 결과는 다양하다. 청소년과 성인 표본을 모두 조사한 횡단 연구들에 따르면, 청소년 집단에서 유병률이 더 높게 나타났다(Bakken, Wenzel, Götestam, Johansson, & Oren, 2009; Lemmens, Valkenburg, & Gentile, 2015; Mentzoni et al., 2011; Wittek et al., 2016). 그러나 청소년에 초점을 맞춘 연구들은 청소년기와 초기 성인기 동안 유병률이 증가하는 경향을 보고하였다. 독일의 고등학교에서 수행된 대규모 연구에서 11~21세 학생들의 연령별 인터넷 사용 장애 유병률을 조사한 결과, 15~16세와 19~21세에 가장 높은 두 개의 정점이 나타났다(Lindenberg et al., 2018). 이와 일치하는 결과로서, 유럽의 한 연구에서는 11~18세 연령에서 연령과 인터넷 사용 장애 사이에 정적 상관관계가 있었으며, 15~16세 청소년들에서 위험도가 가장 높은 것으로 나타났다(Karacic & Oreskovic, 2017). 그리스에서 수행된 종단 연구에서는 16세에서 18세 사이에 인터넷 사용 장애 증상이 감소하는 것이 확인되었다(Stavropoulos et al., 2018). 청소년기에 인터넷 사용 장애 발병 위험이 증가하는 것에 대한 가능한 설명으로는 이 연령에서 부모로부터의 분리가 증가하고 이에 따라 부모의 통제가 감소한다는 점과(Karacic & Oreskovic, 2017), 연령이 높아짐에 따라 갈망 증상이 자연스럽게 감소하고 내부 조절 전략이 증가한다는 점(Stavropoulos et al., 2018)이 언급된다. 독일의 연구에서 젊은 성인기(19~21세)에 유병률이 다시 증가하고 정점에 이르는 것은 이 시기의 급격한 변화(예: 미래 진로에 대한 의사 결정, 부모님의 집을 떠나 독립)와 늘어나는 책임과 의무로 인해 스트레스 수준이 상승하기 때문일 수 있다. 그러나 기저 요인과 과정은 아직 평가되지 않았다. 추후 연구에서는 인터넷 사용 장애에 미치는 요인들의 방향성과 인과관계를 밝히기 위한 연구, 특히 종단 연구 설계가 필요하다.

학업적 성취는 청소년기(학교 성적)와 젊은 성인기(직업 훈련 또는 학문적 연구)에서 미래 진로를 위한 길을 열어 주기 때문에, 이 발달 단계에서는 다양한 장애 요인들이 특히 중요하다. 선행 연구들은 인터넷 사용 장애와 낮은 학업성취도(Brunborg, Mentzoni, & Frøyland, 2014; Choo et al., 2010; Gentile, 2009; Gentile et al., 2011; Haghbin, Shaterian, Hosseinzadeh, & Griffiths, 2013; Huang et al., 2009; Müller et al., 2015; Rehbein, Kleimann, & Mößle, 2010; Rehbein, Kliem, Baier, Mößle, & Petry, 2015; Stavropoulos, Alexandraki, & Motti-Stefanidi, 2013; Tsitsika et al., 2011; Wang et al., 2014), 그리고 인터넷 사용 장애와 결석률(Austin & Totaro, 2011; Rehbein et al., 2010; Rehbein et al., 2015; Tsitsika et al., 2011) 사이의 명확한 관련성을 보여 준 바 있다. 게다가 낮은 학업적 자기개념은 인터넷 게임 장애의 위험 요인으로 작용하는 것으로 보인다(Mößle & Rehbein, 2013). 그러나 인터넷 사용 장애에서 교육 수준의 역할은 아직 명확하지 않다. 일부 연구들에서는 인터넷 사용 장애에 이환된 사람들의 낮은 교육 수준을 보고했으나(Kuss, van Rooij, Shorter, Griffiths, & van de Mheen, 2013; Rehbein et al., 2015), 일부 연구들에서는 인터넷 사용 장애를 겪는 개인들에서 더 높은 교육 수준이 보고되었고(Bakken et al., 2009; Stavropoulos et al., 2013), 또 다른 연구들에서는 유의한 차이가 없었다(Rehbein et al., 2010; Wittek et al., 2016). 또한, 성인 게임 중독자들은 비중독 게이머들과 비교하여 더 많은 금전적 및 직업적 어려움을 겪는 것으로 보고되었다(Achab et al., 2011).

　더불어 인터넷 사용 장애는 정신병리학적 증상의 증가 및 정신건강의 악화와도 연관된다. 대부분의 연구가 상관 연구이기 때문에 인과관계에 대한 결론은 내리기 어렵다. 그러므로 다른 정신질환들이 인터넷 사용 장애의 위험 요인인지 아니면 그 반대인지는 분명하지 않다. 한편, 인터넷 사용 장애와 내현화(internalizing) 장애들 사이에 연관성이 발견되었는데, 예를 들어 우울증(Bargeron & Hormes, 2017; Brunborg et al., 2014; Kim et al., 2016; King, Delfabbro, Zwaans, & Kaptsis, 2013; Király et al., 2014; Männikkö, Billieux, & Kääriäinen, 2015; Mentzoni et al., 2011; Ostovar et al., 2016; Strittmatter et al., 2015), 불안장애(Bargeron & Hormes, 2017; Kim et al., 2016; King et al., 2013; Männikkö et al., 2015; Mentzoni et al., 2011; Ostovar et al., 2016), 공황장애(King et al., 2013), 신체화장애(Kim et al., 2016), 강박장애(Kim et al., 2016) 및 수면 장애(Männikkö et al., 2015; Rehbein et al., 2015) 등이 있다. 반면에 인터넷 사용 장애에서 공격성(Festl, Scharkow, & Quandt, 2013; Lemmens, Valkenburg, & Peter, 2009; Müller et al., 2015), 적대성(Kim et al., 2016), 품행장애(Strittmatter et al., 2015), 약물 및 알코올 남용(Bakken et al., 2009) 및 과잉행동/주의력결핍(Strittmatter et al., 2015)과 같은 외현화(externalizing) 행동 및 장애의 수준이 높다고 보고한 연구들도 있었다.

　인터넷 사용 장애와 동반되는 정신병리에 대한 체계적 문헌 고찰 연구(systematic review)에서는 우울증이 가장 관련성이 큰 요소로 나타났다(Carli et al., 2013). 한편, 인터넷 사용 장애와 다른 정신질환 간의 관련성을 조사한 메타분석(meta-analysis)에서는 알코올 남용이 인터넷 사용 장애와 가장 강한 관련성을 보였다(Ho et al., 2014). 인터넷 사용 장애를 가진 개인들은 자해 및 자살 행동을 더 많이 나타내며(Strittmatter et al., 2015), 삶의 만족도가 낮고 (Bargeron & Hormes, 2017; Festl et al., 2013; Lemmens et al., 2009; Mentzoni et al., 2011), 스트레스 수준이 높은 것으로 보고되었다 (Bargeron & Hormes, 2017; Ostovar et al., 2016). 그 밖에, 인터넷 게임 장애가 성실성(Wittek et al., 2016), 자기효능감(Festl et al., 2013) 및 사교성(Festl et al., 2013)과 같은 다양한 성격 요인들과 부적 상관관계를 보이며, 신경증(Wittek et al., 2016), 자존감 문제(Hyun et al., 2015; Wartberg et al., 2017) 및 충동성과는 정적 상관관계가 있음을 보여 준 연구들도 있었다(Bargeron & Hormes, 2017; Hyun et al., 2015). 또한, 사회적 유능성과 적응적 정서 조절과 같은 다양한 기술들이 중요한 역할을 하는 것으로 나타났다. 인터넷 사용 장애를 겪는 개인들은 사회적 유능성이 낮고(Festl et al., 2013; Lemmens et al., 2009; Rehbein et al., 2010), 더 많은 정서적 고통을 겪으며(Wartberg et al., 2017), 더 부적응적인 감정 조절 행동을 보였다(Gentile et al., 2011). 대만 청소년을 대상으로 한 2년간의 전향적 연구에서는 우울증, ADHD, 사회공포증, 적대성이 2년 뒤의 인터넷 사용 장애 발병의 위험 요인으로 확인되었다(Ko, Yen, Chen, Yeh, & Yen, 2009). 연구자들은 해당 청소년들 사이에서 인터넷 사용 장애와 ADHD 간의 연관성을 생물심리사회적 요소와 연결하여 설명했는데, 게임 특유의 속성[자극성, 보상(reward)의 유관성 등]이 ADHD를 가진 청소년들의 전형적인 취약성을 보상(補償, compensation)한다는 것이다. 한 종단 연구에서는 ADHD의 주요 증상인 높은 충동성이 2년 후의 인터넷 게임 중독을 예측하는 것으로 나타났다(Gentile et al., 2011). 한국에서 이루어진 또 다른 종단 연구에서는 불안과 우울증이 위험 요소로 확인되었다(Cho, Sung, Shin, Lim, & Shin, 2013). 이 연구에서는

8세 때의 사회적 철수, 불안, 우울증이 청소년기에 인터넷 사용 장애를 예측한다고 보고하였다. 이는 인터넷의 여러 기능과 특성에서 비롯되는데, 특히 인터넷이 스트레스 해소를 위해 쉽게 접근할 수 있는 것과 관계된다. 우울증, 불안, 사회적 고립을 겪는 사람들은 일반적으로 회피적인 행동을 보이기 때문에(사회적 교류나 위험할 수 있는 여가 활동 회피 등), 이환된 개인들이 인터넷을 정서적 배출구로 사용하는 것은 그다지 놀랍지 않다. 이러한 맥락에서 사회적 유능성의 결여(Gentile et al., 2011; Lemmens, Valkenburg, & Peter, 2011a)와 낮은 자존감(Chang, Chiu, Lee, Chen, & Miao, 2014; Gentile et al., 2011)이 인터넷 사용 장애의 위험 요인으로 밝혀졌다. 외로움은 인터넷 사용 장애의 원인과 결과로 양방향적 역할을 하는 것으로 보인다(Lemmens et al., 2011a). 3,000명 이상의 싱가포르 어린이를 대상으로 한 2년간의 종단 연구에서는 인터넷 사용 장애가 다른 정신장애의 결과물일 뿐만 아니라 다른 정신장애의 발생을 높이는 것으로 밝혀졌다(Gentile et al., 2011). 연구자들은 우울증, 불안, 사회공포증이 인터넷 게임 중독의 결과물로 작용한다고 결론 내렸다. 또한, Lemmens, Valkenburg과 Peter(2011b)는 인터넷 게임 중독이(게임 내용의 폭력성과는 상관없이) 남성의 신체적 공격성 수준을 상승시킨다고 보고했다. 종합적으로, 현재의 연구 결과들은 인터넷 사용 장애와 다른 정신장애 간에 상호적인 관계가 있다는 것을 보여 준다(Anderson et al., 2016).

2) 맥락적 및 환경적 요소

맥락적인 요인들은 우리가 생활하고, 자라는 환경을 결정한다. 이러한 요인들은 우리가 특정한 특징을 가진 가족(예: 소규모 vs. 대규모, 또는 고소득 vs. 저소득), 특정한 문화를 가진 특정한 나라(예: 개인주의 vs. 집단주의 문화), 그리고 특정한 사회적 · 지역적인 규범들 속에서 태어나기 때문에 바꾸기가 어렵다. 연구 결과들은 이러한 맥락적인 요인들이 인터넷 사용 장애의 발생에도 영향을 미칠 수 있다는 것을 보여 준다.

앞서 소개된 바와 같이, 서로 다른 국가에서 이루어진 연구들은 서로 다른 유병률을 보고한다. 인터넷 사용 장애의 유병률에 대한 메타분석(Cheng & Li, 2014)에 따르면, 가장 높은 비율(10.9%)은 중동 지역에서 보고되었다(이란, 이스라엘, 레바논, 터키). 다음으로 미국이 두 번째였으며(8.0%), 아시아는 평균 7.1%이었다(중국, 홍콩, 인도, 대한민국, 대만). 남부와 동부 유럽(불가리아, 키프로스, 체코 공화국, 그리스, 헝가리, 이탈리아, 폴란드, 루마니아, 세르비아, 슬로베니아, 스페인)의 연구에서는 평균 유병률이 6.1%로 나타났으며, 호주는 4.3%, 북부와 서부 유럽에서는 2.6%로 나타났다(오스트리아, 에스토니아, 프랑스, 독일, 아일랜드, 노르웨이, 스웨덴, 영국). 메타분석의 또 다른 결과는 인터넷 사용 장애 유병률과 삶의 질 사이에 부적 상관관계가 있다는 것이다. 유병률이 높은 지역은 삶의 만족도가 낮고 환경 조건이 좋지 않은 지역(예: 공기 오염의 양이 높고 소득이 낮은 지역)이었다. 연구자들은 환경적 어려움이 스트레스 수준의 상승과 관련이 있으며, 이는 정서 조절 전략의 일환인 과도한 인터넷 사용으로 이어질 수 있다고 제시하였다. 청소년의 인터넷 게임 장애 유병

률에 대한 메타분석 연구에 따르면(Fam, 2018), 아시아에서 9.9%로
가장 높았으며, 북미 지역은 9.4%, 호주는 4.4%, 유럽에서는 3.9%
의 유병률이 보고되었다. 연구자들은 이러한 결과에 대해, 아시아에
서 가장 인기 있는 게임들이 개발되는 것을 높은 유병률과 관련 지
어 해석하였다. 그러나 Mihara과 Higuchi(2017)는 문헌고찰 연구에
서 연구방법론적인 차이와 비아시아 국가들에서 더 엄격한 진단 기
준, 그리고 아시아 국가 연구들의 대표성 부족으로 인해, 아시아 지
역에서의 높은 유병률을 주의해서 해석해야 한다고 언급하였다.

　가족 관련 변수들은 아동기의 가족 간 근접성과 필연성으로 인
해 심리사회적 발달에 중대한 영향을 미친다. 여러 연구들에서 가
족 관련된 다양한 요인과 인터넷 사용 장애 간의 연관성을 보고하
였다. 우선, 인터넷 게임 장애와 부모-자녀 관계의 질 사이에는 일
관적으로 부적 상관관계가 보고되었다(예: Charlie, Hye Kyung, &
Khoo, 2011; Kwon, Chung, & Lee, 2011). 또한 가족의 불화나 가족 기
능의 저하도 인터넷 게임 장애와 관련이 있었다(Rikkers, Lawrence,
Hafekost, & Zubrick, 2016; Wang et al., 2014). 그러나 청소년의 게임
행동에 대한 부모의 감독과 제한의 역할은 여전히 명확하지 않다.
한 연구에서는 부모의 감독이 청소년의 게임 행동에 긍정적인 영향
을 미치는 것으로 나타났지만(Rehbein & Baier, 2013), 다른 연구들
에서는 유의한 영향이 보고되지 않았다(Choo, Sim, Liau, Gentile, &
Khoo, 2015; Liau et al., 2015). 종단 연구에서는 부모-자녀 간의 친
밀감(Choo et al., 2015; Liau et al., 2015)과 따뜻한 가정환경(Liau et
al., 2015)이 인터넷 게임 장애의 보호 요인으로 보고되었다. 과도
한 게임 및 인터넷 사용은 종종 가족 구성원들과의 갈등을 일으킬
수 있으므로(예: 사용자가 의무를 소홀히 할 수 있기 때문에), 악순환

의 가능성이 있다. 따라서 치료는 인터넷 사용 장애를 겪는 청소년 뿐만 아니라 가족 시스템을 함께 포함해야 한다(Schneider, King, & Delfabbro, 2017). 인터넷 게임 장애를 가진 청소년들은 부모의 이혼을 더 자주 경험한다고 보고되었다(Müller et al., 2015). 5년간의 종단 연구는 한부모 가정에서 자란 것이 인터넷 사용 장애의 위험 요인이라고 보고하였다(Rehbein & Baier, 2013). 그 밖에, 사회경제적 지위에 관해서는 연구의 대부분이 유의한 관련성을 찾지 못했다(Schneider et al., 2017). 결론적으로, 역기능적인 가족 환경은 인터넷 게임 장애의 발달에 기여하는 것으로 보인다.

　특히, 청소년기에는 부모로부터의 분리가 점점 더 중요해지면서, 청소년들은 가족 밖의 외부 세계에서의 관계를 탐색하는 것에 점점 더 많은 시간을 보내게 된다. 따라서 또래와의 사회적 관계가 점점 더 큰 영향력을 갖게 된다. 앞서 언급한 것처럼, 부족한 사회기술은 인터넷 사용 장애의 증가와 관련이 있으며, 이는 결과적으로 또래관계 문제와 함께 발생할 수 있다. 또래 및 학교 관련 요인에 대한 선행 연구는 많지는 않지만, 인터넷 사용 장애와 친구 문제(Chen, Chen, & Gau, 2015; Mößle & Rehbein, 2013; Strittmatter et al., 2015) 및 사회적 융합의 어려움(Festl et al., 2013) 사이의 연관성이 보고된 바 있다. 인터넷 사용 장애를 가진 개인들은 친구가 적고 사회적 교류도 부족했으며, 정서적 지지를 잘 받지 못하고, 더 자주 괴롭힘을 당하거나 괴롭힘에 가담하였다(Rasmussen et al., 2015). 종단 연구들은 학급에 잘 융화되고(Rehbein & Baier, 2013), 학교에서 주관적 안녕감을 느끼며(Rehbein & Baier, 2013), 학교 결속력이 더 높은 것(Chang et al., 2014)이 인터넷 게임 장애의 보호 요인임을 보여 주었다. 이러한 결과는 인터넷과 비디오 게임이 사회적 관계에 대한 보상적(補償的)인 역할을 한다는 이론과 일치한다. 실제로, 디지털 세계에서의 접촉은 실제 친구를 대체하지는 않지만, 사회적 집단에 속해 있다는 느낌을 주며 외로움과 고립감을 보상하는 역할을 하는 것으로 보인다.

3) 응용 프로그램과 관련된 요소

지난 몇십 년 동안 디지털 기술의 발전으로 인터넷은 전 세계적으로 일상생활의 일부가 되었다. 인터넷과 게임 산업은 모든 이의 취향에 맞게 끝없이 다양한 종류의 매력적인 미디어 활동을 제공하기 때문에, 인터넷의 보급이 인터넷의 과도한 사용을 불러일으킨다는 직관적인 가정이 가능하다. 그러나 Cheng과 Li(2014)가 수행한 31개 국가에 대한 메타분석에서는 인터넷 보급률과 인터넷 사용 장애의 유병률이 독립적인 것으로 나타나 이러한 접근성 가설을 뒷받침할 수 없었다. 선행 연구들은 게임과 관련된 특성에 초점을 맞추었을 때, 일부 게임이 다른 것보다 중독성이 더 높을 수 있다고 제시하였다. 실제로, 게임에는 액션 게임, 롤플레잉 게임, 전략 게임, 스포츠 게임 등 다양한 장르의 게임이 있다. 또한 온라인 게임과 오프라인 게임의 차이가 중요하다. 연구 결과들을 보면, 온라인 게임 사용자가 오프라인 게임 사용자보다 인터넷 게임 장애 증상에 더 쉽게 이환되는 것으로 나타났다(Festl et al., 2013; Haagsma et al., 2012). 롤플레잉 및 슈팅 게임 사용자와 대규모 다중 사용자 온라인 롤플레잉 게임(MMORPG) 사용자들은 인터넷 게임 장애를 경험할 위험이 높은 것으로 확인되었다(Rehbein et al., 2010). MMORPG는 롤플레잉 및 슈팅 게임 요소를 포함하며, 대규모 플레이어들의 아바타에 의해 가상 세계가 지속적으로 변화하는 특징이 있다(예: 월드 오브 워

크래프트). 종단 연구들은 비디오 게임 시간이 길수록(Gentile et al., 2011), 특히, 온라인 게임일 경우(Rosenkranz, Müller, Dreier, Beutel, & Wölfling, 2017; Van Rooij, Schoenmakers, van de Eijnden, & van de Mheen, 2010), 중독의 위험 요소가 된다는 사실을 확인하였다. 독일에서 수행된 대표적인 종단 연구는 다양한 인터넷 응용 프로그램의 잠재적 중독성을 조사한 결과, 온라인 게임이 가장 중독성이 강하다는 결과를 얻었다(Rosenkranz et al., 2017). 성별을 고려할 때, 채팅 및 소셜 네트워킹은 여성에게 잠재적 중독성이 가장 높았으며, 게임은 남성에서 잠재적 중독성이 가장 높았다.

게임에 소비하는 시간과 온라인 활동 시간은 또 다른 중요한 요소다. 게임 소요 시간에 관한 연구들(Achab et al., 2011; Choo et al., 2010; Coëffec et al., 2015; Festl et al., 2013; Gentile, 2009; Grüsser, Thalemann, & Griffiths, 2007; Haagsma et al., 2012; Hussain, Griffiths, & Baguley, 2011; Kim et al., 2016; Lopez-Fernandez, Honrubia-Serrano, Baguley, & Griffiths, 2014; Männikkö et al., 2015; Pontes, Király, Demetrovics, & Griffiths, 2014; Rehbein et al., 2015; Wang et al., 2014)과 게임 빈도에 대한 연구들(Gentile, 2009; Haagsma et al., 2012; Lopez-Fernandez et al., 2014)은 인터넷 게임 중독과 게임 소요 시간 및 빈도 간에 정적 상관관계가 있다고 보고하고 있다. 게임을 몇 년째 하고 있는지도 인터넷 게임 중독과 정적 상관관계가 있다(Gentile, 2009). 그러나 인터넷이나 게임을 하는 시간은 병적인 사용의 한 가지 지표일 수는 있지만, 인터넷 사용 장애에 대한 결정적인 기준은 아니다. 따라서 기능적인 사용과 역기능적인 사용을 구분하기 위한 결정적인 시간 제한선을 정의할 수는 없다.

3. 결론

요약하면, 인터넷 사용 장애와 관련된 변수에 대한 기존 연구들은 여러 가지 위험 요인과 그 결과, 그리고 서로 영향을 주는 과정 간의 복합적인 상호작용을 보여 주고 있다. 효과적이고 효율적인 예방법과 중재 방법을 제공하기 위해서는 반드시 기여 요인들을 이해하고 고려해야 한다.

참고문헌

Aboujaoude, E., Koran, L. M., Gamel, N., Large, M. D., & Serpe, R. T. (2006). Potential markers for problematic internet use: A telephone survey of 2,513 adults. *CNS Spectrums, 11*(10), 750-755.

Achab, S., Nicolier, M., Mauny, F., Monnin, J., Trojak, B., Vandel, P., et al. (2011). Massively multiplayer online role-playing games: Comparing characteristics of addict vs non-addict online recruited gamers in a French adult population. *BMC Psychiatry, 11*, 144. https://doi.org/10.1186/1471-244X-11-144.

American Psychiatric Association. (2013). *Diagnostic and statistical manual of mental disorders, Fifth Edition (DSM-5)*. Arlington, TX: American Psychiatric Publishing.

Anderson, E. L., Steen, E., & Stavropoulos, V. (2016). Internet use and problematic internet use: A systematic review of longitudinal research trends in adolescence and emergent adulthood. *International Journal of Adolescence and Youth, 22*(4), 430-454. https://doi.org/10.1080/02673843.2016.1227716.

Austin, W. A., & Totaro, M. W. (2011). Gender differences in the effects of Internet usage on high school absenteeism. *The Journal of Socio-*

Economics, 40(2), 192-198. https://doi.org/10.1016/j.socec.2010.12.017.

Bakken, I. J., Wenzel, H. G., Götestam, K. G., Johansson, A., & Oren, A. (2009). Internet addiction among Norwegian adults: A stratified probability sample study. *Scandinavian Journal of Psychology, 50*(2), 121-127. https://doi. org/10.1111/j.1467-9450.2008.00685.x.

Bargeron, A. H., & Hormes, J. M. (2017). Psychosocial correlates of internet gaming disorder: Psychopathology, life satisfaction, and impulsivity. *Computers in Human Behavior, 68*, 388-394. https://doi.org/10.1016/ j.chb.2016.11.029.

Brunborg, G. S., Mentzoni, R. A., & Frøyland, L. R. (2014). Is video gaming, or video game addiction, associated with depression, academic achievement, heavy episodic drinking, or conduct problems? *Journal of Behavioral Addictions, 3*(1), 27-32. https://doi.org/10.1556/JBA.3.2014.002.

Carli, V., Durkee, T., Wasserman, D., Hadlaczky, G., Despalins, R., Kramarz, E., et al. (2013). The association between pathological internet use and comorbid psychopathology: A systematic review. *Psychopathology, 46*(1), 1-13. https://doi.org/10.1159/000337971.

Chang, F.-C., Chiu, C.-H., Lee, C.-M., Chen, P.-H., & Miao, N.-F. (2014). Predictors of the initiation and persistence of internet addiction among adolescents in Taiwan. *Addictive Behaviors, 9*(10), 1434-1440. https://doi. org/10.1016/j.addbeh.2014.05.010.

Charlie, C. W. D., Hye Kyung, C., & Khoo, A. (2011). Role of parental relationships in pathological gaming. *Procedia-Social and Behavioral Sciences, 30*, 1230-1236. https://doi.org/10.1016/j.sbspro.2011.10.238.

Chen, Y.-L., Chen, S.-H., & Gau, S. S.-F. (2015). ADHD and autistic traits, family function, parenting style, and social adjustment for Internet addiction among children and adolescents in Taiwan: A longitudinal study. *Research in Developmental Disabilities, 39*, 20-31. https://doi.org/10.1016/ j.ridd.2014.12.025.

Cheng, C., & Li, A. Y. L. (2014). Internet addiction prevalence and quality of (real) life: A meta-analysis of 31 nations across seven world regions. *Cyberpsychology, Behavior and Social Networking, 17*(12), 755-760. https://doi.org/10.1089/cyber.2014.0317.

Cho, S.-M., Sung, M.-J., Shin, K.-M., Lim, K. Y., & Shin, Y.-M. (2013). Does psychopathology in childhood predict internet addiction in male adolescents? *Child Psychiatry and Human Development, 44*(4), 549-555. https://doi.org/10.1007/s10578-012-0348-4.

Choo, H., Gentile, D. A., Sim, T., Li, D., Khoo, A., & Liau, A. K. (2010). Pathological video-gaming among Singaporean youth. *Annals of the Academy of Medicine, Singapore, 39*(11), 822-829.

Choo, H., Sim, T., Liau, A. K. F., Gentile, D. A., & Khoo, A. (2015). Parental influences on pathological symptoms of video-gaming among children and adolescents: A prospective study. *Journal of Child and Family Studies, 24*(5), 1429-1441. https://doi.org/10.1007/s10826-014-9949-9.

Coëffec, A., Romo, L., Cheze, N., Riazuelo, H., Plantey, S., Kotbagi, G., & Kern, L. (2015). Early substance consumption and problematic use of video games in adolescence. *Frontiers in Psychology, 6*, 501. https://doi.org/10.3389/fpsyg.2015.00501.

Fam, J. Y. (2018). Prevalence of internet gaming disorder in adolescents: A meta-analysis across three decades. *Scandinavian Journal of Psychology, 59*(5), 524-531. https://doi.org/10.1111/sjop.12459.

Festl, R., Scharkow, M., & Quandt, T. (2013). Problematic computer game use among adolescents, younger and older adults. *Addiction, 108*(3), 592-599. https://doi.org/10.1111/add.12016.

Gentile, D. (2009). Pathological video-game use among youth ages 8 to 18: A national study. *Psychological Science, 20*(5), 594-602. https://doi.org/10.1111/j.1467-9280.2009.02340.x.

Gentile, D. A., Choo, H., Liau, A., Sim, T., Li, D., Fung, D., & Khoo, A. (2011). Pathological video game use among youths: A two-year longitudinal study. *Pediatrics, 127*(2), e319-e329. https://doi.org/10.1542/peds.2010-1353.

Grüsser, S. M., Thalemann, R., & Griffiths, M. D. (2007). Excessive computer game playing: Evidence for addiction and aggression? *Cyberpsychology & Behavior, 10*(2), 290-292. https://doi.org/10.1089/cpb.2006.9956.

Haagsma, M. C., Pieterse, M. E., & Peters, O. (2012). The prevalence of problematic video gamers in the Netherlands. *Cyberpsychology, Behavior and Social Networking, 15*(3), 162-168. https://doi.org/10.1089/

cyber.2011.0248.

Haghbin, M., Shaterian, F., Hosseinzadeh, D., & Griffiths, M. D. (2013). A brief report on the relationship between self-control, video game addiction and academic achievement in normal and ADHD students. *Journal of Behavioral Addictions, 2*(4), 239-243. https://doi.org/10.1556/JBA.2.2013.4.7.

Ho, R. C., Zhang, M. W. B., Tsang, T. Y., Toh, A. H., Pan, F., Lu, Y., et al. (2014). The association between internet addiction and psychiatric co-morbidity: A meta-analysis. *BMC Psychiatry, 14*, 183. https://doi.org/10.1186/1471-244X-14-183.

Huang, R. L., Lu, Z., Liu, J. J., You, Y. M., Pan, Z. Q., Wei, Z., et al. (2009). Features and predictors of problematic internet use in Chinese college students. *Behaviour & Information Technology, 28*(5), 485-490. https://doi.org/10.1080/01449290701485801.

Hussain, Z., Griffiths, M. D., & Baguley, T. (2011). Online gaming addiction: Classification, prediction and associated risk factors. *Addiction Research & Theory, 20*(5), 359-371. https://doi.org/10.3109/16066359.2011.640442.

Hyun, G. J., Han, D. H., Lee, Y. S., Kang, K. D., Yoo, S. K., Chung, U.-S., & Renshaw, P. F. (2015). Risk factors associated with online game addiction: A hierarchical model. *Computers in Human Behavior, 48*, 706-713. https://doi.org/10.1016/j.chb.2015.02.008.

Jackson, L. A., von Eye, A., Biocca, F. A., Barbatsis, G., Fitzgerald, H. E., & Zhao, Y. (2003). Personality, cognitive style, demographic characteristics and Internet use-Findings from the HomeNetToo project. *Swiss Journal of Psychology, 62*(2), 79-90. https://doi.org/10.1024//1421-0185.62.2.79.

Junge-Hoffmeister, J. (2009). Prävention Psychischer Störungen. In S. Schneider & J. Margraf (Eds.), *Lehrbuch der Verhaltenstherapie: Band 3: Storungen im Kindes-und Jugendalter* (pp. 901-922). Heidelberg, Germany: Springer Medizin Verlag.

Karacic, S., & Oreskovic, S. (2017). Internet addiction through the phase of adolescence: A questionnaire study. *JMIR Mental Health, 4*(2), e11. https://doi.org/10.2196/mental.5537.

Kim, N. R., Hwang, S. S.-H., Choi, J.-S., Kim, D.-J., Demetrovics, Z., Király, O., et al. (2016). Characteristics and psychiatric symptoms of internet gaming disorder among adults using self-reported DSM-5 criteria. *Psychiatry Investigation, 13*(1), 58-66. https://doi.org/10.4306/pi.2016.13.1.58.

King, D. L., Delfabbro, P. H., Zwaans, T., & Kaptsis, D. (2013). Clinical features and axis I comorbidity of Australian adolescent pathological internet and video game users. *Australian and New Zealand Journal of Psychiatry, 47*(11), 1058-1067. https://doi.org/10.1177/0004867413491159.

Király, O., Griffiths, M. D., Urbán, R., Farkas, J., Kökönyei, G., Elekes, Z., et al. (2014). Problematic internet use and problematic online gaming are not the same: Findings from a large nationally representative adolescent sample. *Cyberpsychology, Behavior and Social Networking, 17*(12), 749-754. https://doi.org/10.1089/cyber.2014.0475.

Ko, C.-H., Yen, J.-Y., Chen, C.-S., Yeh, Y.-C., & Yen, C.-F. (2009). Predictive values of psychiatric symptoms for internet addiction in adolescents: A 2-year prospective study. *Archives of Pediatrics & Adolescent Medicine, 163*(10), 937-943. https://doi.org/10.1001/archpediatrics.2009.159.

Ko, C. H., Yen, J. Y., Yen, C. F., Chen, C. S., & Chen, C. C. (2012). The association between internet addiction and psychiatric disorder: A review of the literature. *European Psychiatry: The Journal of the Association of European Psychiatrists, 27*(1), 1-8. https://doi.org/10.1016/j.eurpsy.2010.04.011.

Kuss, D. J., van Rooij, A. J., Shorter, G. W., Griffiths, M. D., & van de Mheen, D. (2013). Internet addiction in adolescents: Prevalence and risk factors. *Computers in Human Behavior, 29*(5), 1987-1996. https://doi.org/10.1016/j.chb.2013.04.002.

Kwon, J.-H., Chung, C.-S., & Lee, J. (2011). The effects of escape from self and interpersonal relationship on the pathological use of Internet games. *Community Mental Health Journal, 47*(1), 113-121. https://doi.org/10.1007/s10597-009-9236-1.

Lemmens, J. S., Valkenburg, P. M., & Gentile, D. A. (2015). The internet gaming disorder scale. *Psychological Assessment, 27*(2), 567-582. https://doi.org/10.1037/pas0000062.

Lemmens, J. S., Valkenburg, P. M., & Peter, J. (2009). Development and validation of a game addiction scale for adolescents. *Media Psychology*, *12*(1), 77-95. https://doi.org/10.1080/152132608026694585.

Lemmens, J. S., Valkenburg, P. M., & Peter, J. (2011a). Psychosocial causes and consequences of pathological gaming. *Computers in Human Behavior*, *27*(1), 144-152. https://doi.org/10.1016/j.chb.2010.07.015.

Lemmens, J. S., Valkenburg, P. M., & Peter, J. (2011b). The effects of pathological gaming on aggressive behavior. *Journal of Youth and Adolescence, 40*(1), 38-47. https://doi.org/10.1007/s10964-010-9558-x.

Liau, A. K., Choo, H., Li, D., Gentile, D. A., Sim, T., & Khoo, A. (2015). Pathological video-gaming among youth: A prospective study examining dynamic protective factors. *Addiction Research & Theory, 23*(4), 301-308. https://doi.org/10.3109/16066359.2014.987759.

Lindenberg, K., Halasy, K., Szász-Janocha, C., & Wartberg, L. (2018). A phenotype classification of internet use disorder in a large-scale high-school study. *International Journal of Environmental Research and Public Health, 15*(4), 733. https://doi.org/10.3390/ijerph15040733.

Lopez-Fernandez, O., Honrubia-Serrano, M. L., Baguley, T., & Griffiths, M. D. (2014). Pathological video game playing in Spanish and British adolescents: Towards the exploration of Internet gaming disorder symptomatology. *Computers in Human Behavior, 41*, 304-312. https://doi.org/10.1016/j.chb.2014.10.011.

Männikkö, N., Billieux, J., & Kääriäinen, M. (2015). Problematic digital gaming behavior and its relation to the psychological, social and physical health of Finnish adolescents and young adults. *Journal of Behavioral Addictions, 4*(4), 281-288. https://doi.org/10.1556/2006.4.2015.040.

Mentzoni, R. A., Brunborg, G. S., Molde, H., Myrseth, H., Skouveroe, K. J. M., Hetland, J., & Pallesen, S. (2011). Problematic video game use: Estimated prevalence and associations with mental and physical health. *Cyberpsychology, Behavior and Social Networking, 14*(10), 591-596. https://doi.org/10.1089/cyber.2010.0260.

Mihara, S., & Higuchi, S. (2017). Cross-sectional and longitudinal epidemiological studies of Internet gaming disorder: A systematic review of the literature. *Psychiatry and Clinical Neurosciences, 71*(7), 425-444.

https://doi.org/10.1111/pcn.12532.

Mößle, T., & Rehbein, F. (2013). Predictors of problematic video game usage in childhood and adolescence. *SUCHT, 59*(3), 153-164. https://doi.org/10.1024/0939-5911.a000247.

Müller, K. W., Janikian, M., Dreier, M., Wolfling, K., Beutel, M. E., Tzavara, C., et al. (2015). Regular gaming behavior and internet gaming disorder in European adolescents: Results from a cross-national representative survey of prevalence, predictors, and psychopathological correlates. *European Child & Adolescent Psychiatry, 24*(5), 565-574. https://doi.org/10.1007/s00787-014-0611-2.

Ostovar, S., Allahyar, N., Aminpoor, H., Moafian, F., Nor, M. B. M., & Griffiths, M. D. (2016). Internet addiction and its psychosocial risks (depression, anxiety, stress and loneliness) among Iranian adolescents and young adults: A structural equation model in a cross-sectional study. *International Journal of Mental Health and Addiction, 14*(3), 257-267. https://doi.org/10.1007/s11469-015-9628-0.

Pontes, H. M., Király, O., Demetrovics, Z., & Griffiths, M. D. (2014). The conceptualisation and measurement of DSM-5 Internet Gaming Disorder: The development of the IGD-20 test. *PLoS One, 9*(10), e110137. https://doi.org/10.1371/journal.pone.0110137.

Rasmussen, M., Meilstrup, C. R., Bendtsen, P., Pedersen, T. P., Nielsen, L., Madsen, K. R., & Holstein, B. E. (2015). Perceived problems with computer gaming and Internet use are associated with poorer social relations in adolescence. *International Journal of Public Health, 60*(2), 179-188. https://doi.org/10.1007/s00038-014-0633-z.

Rehbein, F., & Baier, D. (2013). Family-, media-, and school-related risk factors of video game addiction. *Journal of Media Psychology, 25*(3), 118-128. https://doi.org/10.1027/1864-1105/a000093.

Rehbein, F., Kleimann, M., & Mößle, T. (2010). Prevalence and risk factors of video game dependency in adolescence: Results of a German nationwide survey. *Cyberpsychology, Behavior and Social Networking, 13*(3), 269-277.

Rehbein, F., Kliem, S., Baier, D., Mößle, T., & Petry, N. M. (2015). Prevalence of

Internet gaming disorder in German adolescents: Diagnostic contribution of the nine DSM-5 criteria in a state-wide representative sample. *Addiction (Abingdon, England), 110*(5), 842-851. https://doi.org/10.1111/add.12849.

Rehbein, F., & Mößle, T. (2013). Video game and internet addiction: Is there a need for differentiation? *SUCHT, 59*(3), 129-142. https://doi.org/10.1024/0939-5911.a000245.

Rikkers, W., Lawrence, D., Hafekost, J., & Zubrick, S. R. (2016). Internet use and electronic gaming by children and adolescents with emotional and behavioural problems in Australia-results from the second child and adolescent survey of mental health and wellbeing. *BMC Public Health, 16*, 399. https://doi.org/10.1186/s12889-016-3058-1.

Rosenkranz, T., Müller, K. W., Dreier, M., Beutel, M. E., & Wölfling, K. (2017). Addictive potential of internet applications and differential correlates of problematic use in internet gamers versus generalized internet users in a representative sample of adolescents. *European Addiction Research, 23*(3), 148-156. https://doi.org/10.1159/000475984.

Rumpf, H.-J., Vermulst, A. A., Bischof, A., Kastirke, N., Gürtler, D., Bischof, G., et al. (2014). Occurrence of internet addiction in a general population sample: A latent class analysis. *European Addiction Research, 20*(4), 159-166. https://doi.org/10.1159/000354321.

Schneider, L. A., King, D. L., & Delfabbro, P. H. (2017). Family factors in adolescent problematic Internet gaming: A systematic review. *Journal of Behavioral Addictions, 6*(3), 321-333. https://doi.org/10.1556/2006.6.2017.035.

Shek, D. T. L., & Yu, L. (2012). Internet addiction phenomenon in early adolescents in Hong Kong. *The Scientific World Journal, 2012*, 104304. https://doi.org/10.1100/2012/104304.

Stavropoulos, V., Alexandraki, K., & Motti-Stefanidi, F. (2013). Recognizing internet addiction: Prevalence and relationship to academic achievement in adolescents enrolled in urban and rural Greek high schools. *Journal of Adolescence, 36*(3), 565-576. https://doi.org/10.1016/j.adolescence.2013.03.008.

Stavropoulos, V., Griffiths, M. D., Burleigh, T. L., Kuss, D. J., Doh, Y. Y., & Gomez, R. (2018). Flow on the Internet: A longitudinal study of Internet addiction symptoms during adolescence. *Behaviour & Information Technology, 37*, 1-14. https://doi.org/10.1080/0144929X.2018.1424937.

Strittmatter, E., Kaess, M., Parzer, P., Fischer, G., Carli, V., Hoven, C. W., et al. (2015). Pathological Internet use among adolescents: Comparing gamers and non-gamers. *Psychiatry Research, 228*(1), 128-135. https://doi.org/10.1016/j.psychres.2015.04.029.

Tsitsika, A., Critselis, E., Louizou, A., Janikian, M., Freskou, A., Marangou, E., et al. (2011). Determinants of Internet addiction among adolescents: A case-control study. *The Scientific World Journal, 11*, 866-874. https://doi.org/10.1100/tsw.2011.85.

Van Rooij, A. J., Schoenmakers, T. M., van de Eijnden, R. J. J. M., & van de Mheen, D. (2010). Compulsive Internet use: The role of online gaming and other internet applications. *The Journal of Adolescent Health, 47*(1), 51-57. https://doi.org/10.1016/j.jadohealth.2009.12.021.

Wang, C.-W., Chan, C. L. W., Mak, K.-K., Ho, S.-Y., Wong, P. W. C., & Ho, R. T. H. (2014). Prevalence and correlates of video and internet gaming addiction among Hong Kong adolescents: A pilot study. *The Scientific World Journal, 2014*, 874648. https://doi.org/10.1155/2014/874648.

Wartberg, L., Kriston, L., Kramer, M., Schwedler, A., Lincoln, T. M., & Kammerl, R. (2017). Internet gaming disorder in early adolescence: Associations with parental and adolescent mental health. *European Psychiatry: The Journal of the Association of European Psychiatrists, 43*, 14-18. https://doi.org/10.1016/j.eurpsy.2016.12.013.

Wittek, C. T., Finserås, T. R., Pallesen, S., Mentzoni, R. A., Hanss, D., Griffiths, M. D., & Molde, H. (2016). Prevalence and predictors of video game addiction: A study based on a national representative sample of gamers. *International Journal of Mental Health and Addiction, 14*(5), 672-686. https://doi.org/10.1007/s11469-015-9592-8.

World Health Organization. (2018). *International classification of diseases: ICD-11 for mortality and morbidity statistics.* Retrieved from https://icd.who.int/browse11/l-m/en

Xu, Z., & Yuan, Y. (2008). The impact of motivation and prevention factors on game addiction. In *Special Interest Group on Human-Computer Interaction*, *Proceedings 15*. Retrieved from http://aisel.aisnet.org/sighci2008/15

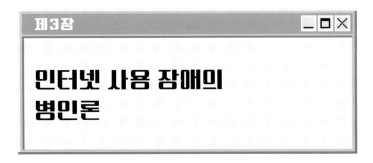

1. 행동심리학 및 신경생물학적 병인론 모델

신경생물학적인 관점에서 볼 때, 인터넷 사용 장애는 알코올이나 약물 중독을 비롯한 물질 관련 중독(substance-related addiction)과 크게 중첩되는 부분들이 있다고 볼 수 있다(Kuss & Griffiths, 2012). 물질 관련 중독과는 달리, '게임 장애(gaming disorder)'는 ICD-11에서 '중독성 행동에 의한 장애(disorders due to addictive behaviors)' 범주에 분류된다(World Health Organization, 2018). 행위 중독 체계 내에서(Brand, Young, Laier, Wölfling, & Potenza, 2016; Kuss, Griffiths, Karila, & Billieux, 2014; Tao et al., 2010) 중독성 행동은 중독성이 있는 물질 사용과 같은 선상에서 고려될 수 있다. 중독성 행동과 물질은 신체적인 각성을 증가시키고 뇌에서 도파민을 분비하여 보상(reward)을 경험하게 하고 그 행동을 반복하게 한다.

이러한 관점에 따르면, 게임 장애가 발생하고 유지되는 데에는 고전적 및 조작적 조건화(classical and operant conditioning)가 중요

한 역할을 수행한다(Grüsser & Thalemann, 2006). '스마트폰을 보는
것, 학교에서 집으로 돌아오는 것, 불쾌한 감정, 스트레스 상황, 외로
운 느낌'과 같이 처음에는 중립적이었던 무조건 자극(unconditioned
stimulus: UCS)은 '비디오 게임을 하는 것'과 같은 특정 행동 또는 무
조건적 반응(unconditioned reaction: UCR)과 연합된다. 이러한 연
합이 여러 차례 반복될 때, 이전에 중립적이던 자극은 조건 반응
(conditioned reaction: CR)인 비디오 게임이나 다른 인터넷 응용 프
로그램과 연합되어 조건 자극(conditioned stimulus: CS)이 된다. 그
리고 개인은 인터넷 사용이나 게임 행동이 부정적인 감정을 완화
시키는 데 도움을 준다는 것을 학습한다. 이 행동은 쾌락, 자기효능
감 또는 몰입(flow)[1] 경험에 의해 보상을 받는다(정적 강화; positive
reinforcement, C+). 신경생물학적으로는 이것은 대뇌에서의 도파
민 분비와 관련된다. 동시에 인터넷 활동은 불안, 외로움 또는 슬
픔과 같은 부정적인 감정 상태를 피하는 데 도움이 된다(부적 강화;
negative reinforcement, C-). 이러한 보상 패턴은 조작적 조건화 과
정을 통해 보상에 대한 기대를 유발하고 행동을 반복하도록 유도한
다. 결과적으로, 비디오 게임이나 인터넷 응용 프로그램은 더 이상
만족을 얻기 위한 것이 아니라 부정적인 감정 상태를 피하기 위해
사용된다(보상; compensation).

  학습이론은 치료적 접근법 중에서도 특히 행동치료의 발전에 있
어서 중요한 의미를 갖는데, 학습된 행동은 동일한 기제를 통해 소거
될 수 있기 때문이다. 인터넷 사용 장애에 대한 행동치료의 주요 목

---

1) 'Flow'는 Mihaly Csikszentmihalyi에 의해 제시된 개념으로, 개인이 몰입하고 집중하여
   수행하는 활동에서 시간이 빠르게 지나가는 경험을 하는 상태를 말한다. 이는 자신의
   능력과 활동의 난이도가 균형을 이룰 때 발생한다.

표 중 하나는 대안적인 보상 행동과 대처 방법을 수립하는 것이다.

　Robinson과 Berridge(2008)는 그들의 '유인-민감화 이론 (incentive sensitization theory)'에서 물질 중독과 관련된 학습이론을 확장했다. 이 관점에서 약물의 반복적인 투여는 측좌핵(nucleus accumbens)과 선조체(striatum)에서 도파민 전달의 증가를 특징으로 하는 신경 민감화(neural sensitization)를 유발한다. 이는 '원하는(wanting)' 또는 '갈망하는(craving)' 상태와 약물 추구 행동(drug-seeking behavior)을 유발한다. 개인은 부정적인 결과를 인식하고 있으며, 해당 물질을 '좋아하지(not liking) 않기' 때문에, 의식적으로는 물질을 더 이상 사용하지 않으려고 한다. 그러나 '원하는(wanting)' 욕구는 '좋아하는(liking)' 것을 이기고 물질을 사용하려는 동기를 증가시킨다. 이 기제는 재발 가능성을 높이는 암묵적 중독 기억 (implicit addiction memory)으로 이어진다. 중독된 사람들은 술 사진처럼 자신이 중독된 물질과 관련된 자극에 대한 쉽게 관심을 기울이게 된다. 이와 유사한 기제는 병적 도박(Grüsser, Plöntzke, & Albrecht, 2005; Rømer Thomsen, Fjorback, Møller, & Lou, 2014) 및 비디오 게임 중독(Thalemann, Wölfling, & Grüsser, 2007) 등 행위 중독에서도 관찰되었다. 시간이 지남에 따라 중독 행동은 만족을 경험하고 감정을 조절할 수 있는 유일한 수단이 되며, 다른 활동들은 더 이상 즐겁거나 편안하게 느껴지지 않게 된다.

　몇몇 연구들은 인터넷 사용 장애가 물질 중독과 유사한 신경 활성화 패턴과 관련이 있다는 것을 보여 주었다(Kuss & Griffiths, 2012). 인터넷 사용 장애를 가진 개인들에게 인터넷 관련 자극(예: 특정 웹 사이트나 온라인 게임의 스크린샷)을 제시하는 '자극 반응성 실험 (cue-reactivity paradigm)'에서 인터넷 사용 장애를 가진 개인들은 배

외측 전전두피질(dorsolateral prefrontal cortex)과 측좌핵 부위가 강하게 활성화되었다. 따라서 연구자들은 이 영역들이 중요한 역할을 하는 것으로 추정하였다(Ko et al., 2009; Niu et al., 2016). 이 두 영역 모두 동기 및 감정과 관련이 있는데, 뇌의 회백질(gray matter) 밀도와 분포를 측정하는 기술인 복셀 기반 형태계측(voxel-based morphometry)을 사용한 연구를 통해 인터넷 사용 장애를 가진 개인들의 뇌섬엽(insula)과 대상엽(cingulate cortex) 영역에서 회백질 밀도가 감소되어 있다는 것이 발견되었다. 이러한 결과는 감정 상태 인식의 손상 및 관련된 인지적 반응(예: 비디오 게임을 시작하기로 결정하는 것)으로 설명할 수 있다(Zhou et al., 2011). 인터넷 사용 장애를 가진 사람들은 종종 '지루해서' 게임이나 기타 인터넷 활동을 하게 되었다고 보고한다. 그러나 환자들이 치료 과정에서 자신의 감정을 구별하는 방법을 배우게 되면, '지루함'이라는 감정 뒤에 숨어 있는 슬픔이나 두려움과 같은 다른 다양한 감정 상태를 발견할 수 있다. 감정을 구별하는 능력이 손상된 것은 앞서 설명한 회백질의 변화와 관련될 수 있다(Müller & Wölfling, 2017).

2. 통합적 모델과 부적응적 대처 방법

행위 중독은 다른 정신질환과 마찬가지로 다양한 관련 요인들과 함께 발생한다(인터넷 사용 장애와 관련된 특성과 조건은 제2장 참조). 인터넷 중독의 통합적 과정 모델(integrated process model)(Müller & Wölfling, 2017; Wölfling & Müller, 2009)은 취약성-스트레스 접근법 (diathesis-stress approach)을 기반으로 하며, 촉발 요인과 유지 요인을 모두 포함한다.

이 모델은 특정한 생물학적 요인들, 예를 들어 세로토닌 수송체 유전자 5HHTLPR의 특정 다형성(polymorphism)이 인터넷 사용 장애, 특히 인터넷 게임 중독에 대한 취약성을 증가시킨다고 주장한다. 5HHTLPR은 우울증을 가진 사람들과(Lee et al., 2008), 신경증적 성향이 높고 외향성과 성실성이 낮으며, 지루함에 취약하고 충동성이 높은 사람들에서 흔하게 나타난다. 또한, 부정적인 가족 간 상호작용과 열악한 사회적 환경도 중요한 역할을 하는 것으로 보인다.

행동적 수준에서 인터넷 사용 장애는 사회적 억제(social inhibition)의 증가, 성취 지향성(performance orientation)의 감소 및 구조화(structuring) 감소와 관련이 있다. 중독 행동의 발달에서 핵심 요인 중 하나는 부정적인 감정에 대한 부적절한 대처 방식이다. 중독 성향을 보이는 개인들은 종종 게임과 가상 세계로 탈출함으로써 부정적인 감정을 피하려고 한다. 게임이나 다른 인터넷 응용 프로그램들은 실생활에서 성공이나 소속감, 성장을 경험하지 못하는 사람들에게 새로운 기회를 제공한다. 실생활에서 얻지 못했던 경험들이 가상 세계에서는 이루어질 수 있다. 개인들은 가상 세계 속에서 성공한 아바타를 가지거나, 길드에 소속되고, 안전한 거리를 두고 다른 사람들과 소통할 수 있다. 따라서 인터넷이나 게임 활동 자체에는 사회적 책임이나 역할 변화와 같이 행위 중독의 발달을 촉진시키는 특징이 있다.

몇몇 연구에서 역기능적인 정서 조절이 인터넷 사용 장애의 발달에서 중요하다는 것이 확인되었다(Kwon, Chung, & Lee, 2011; Young, 1998; Young & de Abreu, 2011). 개인들이 현실의 자아와 이상적인 자아 간의 불일치를 경험하거나, 현실 생활의 문제에 직면하여 부정적인 감정을 빈번하게 경험할 때, 흔히 회피적인 대처 방법

(avoidant coping style)을 사용하게 된다(Casale, Caplan, & Fioravanti, 2016; Hormes, Kearns, & Timko, 2014; Milani, Osualdella, & Di Blasio, 2009). 인터넷 사용 장애를 겪는 청소년들은 적응적인 감정 조절 전략(문제해결이나 사회적 지지를 찾는 것 등)보다는 역기능적 감정 조절 전략(억제 또는 회피 등)을 더 많이 보인다. 이러한 전략과 사회적 능력의 부족은 인터넷 사용 장애의 위험 요인이다(Gentile et al., 2011; Grüsser, Thalemann, Albrecht, & Thalemann, 2005; Strittmatter et al., 2016; Tang et al., 2014). 또한, 온라인 응용 프로그램과 게임은 종종 하기 싫은 일을 회피하기 위해 사용되기도 하는데, 이는 인터넷 사용 장애와 미루는 습관과의 상관관계를 설명할 수 있다(Davis, Flett, & Besser, 2002; Thatcher, Wretschko, & Fridjhon, 2008).

시간이 지남에 따라 부정적인 대처와 사회적 회피가 개인의 (성공하지 못한) 현실 생활과 (성공한) 가상 생활 사이의 괴리를 증가시킬 수 있다. 신경생물학적 민감화, 인지적 왜곡(예: "나는 절대로 학교에서 잘할 수 없어!" 또는 "삶에서 재미있는 건 게임밖에 없어!"), 가상 세계에서의 긍정적 피드백(정적 강화), 현실 세계에서의 스트레스 회피(부적 강화)가 중독 과정을 유지시킨다.

또 다른 통합적인 접근 방법은 I-PACE 모델(Impaired Control and Compulsive Use of the Internet and Related Communication Technologies)이다(Brand et al., 2016). 이 모델은 특정 인터넷 응용 프로그램의 중독적 사용은 심리적 및 신경생물학적 소인(predisposition)과 특정한 조절 변인들이 상호작용 한 결과라고 주장한다. 질병을 일으키는 소인에는 높은 충동성, 낮은 자존감, 불성실성과 같은 성격적 요인과, 스트레스에 대한 취약성, 유전적 요인, 생애 초기의 경험, 동반된 정신병리, 외로움, 사회적 지지 또는 불신과 같은 생물-심리학적 소인이 모두 포함된다. 중독 과정은 부적응적 대처 방식과 인터넷에 대한 개인적 인식(인터넷의 긍정적 효과에 대한 기대, 관련된 인지적 편향과 왜곡)에 의해 매개된다. 예를 들어, 개인은 스마트폰을 쳐다보는 것이나 스트레스 상황과 같은 특정 유발요인에 대해 정서 및 인지적 측면에서 특정한 부적응적 반응(자극 반응성, 부정적 감정 조절에 대한 욕구, 인터넷 활동을 유일한 정서 조절 수단으로 인식)을 보이게 되고, 이는 낮은 실행 통제력(executive control)과 결합하여 결국 과도한 인터넷 사용으로 이어지게 된다. 시간이 지남에 따라 인터넷 활동의 만족감은 감소하지만, 보상(compensation) 효과와 대처 방식으로서의 중요성은 증가한다. 개인은 점차 자신의 인터넷 활동을 통제하지 못하게 되며, 현실 세계에서의 부정적인 결과가 늘어난다.

I-PACE 모델은 강화 주기(reinforcement cycle)의 개념에도 기반을 두고 있다. 인터넷과 관련된 인지적 편향[예: 주의 편향(attentional bias), 인터넷 활동에 대한 긍정적 태도]은 인터넷 관련 자극에 대한 특정한 감정 및 인지적 반응을 유발하며, 이는 다시 인터넷을 사용하는 결과로 이어진다. 인터넷을 사용하는 행위는 만족감을 유발하며, 다시 인터넷 관련 편향을 강화시킨다. 실행 통제력의 감소는 인터넷 활동을 대처 전략으로 사용할 확률을 더욱 증가시키는데, 이는 단기적으로는 기능적이지만 장기적으로는 분명히 역기능적이다.

3. PROTECT 병인론 모델

PROTECT 프로그램의 기반을 이루는 발달적, 인지행동적 병인론 모델에서는, I-PACE 모델(Brand et al., 2016)과 유사하게, 인터넷 사용 장애가 두 가지 강화 기제의 결과로 발전한다고 가정한다. 일차적 기제(만족감, gratification)는 개인이 인터넷 사용을 매우 보상적(rewarding)으로 인식하기 때문에 반복적이고 점점 더 많이 사용하는 것이다. 이차적 기제(보상, compensation)는 개인이 인터넷 사용에 우선순위를 두고, 기분에 강력한 영향을 주는 다른 활동들, 즉 신체 운동, 사회적 활동, 성공(예: 학업, 예술 또는 개인적으로 중요한 프로젝트), 봉사(타인을 돕는 행위) 또는 자연 관련 활동 등을 소홀히 하는 것이다(Rohde, Brière, & Stice, 2018). 이러한 내적 보상(rewarding) 행동은 일반적으로 청소년기에 부모에게서 독립된 여가 활동으로 발달하며, 기분 조절에 매우 중요하다. 보상(rewarding) 행동의 부재 또는 상실은 부정적인 기분과 우울증의 주요 원인으로 알려져 있다(Lewinsohn, 1974). 그러나 실제 세계에서의 만족감 상실은 엄밀히 말하면 인터넷 사용이 우선순위가 되었기 때문에 발생하는 것이다. 인터넷 사용은 가장 보상적(rewarding)이고, 지속 가능한 행동이 되어 더욱 과도하게 사용된다. 따라서 인터넷 사용을 통해 경험하는 초기의 만족감은 감정적 고통을 보상(compensation)해 주는 수단으로 변화하게 된다.

다른 행위 중독에서 알려진 대로, 강박적이고 병적인 인터넷 사용은 실제 세계에서의 긍정적 강화가 상실됨으로 인해 발생하는 부정적인 감정을 피하기 위한 행동이다. 이는 행동의 우선순위가 변화하고, 실제 세계에서의 활동에 소홀해지는 것의 결과이기도 하다. 이 러한 악순환은 부정적인 결과에도 불구하고 계속되며, 인터넷 활동 을 통제할 수 없게 만든다.

[그림 3-1]에 설명된 대로, PROTECT 병인론 모델은 청소년기의 인터넷 사용 장애가 부정적 정서에 대한 부적응적인 대처와 강하게 연관되어 있다고 가정한다. 이러한 부적응적인 대처는 세 가지 주요 문제 영역에서 나타난다. ① 동기 부족 또는 지루함에 취약함, ② 불 쾌한 작업을 미루는 것과 연관되는 수행 불안, ③ 사회 기술의 부족 과 관련된 사회 불안. 이러한 상황들은 청소년의 인터넷 사용 장애 와 관련된 위험 요인이며, 과도한 인터넷 사용은 이러한 부정적 정 서 상태를 보상(compensate)하기 위해 주로 사용되는 부정적 정서 조절 전략이다(Brand et al., 2016).

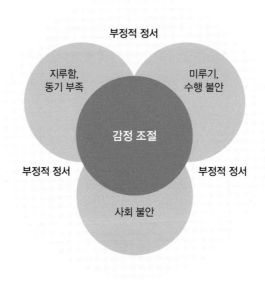

[그림 3-1] 인터넷 사용 장애의 위험 요소

PROTECT 병인론 모델은 이러한 부정적 정서 상태에 인지적 선행 요인이 있다고 가정한다. 구체적으로는 인지적 왜곡(부정적인 귀인 양식, 과잉일반화, 재앙화)이 지루한 상황, 수행 상황 또는 사회적 상황을 부정적으로 평가하게 만들어 부정적인 정서를 유발한다는 것이다([그림 3-2]). 이러한 부정적 정서는 게임이나 다른 인터넷 활동을 통해 조절되고는 한다. 예를 들어, 수학 시험을 앞두고 "나는 절대 기하학을 이해하지 못할 거야."와 같은 부정적인 생각이 들면, 이는 시험 불안, 학교 불안과 같은 불쾌한 정서를 유발할 수 있으며, 이 불안을 억누르기 위해 게임을 하는 부적응적 행동을 하는 결과로 이어질 수 있다. 이러한 대처 방식은 긍정적인 정서와 만족감을 유발하기 때문에 단기적으로는 기능적이지만, 장기적으로는 더욱 강한 부정적인 정서를 유발한다. 이러한 부정적 정서를 조절하기 위해 개인은 또다시 인터넷이나 게임을 할 가능성이 높아지고, 결과적으로 악순환이 초래된다.

또한, PROTECT 모델은 이러한 역기능적인 과정이 행동, 인지 및 정서적 측면의 치료적 중재를 통해 수정될 수 있다고 전제한다. 인

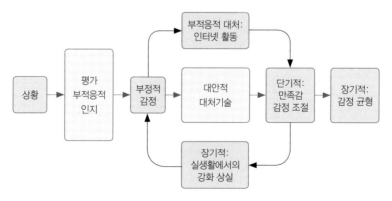

[그림 3-2] 인지-행동적 병인론 모델(악순환)

지적 중재는 부적응적인 생각을 수정하는 것을 목표로 한다. 예를 들어, 다가오는 수학 시험에 대한 보다 적응적인 생각은 "그래도 공부할 시간이 좀 남았다"와 같은 생각이며, 이는 적응적인 감정(예: 자신감)을 유발하고, 시험 준비를 시작하거나 다른 사람들에게 도움을 요청하는 적응적인 행동으로 이어질 수 있다. 행동 지향적 중재(행동 활성화 및 문제해결 기술과) 및 정서 조절 중재는 감정 균형을 달성하기 위한 대안적 대처 기술을 발전시키는 것을 목표로 한다. 이러한 병인론 모델을 기반으로 개발된 PROTECT 중재 프로그램은 이 책의 제5장 'PROTECT 중재 프로그램'과 제2부에서 자세히 설명할 예정이다.

4. 결론

이론적 모델과 경험적 근거는 부적응적 정서 조절과 인터넷 사용 장애 사이의 연관성을 강조하고 있다. PROTECT 병인론 모델은 부적응적 인지, 부정적 정서 및 부적응적 행동의 역기능적인 과정으로 인해 악순환에 빠지는 결과가 나타난다고 전제한다. 또한, 이 모델은 부적응적 인지 수정을 목표로 하는 인지적 중재, 대안적 대처 전략 개발을 목표로 하는 행동적 중재 및 정서 조절 중재를 통해 부적응적 과정이 수정될 수 있다고 가정하고 있다.

참고문헌

Brand, M., Young, K. S., Laier, C., Wölfling, K., & Potenza, M. N. (2016). Integrating psychological and neurobiological considerations regarding the development and maintenance of specific Internet-use disorders: An Interaction of Person-Affect-Cognition-Execution (I-PACE) model. *Neuroscience and Biobehavioral Reviews, 71*, 252-266. https://doi.org/10.1016/j.neubiorev.2016.08.033.

Casale, S., Caplan, S. E., & Fioravanti, G. (2016). Positive metacognitions about internet use: The mediating role in the relationship between emotional dysregulation and problematic use. *Addictive Behaviors, 59*, 84-88. https://doi.org/10.1016/j.addbeh.2016.03.014.

Davis, R. A., Flett, G. L., & Besser, A. (2002). Validation of a new scale for measuring problematic Internet use: Implications for pre-employment screening. *Cyber Psychology & Behavior, 5*(4), 331-345. https://doi.org/10.1089/109493102760275581.

Gentile, D. A., Choo, H., Liau, A., Sim, T., Li, D., Fung, D., & Khoo, A. (2011). Pathological video game use among youths: A two-year longitudinal study. *Pediatrics, 127*(2), e319-e329. https://doi.org/10.1542/peds.2010-1353.

Grüsser, S. M., Plöntzke, B., & Albrecht, U. (2005). Pathologisches Glücksspiel: Eine empirische Untersuchung des Verlangens nach einem stoffungebundenen Suchtmittel. = Pathological gambling: An empirical study of the desire for addictive substances. *Der Nervenarzt, 76*(5), 592-596. https://doi.org/10.1007/s00115-004-1764-x.

Grüsser, S. M., & Thalemann, C. N. (2006). Verhaltenssucht: Diagnostik, Therapie, Forschung (1. Aufl). In *Aus dem Programm Huber. Klinische Praxis*. Bern, Switzerland: Huber.

Grüsser, S. M., Thalemann, R., Albrecht, U., & Thalemann, C. N. (2005). Exzessive Computernutzung im Kindesalter Ergebnisse einer psychometrischen Erhebung. *Wiener Klinische Wochenschrift, 117*(5-6), 188-195.

Hormes, J. M., Kearns, B., & Timko, C. A. (2014). Craving Facebook? Behavioral addiction to online social networking and its association with

emotion regulation deficits. *Addiction, 109*(12), 2079-2088. https://doi.
org/10.1111/add.12713.

Ko, C.-H., Liu, G.-C., Hsiao, S., Yen, J.-Y., Yang, M.-J., Lin, W.-C., et al.
(2009). Brain activities associated with gaming urge of online gaming
addiction. *Journal of Psychiatric Research, 43*(7), 739-747. https://doi.
org/10.1016/j.jpsychires.2008.09.012.

Kuss, D. J., & Griffiths, M. D. (2012). Internet and gaming addiction: A
systematic literature review of neuroimaging studies. *Brain Sciences, 2*(3),
347-374. https://doi.org/10.3390/brainsci2030347.

Kuss, D. J., Griffiths, M. D., Karila, L., & Billieux, J. (2014). Internet addiction: A
systematic review of epidemiological research for the last decade. *Current
Pharmaceutical Design, 20*(25), 4026-4052.

Kwon, J.-H., Chung, C.-S., & Lee, J. (2011). The effects of escape from
self and interpersonal relationship on the pathological use of Internet
games. *Community Mental Health Journal, 47*(1), 113-121. https://doi.
org/10.1007/s10597-009-9236-1.

Lee, Y. S., Han, D. H., Yang, K. C., Daniels, M. A., Na, C., Kee, B. S., &
Renshaw, P. F. (2008). Depression like characteristics of 5HTTLPR
polymorphism and temperament in excessive internet users. *Journal
of Affective Disorders, 109*(1-2), 165-169. https://doi.org/10.1016/
j.jad.2007.10.020.

Lewinsohn, P. M. (1974). A behavioral approach to depression. In R. J. Friedman
& M. M. Katz (Eds.), *The psychology of depression: Contemporary theory
and research*. John Wiley & Sons.

Milani, L., Osualdella, D., & Di Blasio, P. (2009). Quality of interpersonal
relationships and problematic internet use in adolescence. *Cyberpsychology
& Behavior, 12*(6), 681-684. https://doi.org/10.1089/cpb.2009.0071.

Müller, K., & Wölfling, K. (2017). *Pathologischer Mediengebrauch und
Internetsucht* (1. Auflage). *Sucht Track 2*. Stuttgart, Germany: Verlag W.
Kohlhammer. Retrieved from http://www.kohlhammer.de/wms/instances/
KOB/appDE/nav_product.php?product=978-3-17-023361-4

Niu, G.-F., Sun, X.-J., Subrahmanyam, K., Kong, F.-C., Tian, Y., & Zhou, Z.-K.
(2016). Cue-induced craving for Internet among Internet addicts. *Addictive*

Behaviors, 62, 1-5. https://doi.org/10.1016/j.addbeh.2016.06.012.

Robinson, T. E., & Berridge, K. C. (2008). Review. The incentive sensitization theory of addiction: Some current issues. *Philosophical Transactions of the Royal Society of London Series B, Biological Sciences, 363*(1507), 3137-3146. https://doi.org/10.1098/rstb.2008.0093.

Rohde, P., Brière, F. N., & Stice, E. (2018). Major depression prevention effects for a cognitive-behavioral adolescent indicated prevention group intervention across four trials. *Behaviour Research and Therapy, 100*, 1-6. https://doi.org/10.1016/j.brat.2017.10.013.

Rømer Thomsen, K., Fjorback, L. O., Møller, A., & Lou, H. C. (2014). Applying incentive sensitization models to behavioral addiction. *Neuroscience and Biobehavioral Reviews, 45*, 343-349. https://doi.org/10.1016/j.neubiorev.2014.07.009.

Strittmatter, E., Parzer, P., Brunner, R., Fischer, G., Durkee, T., Carli, V., et al. (2016). A 2-year longitudinal study of prospective predictors of pathological Internet use in adolescents. *European Child & Adolescent Psychiatry, 25*(7), 725-734. https://doi.org/10.1007/s00787-015-0779-0.

Tang, J., Yu, Y., Du, Y., Ma, Y., Zhang, D., & Wang, J. (2014). Prevalence of internet addiction and its association with stressful life events and psychological symptoms among adolescent internet users. *Addictive Behaviors, 39*(3), 744-747. https://doi.org/10.1016/j.addbeh.2013.12.010.

Tao, R., Huang, X., Wang, J., Zhang, H., Zhang, Y., & Li, M. (2010). Proposed diagnostic criteria for internet addiction. *Addiction, 105*(3), 556-564. Retrieved from http://www.redi-bw.de/db/ebsco.php/search.ebscohost.com/login.aspx%3fdirect%3dtrue%26db%3dpsyh%26AN%3d2010-02624-027%26site%3dehost-live.

Thalemann, R., Wölfling, K., & Grüsser, S. M. (2007). Specific cue reactivity on computer game-related cues in excessive gamers. *Behavioral Neuroscience, 121*(3), 614-618. https://doi.org/10.1037/0735-7044.121.3.614.

Thatcher, A., Wretschko, G., & Fridjhon, P. (2008). Online flow experiences, problematic Internet use and Internet procrastination. *Computers in Human Behavior, 24*(5), 2236-2254. https://doi.org/10.1016/j.chb.2007.10.008.

Wölfling, K., & Müller, K. (2009). Computerspielsucht. In D. Batthyany & A.

Pritz (Eds.), *Rausch ohne Drogen-Substanzungebundene Süchte* (pp. 291-307). New York, NY: Springer.

World Health Organization. (2018). *International classification of diseases: ICD-11 for mortality and morbidity statistics.* Retrieved from https://icd.who.int/browse11/l-m/en

Young, K. S. (1998). Internet addiction: The emergence of a new clinical disorder. *Cyberpsychology & Behavior, 1*(3), 237-244. https://doi.org/10.1089/cpb.1998.1.237.

Young, K. S., & de Abreu, C. N. (2011). *Internet addiction: A handbook and guide to evaluation and treatment.* Hoboken, NJ: Wiley.

Zhou, Y., Lin, F.-C., Du, Y.-S., Qin, L.-D., Zhao, Z.-M., Xu, J.-R., & Lei, H. (2011). Gray matter abnormalities in Internet addiction: A voxel-based morphometry study. *European Journal of Radiology, 79*(1), 92-95. https://doi.org/10.1016/j.ejrad.2009.10.025.

제4장 _ □ ×

청소년을 위한 인터넷 사용 장애 치료와 예방

1. 서론

Kimberly Young은 인터넷 사용의 잠재적 부정적 영향에 최초로 주목한 사람으로, 인터넷 사용 장애 연구의 선구자로 알려져 있다 (Young, 1996). 지난 20년 동안 많은 연구들이 인터넷 사용 장애와 정신병리 간의 유의미한 연관성을 보고하였고(제2장 인터넷 사용 장애와 관련된 특성과 조건 참조), 인터넷 사용 장애의 부정적 결과에 대해 경고해 왔다. 연구자들은 의료 시스템의 이해 관계자들에게 인터넷 사용 장애에 대한 공식적인 진단을 확립하고, 예방과 치료 접근법을 연구하고 개발할 것을 요구하고 있다.

인터넷 게임 장애를 DSM-5(American Psychiatric Association, 2013) 제3부의 예비 진단으로 포함시킨 것은 공통된 정의를 확립하고, 이에 따른 추가 연구의 기반을 제공하는 중요한 이정표가 되었다. 그러나 게임이 아닌 인터넷 사용(예: 소셜 미디어, 온라인 포르노)도 포함하는 더 넓은 개념인 '인터넷 사용 장애'는 아직 진단명으로 포함되지 않았다. 또 다른 중요한 이정표는 국제질병분류의 제11판 (ICD-11; WHO, 2018)에서 '게임 장애'를 정의한 것이다. 이후로 이 장애에 대한 효과적인 근거 기반 예방 및 치료법의 개발에 전 세계가 주목하게 되었다.

동반 질환의 발생률이 높은 점을 고려하여, 인터넷 사용 장애의 치료 프로그램은 특정 증상에만 초점을 맞추는 것이 아니라 우울 증상, 불안 및 기타 동반 증상에 대한 검증된 접근 방식을 포함하여 전반적인 삶의 질을 개선할 수 있도록 해야 한다. 예방의 범위는 질병이 발생하는 것을 방지하거나 적어도 발병을 늦추는 것을 포함한다. 이러한 관점에서 일반적으로 예방은 위험 요소를 바람직한 방향으로 수정하는 것을 목표로 한다. 치료 프로그램은 예방에 보완적으로 사용되며, 현재 해당 질병으로 고통 받고 있는 사람들을 대상으로 증상의 심각성을 감소시키거나 질병을 치료하는 것을 목표로 한다. 하지만 인터넷 사용 장애 예방과 치료에 대한 연구는 아직 초기 단계에 있다(Szász-Janocha, Kindt, Halasy, & Lindenberg, 2019). 국제적인 리뷰에 따르면, 인터넷 사용 장애에 대해 8~20개의 예방 연구 (King, Delfabbro, Doh, & Wu, 2018; Throuvala, Griffiths, Rennoldson, & Kuss, 2019; Vondráčková & Gabrhelík, 2016)와 26~30개의 치료 연구(King, Delfabbro, & Wu, 2017; Zajac, Ginley, Chang, & Petry, 2017)가 보고되었다.

2. 예방

예방은 대상 집단에 따라 하위 유형을 나눌 수 있다. 보편적 예방은 전체 인구를 대상으로 하며, 일반적인 정보 전달을 포함한 다른 중재 방법들을 포함한다. 선택적 예방은 질병 위험 수준이 높은 사람들 같은 하위 집단을 대상으로 하며, 중재 프로그램은 초기 증상을 가진 사람들에 초점을 맞춘다. 선택적 및 표적 예방 접근법은 종종 '선택-집중(selective-indicated)' 중재 방법으로 요약된다(Junge-Hoffmeister, 2009).

예방과 조기 개입은 증상 발현의 위험을 줄이고 전반적인 예후를 개선하는 데 도움이 된다. 인터넷 사용 장애에 이환된 환자들은 낮은 순응도와 치료 동기를 보이기 때문에 치료적 접근에 한계가 있어 예방과 조기 개입이 특히 중요하다(Szász-Janocha, Vonderlin, & Lindenberg, 투고; Lindenberg, Szász-Janocha, Schoenmaekers, Wehrmann, & Vonderlin, 2017; Petersen & Thomasius, 2010; Wölfling et al., 2019; Wölfling, Leménager, Peukert, & Batra, 2013).

King 등(2018)은 문헌 연구에서 미국, 영국, 호주, 중국, 독일, 일본, 한국에서의 인터넷 사용 장애 예방 연구 및 공중 보건 정책의 개요와 지역 및 국가 간 예방 전략의 차이점을 보고하였다. 서양권에서 인터넷 사용 장애의 예방 정책은 주로 비영리 기관에 의해 관리되며 행동적 예방 전략을 제공한다. 반면에, 동아시아 국가권에서의 예방 정책은 주로 정부에 의해 규제되며, 구조적 및 행동적 접근 방식을 포함하는 경우가 많다(King et al., 2018). 그러나 효능과 비용 효과에 대한 데이터는 충분치 않으며, 특히 구조화된 예방 프로그램에 대해서는 연구 결과가 더욱 부족하다. 연구자들은 문헌 연구에서 13개의 예방 연구를 확인했는데, 이 중에서 무작위 대조 연구(Randomized Controlled Trial: RCT)는 단 하나뿐이었다. 이는 RCT가 효능과 효과성 연구에서 가장 권장되는 기준(gold standard)임을 고려할 때 주목할 만한 지점이다. 보고된 RCT는 독일에서 수행된 연구로, 학교 기반으로 진행한 프로그램에서 긍정적인 결과를 보고하였다(Walther, Hanewinkel, & Morgenstern, 2014). 이 중재 프로그램은 훈련된 교사들이 수업 시간 중 진행하는 4회기의 미디어 문해력(media literacy) 프로그램으로, 다양한 응용 프로그램 유형(인터넷 사용, 소셜미디어, 게임 및 도박)에 대한 토론을 촉진하고 학생들의 자기 모니터링과 자기 성찰 능력을 강화하는 것을 목표로 한다. 연구 결과는 대조군과 비교하여 중재군에서 유의미한 예방 중재의 효과가 12개월 후까지 지속됨을 보여 주었다. 이 연구와 유사하게 다른 연구들에서도 예방 프로그램의 효과를 보여 주었다. 그러나 이들 연구는 사전-사후 검사 설계(pretest-posttest design)만을 사용하거나, 대조군이 없거나, 증상 심각도가 아닌 결과 측정치를 사용하는 등 여러 가지 방법론적 결함으로 인해 그 타당성이 제한적이다(King et al., 2018). 대부분의 프로그램은 인지행동 기법을 기반으로 하며, 여기에는 심리교육(유해한 인터넷 사용의 특성과 발생 가능한 결과에 대한 정보), 인지 재구조화, 문제해결 훈련(문제해결 기술, 감정 조절 기술, 사회적 유능성) 등이 포함된다.

　학교 기반 예방 프로그램은 효과성과 관련된 가장 폭넓은 근거를 갖추고 있다. 인터넷 사용 장애를 위한 학교 기반 예방 프로그램에 초점을 맞춘 최신 문헌 연구에서는 독일, 네덜란드, 이탈리아, 호주, 한국, 홍콩, 미국 및 튀르키예에서 이루어진 20개의 연구를 분석하였다(Throuvala et al., 2019). 해당 연구들은 주로 보편적인 예방 프로그램을 기반으로 하였으나, 프로그램의 효과를 조사한 연구는 7개뿐이었으며 혼재된 결과를 보고하였다(Throuvala et al., 2019).

　그럼에도 불구하고, 학교 기반 예방 프로그램은 가장 널리 사용되고 있으며, 중요한 역할을 하고 있다. 그 이유는 다음과 같다. 첫째, 학교 기반 예방 프로그램은 문턱이 낮아 학생들이 추가적인 노력을 들일 필요 없이 쉽게 접근할 수 있다(학생들은 치료를 받기 위해 관련된 자원의 연락처를 직접 찾거나 별도의 약속을 잡을 필요가 없다). 둘째, 학교 환경에서의 예방은 잠재적으로 취약한 여러 청소년들이 초기에 건강 서비스에 접근할 수 있는 기회를 제공한다. 셋째, 인터넷 사용 장애의 유병률은 청소년기에 증가하기 때문에 중·고등학생들이 중요한 대상 집단이 된다(Karacic & Oreskovic, 2017; Lindenberg, Halasy, Szász-Janocha, & Wartberg, 2018).

3. 치료

예방은 인터넷 사용 장애의 발현을 피하는 데 초점을 맞추는 반면, 치료는 이미 인터넷 사용 장애로 고통받고 있는 사람들을 위한 것이다. 인터넷 사용 장애에 초점을 둔 최초의 치료 센터는 2006년 중국에서 개설되었다(Young & de Abreu, 2011). 그러나 현재 인터넷 사용 장애의 치료에 대한 연구 현황은 인터넷 사용 장애의 예방 연구와 유사한 상황이다. 문헌 연구에 따르면, 인터넷 사용 장애의 치료에 대한 연구가 증가하고 있지만 대부분의 연구가 체계적으로 설계된 근거-기반 중재로 보기엔 부족하다(King et al., 2017; Zajac et al., 2017). King 등(2017)은 30여 편의 인터넷 사용 장애의 치료에 관한 연구를 Consolidating Standards of Reporting Trials statement (CONSORT) 가이드라인에 따라 평가하고, 연구 현황에 대한 개괄적인 정보를 제공하였다. 연구자들은 지난 몇 년간 이루어진 연구들이 무작위화(randomization), 맹검(blinding) 절차, 대조군 설정 및 추적 관찰 기간이 부족하고, 연구 및 치료 절차에 대한 정보를 충분히 제 공하지 않는 등 질적인 측면에서 미흡하며, 인터넷 사용 장애에 대 한 개념화 및 조작적 정의가 일관되지 않다는 점을 비판하였다. 보 고된 연구들은 개인 및 집단 기반의 중재를 모두 포함하고 있었다. 연구의 대부분은 임상 장면에서 수행되었고(n=19), 일부 프로그램 은 학교나 상담 장면에서 실시되었으며(n=7), 소수는 온라인(n=3) 이나 가정(n=1)에서 수행되었다. 중재 방법과 관련하여, 연구의 대 부분은 인지행동치료나 이와 관련된 치료 기법을 적용하였으며, 약 물 요법이나 전기 침술과 같은 다른 중재 방법을 조사한 연구는 일 부에 불과하였다. 방법론적 약점으로 인한 제약에도 불구하고, 연구 자들은 인지행동 기법을 기반으로 한 중재가 가장 효과적인 것으로 보인다고 결론을 내렸다(King et al., 2017).

Zajac 등(2017)의 다른 문헌고찰 연구에서는 인터넷 사용 장애에 대한 26편의 치료 연구를 '근거 기반 중재의 기준(criteria)'(예: 대조군 과 치료 매뉴얼을 포함하였는지 여부)에 따라 평가하였다(Chambless & Hollon, 1998). 연구자들은 어떤 연구도(인지행동치료, 약물치료 등 치 료의 종류와 상관없이) 모든 기준을 충족하지는 못했다고 결론 내렸 다. 이처럼 지난 몇 년의 노력에도 불구하고, 현재까지 치료 효과성 에 대한 연구는 제한적이다.

최근 임상 실험을 통해 두 가지 유망한 치료 프로그램이 평가되 었다(Szász-Janocha, Vonderlin, & Lindenberg, 2019; Wölfling et al., 2019). 첫 번째 프로그램인 'STICA'(Short-term treatment for Internet and computer game addiction, 인터넷 및 컴퓨터 게임 중독을 위한 단기 치료; Wölfling et al., 2019)는 성인을 위한 구조화된 인지행동치료 프

로그램이다. 이 프로그램의 효과성은 다기관 무작위 대조 임상 연구에서 입증되었다. 치료군에서의 회복률이 대기 리스트 대조군과 비교하여 유의미하게 높았다.

두 번째 프로그램인 'PROTECT'는 이 책에서 소개되고 있다. STICA와 달리 PROTECT는 청소년의 치료에 초점을 맞추고 있다. 이 중재 프로그램은 예방 및 치료 장면에서 긍정적으로 평가되었는데, 연구의 결과는 제5장 'PROTECT 중재 프로그램'에서 소개한다 (Lindenberg, Kindt, & Szász-Janocha, 투고; Szász-Janocha et al., 투고; Szász-Janocha et al., 2019).

4. 결론

지난 몇십 년 동안 인터넷 사용 장애의 중재법에 대한 연구는 꾸준히 증가하였으나, 여러 가지 한계점으로 인해 추가적인 연구가 필요한 실정이다. 기존의 예방 및 치료적 중재 방법에 대한 평가가 충분히 이루어지지 않았으며, 다양한 유형의 중재 방법에 대한 연구 역시 드물다. 또한 어떠한 중재 방법이, 어떠한 조건하에서, 어떤 대상들에게 효과적인지에 대해서는 거의 알려져 있지 않다. 장기적으로, 이러한 질문들이 해결되고, 효과적이고 효율적인 중재가 제공될 때, 정신건강 관리 시스템이 성공적으로 작동할 것이다. 이를 위한 첫 번째 단계는 수준 높은 기준을 적용한 근거 기반 연구를 수행하는 것이다.

◈ 참고문헌

American Psychiatric Association. (2013). Diagnostic and statistical manual of mental disorders, 5th Edition Arlington, TX: American Psychiatric Publishing.

Chambless, D. L., & Hollon, S. D. (1998). Defining empirically supported therapies. *Journal of Consulting and Clinical Psychology, 66*(1), 7-18.

Junge-Hoffmeister, J. (2009). Prävention Psychischer Störungen. In S. Schneider & J. Margraf (Eds.), *Lehrbuch der Verhaltenstherapie: Band 3: Storungen im Kindes-und Jugendalter* (pp. 901-922). Heidelberg, Germany: Springer Medizin Verlag.

Karacic, S., & Oreskovic, S. (2017). Internet addiction and mental health status of adolescents in Croatia and Germany. *Psychiatria Danubina, 29*(3), 313-321. https://doi.org/10.24869/psyd.2017.313.

King, D. L., Delfabbro, P. H., Doh, Y. Y., Wu, A. M. S., Kuss, D. J., Pallesen, S., ⋯ Sakuma, H. (2018). Policy and prevention approaches for disordered and hazardous gaming and internet use: An international perspective. Prevention Science, 19(2), 233-249. doi:https://doi.org/10.1007/s11121-017-0813-1.

King, D. L., Delfabbro, P. H., Wu, A. M. S., Doh, Y. Y., Kuss, D. J., Pallesen, S., ⋯ Sakuma, H. (2017). Treatment of Internet gaming disorder: An international systematic review and CONSORT evaluation. Clinical Psychology Review, 54, 123-133. doi:https://doi.org/10.1016/j.cpr.2017.04.002.

Lindenberg, K., Halasy, K., Szász-Janocha, C., & Wartberg, L. (2018). A phenotype classification of internet use disorder in a large-scale high-school study. *International Journal of Environmental Research and Public Health, 15*(4), 733. https://doi.org/10.3390/ijerph15040733.

Lindenberg, K., Kindt, S., & Szász-Janocha, C. (submitted). CBT-based indicated prevention in high-schools reduces symptoms of Internet Use Disorders over 12 months.

Lindenberg, K., Szász-Janocha, C., Schoenmaekers, S., Wehrmann, U., & Vonderlin, E. (2017). An analysis of integrated health care for internet use disorders in adolescents and adults. *Journal of Behavioral Addictions, 6*(4), 579-592. https://doi.org/10.1556/2006.6.2017.065.

Petersen, K. U., & Thomasius, R. (2010). *Beratungs-und Behandlungsangebote zum pathologischen Internetgebrauch in Deutschland.* Lengerich, Germany: Pabst Science Publishers.

Szász-Janocha, C., Kindt, S., Halasy, K., & Lindenberg, K. (2019). Pravention und Fruhintervention bei Internetbezogenen Störungen - (inter-)nationaler Stand der Forschung. *Suchtmedizin (Addiction Medicine), 21*(4), 259-270.

Szász-Janocha, C., Vonderlin, E., & Lindenberg, K. (2019). Die Wirksamkeit eines Frühinterventionsprogramms für Jugendliche mit Computerspiel- und Internetabhängigkeit: Mittelfristige Effekte der PROTECT+ Studie. *Zeitschrift fur Kinder-und Jugendpsychiatrie und Psychotherapie, 48*, 1-12. https://doi.org/10.1024/1422-4917/a000673.

Szász-Janocha, C., Vonderlin, E. & Lindenberg, K. (submitted). Treatment outcomes of a CBT-based group intervention for adolescents with Internet use disorders.

Throuvala, M. A., Griffiths, M. D., Rennoldson, M., & Kuss, D. J. (2019). School-based prevention for adolescent internet addiction: Prevention is the key. A systematic literature review. *Current Neuropharmacology, 17*(6), 507-525. https://doi.org/10.2174/1570159X16666180813153806.

Vondráčková, P., & Gabrhelík, R. (2016). Prevention of Internet addiction: A systematic review. *Journal of Behavioral Addictions, 5*(4), 568-579. https://doi.org/10.1556/2006.5.2016.085.

Walther, B., Hanewinkel, R., & Morgenstern, M. (2014). Effects of a brief school-based media literacy intervention on digital media use in adolescents: Cluster randomized controlled trial. *Cyberpsychology, Behavior and Social Networking, 17*(9), 616-623. https://doi.org/10.1089/cyber.2014.0173.

Wölfling, K., Leménager, T., Peukert, P., & Batra, A. (2013). Computerspiel-und Internetsucht und pathologisches Glucksspiel. Therapieansatze. *Der Nervenarzt, 84*(5), 576-583. https://doi.org/10.1007/s00115-012-3722-3.

Wölfling, K., Müller, K. W., Dreier, M., Ruckes, C., Deuster, O., Batra, A., ··· Beutel, M. E. (2019). Efficacy of short-term treatment of internet and computer game Addiction: A Randomized Clinical Trial. *JAMA Psychiatry,*

76, 1018. https://doi.org/10.1001/jamapsychiatry.2019.1676.

World Health Organization (2018). *International classification of diseases: ICD-11 for mortality and morbidity statistics.* Retrieved from https://icd.who.int/browse11/l-m/en

Young, K. S. (1996). Psychology of computer use: Xl. Addictive use of the Internet: A case that breaks the stereotype. *Psychological Reports, 79*(3 Pt 1), 899-902. https://doi.org/10.2466/pr0.1996.79.3.899.

Young, K. S., & de Abreu, C. N. (2011). *Internet addiction: A handbook and guide to evaluation and treatment.* Hoboken, NJ: Wiley.

Zajac, K., Ginley, M. K., Chang, R., & Petry, N. M. (2017). Treatments for Internet gaming disorder and Internet addiction: A systematic review. *Psychology of Addictive Behaviors, 31*(8), 979-994. https://doi.org/10.1037/adb0000315.

제5장

PROTECT 중재 프로그램

1. 프로그램 준비와 대상 집단

PROTECT 프로그램은 12세에서 18세 청소년을 위해 고안되었다. 이 중재 프로그램은 처음 단계에서는 인터넷 사용 장애 고위험군(high-risk)이거나 몇 가지 초기 증상을 보이는 청소년들을 위해 개발되었다. 선별 도구를 통해 선별된 경우나 스스로 원하는 경우 프로그램에 참여할 수 있다. 두 번째 단계에서 PROTECT는 인터넷 사용 장애의 진단 기준을 만족하는 환자들을 위한 프로그램으로 각색되었으며, 대상 연령도 18세에서 25세까지로 확대되었다 (PROTECT+).

2. 적응증

PROTECT 프로그램은 인터넷과 게임을 과도하게 사용하여 인터넷 게임 장애로 발전할 위험성이 있거나, 이미 초기 증상을 보이는 청소년들을 위해 개발되었다. 다만, 중재 시행 전에 숙련된 임상가에 의해 인터넷 과사용에 동반된 다른 정신과적 공존 질환 유무에 대한 평가가 이루어져야 할 필요가 있다. 만약 공존 질환이 동반된 경우에는 적절한 개별, 집단 심리치료 및 약물치료가 PROTECT 훈련과 함께 제공되어야 한다.

3. 방법과 기법들

PROTECT 프로그램은 인지행동치료의 기본적인 기법인 인지 재구조화, 행동 활성화, 문제해결 훈련, 감정 조절의 감각적·심상적·인지적 기법을 사용한다. 첫 3개 모듈에서는 청소년들이 마주하는 흔한 문제 상황들을 담은 예시 사례들이 제시되고 있다. 이러한 접근은 저임계치(low-threshold) 접근을 촉진한다(Allen & Fonagy, 2009; Waters & Schwartz, 2003).

기저의 병인론적 모델(제3장 인터넷 사용 장애의 병인론 참고)에 근거하여, PROTECT 중재는 인터넷 사용 장애가 동기 감소, 미루기, 사회 불안, 수행 불안, 부적응적인 감정 조절과 관련이 있다는 가정에 기반하고 있다. 이러한 위험 요인들은 4개 모듈의 기초를 이룬다. 4가지 모듈의 내용은 다음과 같다.

① 지루함과 동기 문제
② 미루기와 수행 불안
③ 사회 불안과 친구관계 문제

④ 감정 조절

1) 인지적 중재

PROTECT는 부정적 감정이 부정적 사고방식과 인지적 오류(과잉일반화, 재앙화, 당위적 생각 등)에 의해 유발된다는 인지행동 모델에 근거하고 있다(Beck & Weishaar, 2013; Schlarb, 2012; Stavemann, 2002; Stavemann, 2005). 이 모델은 프로그램의 심리교육(psychoeducation) 부분에 담겨 있다. 12세 이상의 청소년들은 가설적 사고가 가능하며, 감정적 문제를 일으키는 부정적 인지, 태도, 기대에 이름을 붙이고 구분할 수 있는 능력을 충분히 가지고 있다(Stavemann, 2010).

인지행동치료 모델은 인지적 왜곡과 부정적 감정 사이의 연결에 초점을 맞춘다(Beck & Weishaar, 2013). 또한 부정적 감정(Consequences)를 일으키는 것은 촉발 사건(Activating event) 자체가 아니라 사건에 대한 믿음(Beliefs)이라는 것을 가정하고 있다.

예를 들어,

A: 규민이는 며칠 뒤 수학 중간고사가 있다는 이야기를 듣는다.

B: 규민이는 "나는 이번 수학 시험을 완전히 망칠 거야.", "내 인생은 완전히 망했어."라고 생각한다.

C: 공포가 느껴지고 공황에 빠진다.

만약 규민이가 시험공부를 하는 대신 게임을 하기 시작한다면, 규민이는 공포, 공황과 같은 부정적인 감정은 회피하고 게임으로 유발되는 즐거운 감정을 경험한다. 만약 규민이가 몸이 좋지 않아 며칠 간 학교에 가지 않고 집에서 쉬며 수학 시험을 치지 않을 수 있다면, 이러한 행동은 수학 시험에 대한 규민이의 부정적인 '자기 개념(self-concept)'을 더욱 강화시키게 된다. 뿐만 아니라, 이번 시험을 치지 않았기 때문에 다음 시험에 대한 공포는 더욱 커지게 된다. 반대로 게임을 하면서 경험하게 되는 자기 효능감(self-efficacy)과 통제력의 상승은 게임에 대한 매력을 더욱 높이는 결과를 초래한다.

  PROTECT 프로그램에서는, 각 회기마다 게임으로 얻게 되는 단기적 만족(기분 전환, 기쁨, 즐거움 등)이 결국에는 부정적 사건과 감정을 유발하여 또다시 인터넷을 사용하게 되는 악순환의 과정을 설명한다. 또한, 이러한 악순환이 조작적 조건화로 인해 유지되는 과정을 자세히 설명한다. 변화의 시작은 단순히 인터넷 및 게임을 제지하는 것이 아니라, 현실 생활에서의 부적응적인 믿음과 행동을 바꾸는 것에서 출발한다. 이를 위해 '합리적인 감정 이야기(rational emotive story)' 예시 사례들을 통해서 부정적 사고 유형을 찾아내고, 소크라테스 문답법(Socratic dialog)을 이용하여 토론한다(Stavemann, 2002). 이렇게 찾아낸 부정적 사고들이 과연 사실인지와 실생활에 유용한 지를, 경험("이럴 가능성이 얼마나 될까요?")과 논리("증거가 있나요?"), 정상 규준("다른 사람들도 똑같이 느낄까요?"), 기능("나의 목표에 부합하나요?"), 행복("이런 생각이 나의 행복과 편안함에 도움이 되나요?")의 측면에서 꼼꼼히 따져보고 토론하게 된다. 다음 단계로, 대안적이고 보다 도움이 되는 사고방식이 탐색된다. 이 기법은 PROTECT에서 '리얼리티 체크(reality check)'로 명명하였다. 더 나아가 예시 사례들은 인터넷 게임 행동이 기분을 좋아지게 만드는 강력한 효과를 지니지만, 다른 한편으로는 현실 세계의 긍정적인 경험을 잃어버리게 하는 부정적인 효과를 강조하는 데 사용된다. 그리고 해결 방법으로서 매 회기마다 행동 활성화와 문제해결 방법을 훈련한다. 이러한 기법은 PROTECT에서 '변화 계획(change plan)'으로 명명된다.

2) 문제해결과 행동 활성화

행동적 중재는 문제해결 기술의 증진(improvement of problem-solving skills), 행동 활성화(behavior activation), 기능적 행동의 훈련(training of functional behavior), 유관성 관리(contingency management)를 포함한다. 문제해결 훈련에서는, 특정한 문제를 해결하기 위한 구조화된 행동의 순서(sequence)를 정의하게 된다 (Beyer, 2006). 그리고 구조화된 행동의 순서를 다른 문제의 해결에도 일반화하는 것을 목표로 한다. 일반적으로 이러한 절차는 일련의 단계를 포함한다. ① 문제를 정의하고 대안적 해결 방법을 모으는 단계('해결 방법 만들기'), ② 대안적 행동의 평가('해결 방법 평가'), ③ 그중 하나를 결정하기('해결 방법 고르기'), ④ 실천하고 도전한 뒤 결과를 평가하기('시행'). 이러한 기술은 신체적 활동, 사회적 활동, 성공의 경험, 봉사 활동, 자연 체험 활동 등과 같이 다양한 영역에서 일상생활에 보상(reward)이 되는 행동을 활성화하는 데 이용된다. 이러한 영역에서의 활동은 기분을 증진시키는 데 매우 중요하다고 알려져 있다(Rohde, Brière, & Stice, 2018).

3) 감정 조절

심리교육, 인지 및 행동적 구성 요소와 함께 PROTECT는 감정 조절 방법을 향상시키기 위한 감각적 방법(점진적 근육 이완법, progressive muscle relaxation), 상상 기법(imaginative method), 마음챙김-기반 방법(mindfulness-based methods)을 함께 사용한다. 이러한 방법은 불안 장애, 우울 장애, 만성 통증, ADHD 등의 질환군에서 인지행동치료와 함께 사용되었을 때 긍정적인 효과를 내는 것으로 평가되었다(Petermann & Pätel, 2009).

4. 평가

PROTECT 중재 프로그램은 2개의 등록된 임상 연구를 통해 그 효과성이 과학적으로 평가되었다.

1) PROTECT 효과성 연구

PROTECT 중재 프로그램은 2015년부터 2018년까지 학교 현장에서 시행된 무작위 대조 연구(randomized controlled trial: RCT)에서 효과적인 예방 방법으로 평가되었다(ClinicalTrials.gov: NCT02907658). 이 연구에는 34개 학교에서 480명의 학생이 참여하였다. 중재군 참여자들은 중재 직전과 직후, 4개월 후, 12개월 후에 각각 평가를 시행하였다. 대조군 참여자들은 중재 없이 동일한 간격으로 평가를 시행하였다. 평가는 사회인구학적 특성, 인터넷 사용 장애 증상, 동반 정신병리에 대해 이루어졌다(Lindenberg, 2018). 연구 결과, 중재군에서 12개월 동안 인터넷 사용 장애의 핵심 증상들이 유의미하게 감소되었다. 증상의 감소 정도는 연구 시작 시의 증상 심각

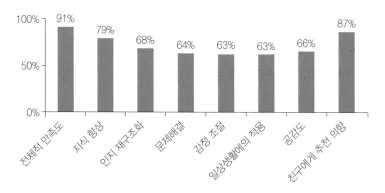

[그림 5-1] PROTECT 프로그램에 대한 만족도 및 수용도

주: 그림은 전반적 만족도, 인지 재구조화의 향상, 문제해결 능력의 향상, 감정 조절 능력
의 향상, 일상생활에서의 유용성, 예시 케이스에 대한 공감 수준, 친구에게 추천 의향
에 대해 동의하는 비율을 나타낸다('완전히 동의' 또는 '동의'한 비율).

도에 의해 예측 가능하였다(Lindenberg, 2018). 연구에서는 효과성
(effectiveness)뿐만 아니라, 참여자들의 만족도(satisfaction), 타당성
(feasibility), 수용도(acceptance)도 함께 평가되었다. 구체적으로 살
펴보면, PROTECT의 참가자들은 프로그램 만족도, 지식과 기술의
습득 정도, 일상생활에서 특정 기술(인지 재구조화, 문제해결, 감정 조
절)의 유용성에 대해 평가하도록 요청 받았고, 그 결과는 [그림 5-1]
과 같다. 전반적 만족도는 91%로 매우 높게 나타났으며, 87%의 참
여자들은 친구에게 PROTECT 프로그램을 추천하겠다고 응답했다.

2) PROTECT+ 연구

PROTECT 중재 프로그램은 학교 현장에서뿐만 아니라 청소년을
위한 집단치료 세팅에서도 효과성이 평가되었다. 집단치료 세팅에
서의 PROTECT 프로그램은 PROTECT+라고 불린다(ClinicalTrials.

Gov:NCT0358239). PROTECT+는 병원의 외래 세팅에서 참여자들의 개별적 요구를 충족시키기 위해 회기당 시간이 10분씩 연장되었다. 또한 PROTECT+ 프로그램은 (준) 임상적 대상 집단을 위해 개발되었다. 프로그램 시행 결과, 인터넷 사용 장애의 증상 개선에 유의미한 단기적ㆍ장기적 효과가 보고되었다(Szász-Janocha, Vonderlin, & Lindenberg, 투고; Szász-Janocha, Vonderlin, & Lindenberg, 2019). 12개월 후의 추적 관찰 결과에 따른 장기적 효과 크기는 자기 보고뿐만 아니라 부모의 보고에서도 중간(medium)에서 큰(large) 수준이었다 (Szász-Janocha, Vonderlin, & Lindenberg, 투고).

5. 결론

PROTECT 중재 프로그램은 2편의 독립된 연구에서 12개월 이상 인터넷 사용 장애의 증상을 경감시키는 데 효과성이 입증된 근거-기반 접근법이다. 이 프로그램은 인터넷 사용 장애의 전체 진단 기준을 만족하거나, 역치하(subthreshold) 단계에 있는 고위험군을 위한 심리교육, 인지적 중재(cognitive interventions), 행동적 중재 및 감정 조절 중재를 포함하고 있다. PROTECT는 학교 현장에서 실제로 적용하기에 매우 적합했으며, 참여자들의 만족도 역시 높았다.

PROTECT 중재 프로그램의 구체적인 내용은 제2부에 사용자-친화적인 매뉴얼로 기술되어 있다.

☟ 참고문헌

Allen, J. G., & Fonagy, P. (Eds.). (2009). *Mentalisierungsgestutzte Therapie: Das MBT-Handbuch-Konzepte und Praxis*. Stuttgart, Germany: Klett-Cotta.

Beck, A. T., & Weishaar, M. (2013). Cognitive therapy. In A. Freeman, K. M. Simon, L. E. Beutler, & H. Arkowitz (Eds.), *Comprehensive handbook of cognitive therapy* (pp. 21-36). Boston, MA: Springer. https://doi.org/10.1007/978-1-4757-9779-4_2.

Beyer, A. (2006). *Stressbewältigung im Jugendalter: Ein Trainingsprogramm. Therapeutische Praxis*. Göttingen, Germany: Hogrefe.

Lindenberg, K. (2018). 12-Monats-Effekte der PROTECT Studie: Wirksamkeit eines kognitiv-verhaltenstherapeutischen Trainings zur indizierten Prävention von Internetbezogenen Störungen. *SUCHT, 64*(S1), 78-79.

Petermann, U., & Pätel, J. (2009). Entspannungsverfahren. In: Silvia Schneider und Jürgen Margraf (Hg.): Lehrbuch der Verhaltenstherapie. Band 3: Storungen im Kindes- und Jugendalter. Heidelberg: Springer Medizin Verlag, S. 243-254.

Rohde, P., Brière, F. N., & Stice, E. (2018). Major depression prevention effects for a cognitive-behavioral adolescent indicated prevention group intervention across four trials. *Behaviour Research and Therapy, 100*, 1-6. https://doi.org/10.1016/j.brat.2017.10.013.

Schlarb, A. A. (Ed.). (2012). *Praxisbuch KVT mit Kindern und Jugendlichen: Störungsspezifische Strategien und Leitfäden; mit Online-Materialien* (1. Aufl.). Weinheim, Germany: Beltz.

Stavemann, H. H. (2005). *KVT-Praxis: Strategien und Leitfäden für die kognitive Verhaltenstherapie*. Weinheim, Germany: Beltz.

Stavemann, H. H. (2002). *Sokratische Gesprächsführung in Therapie und Beratung: Eine Anleitung für Psychotherapeuten, Berater und Seelsorger* (1. Aufl). Weinheim, Germany: Beltz.

Stavemann, H. H. (2010). *Im Gefühlsdschungel: Emotionale Krisen verstehen und bewältigen* (2., vollst überarb. Aufl). Weinheim, Germany: Beltz.

Szász-Janocha, C., Vonderlin, E., & Lindenberg, K. (2019). Die Wirksamkeit eines Frühinterventionsprogramms für Jugendliche mit Computerspiel- und

Internetabhängigkeit: Mittelfristige Effekte der PROTECT+ Studie. *Zeitschrift fur Kinder-und Jugendpsychiatrieund Psychotherapie, 48*, 1-12. https://doi.org/10.1024/1422-4917/a000673.

Szász-Janocha, C., Vonderlin, E., & Lindenberg, K. (submitted). Treatment outcomes of a CBT-based group intervention for adolescents with Internet use disorders.

Waters, V., & Schwartz, D. (2003). *Fritzchen Flunder und Nora Nachtigall: Sechs rational-emotive Geschichten zum Nachdenken für Kinder, mit Kommentaren und Interpretationshilfen fur Eltern und Erzieher; aus dem Englischen übersetzt, für die deutsche Ausgabe überarbeitet und mit zahlreichen Ergänzungen versehen* (1. Aufl). *Aus dem Programm Huber: Psychologie-Sachbuch*. Bern, Switzerland: Huber.

제2부

PROTECT 중재 프로그램

근거 기반의 예방 및 치료 프로그램

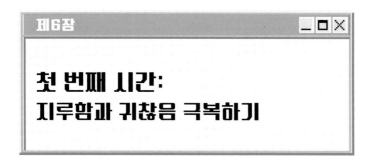

1. 목차

들어가며(10분):
- 인사, 그룹의 규칙과 회기 목표

심리교육(35분):
- 인터넷 사용의 장점과 단점
- 균형 잡기
- 예시: '준우는 지루해'
- 준우의 악순환 고리

비유적인 대표 캐릭터(5분)
- 비유적인 대표 캐릭터 카멜레온

생각 바로잡기(15분)
- 준우의 리얼리티 체크

문제해결과 행동 활성화 연습(변화 계획)(15분)
- 준우의 변화 계획

숙제와 마무리(10분)
- 지루함에 맞서는 나의 변화 계획
- 마무리

2. 자료(온라인 이용 가능)

- 활동지(WS) 0.1: 'PROTECT' 활동 자료집 표지
- 활동지 0.2: PROTECT 프로그램 미리 보기
- 활동지 0.3: 그룹 규칙
- 활동지 0.4: 쉿 비밀이야!
- 활동지 1.0: 장점과 단점
- 활동지 1.1: 예시 '준우는 지루해'
- 활동지 1.2: 준우의 악순환 고리
- 활동지 1.3: 준우의 리얼리티 체크
- 활동지 1.4: 준우의 변화 계획
- 활동지 1.5: 지루함에 맞서는 나의 변화 계획
- 트레이너용 활동지(TS) 1.0: 장점과 단점(해결책)
- 트레이너용 활동지 1.1: 생각의 균형 잡기
- 트레이너용 활동지 1.2: 카멜레온
- 트레이너용 활동지 1.3: 리얼리티 체크
- 트레이너용 활동지 1.4: 준우의 리얼리티 체크(해결책)
- 트레이너용 활동지 1.5: 생각 멈추기
- 트레이너용 활동지 1.6: 변화 계획
- 트레이너용 활동지 1.7: 준우의 계획 변화(해결책)

3. 인사, 그룹의 규칙과 회기 목표

1) 들어가며

우선 트레이너와 참가자들은 간략하게 자신을 소개하며 인사를 나눕니다. 트레이너는 PROTECT 프로그램 목표와 내용을 설명합니다.

참가자들은 활동 자료집을 받습니다. 활동 자료집의 표지(WS 0.1)를 넘기면, 첫 페이지(WS 0.2)에는 프로그램의 각 회기별 내용에 대한 개요가 나와 있습니다.

전체 프로그램은 상호작용 활동으로 이루어지도록 설계되어 있습니다. 각 그룹은 4~10명의 청소년으로 구성됩니다. PROTECT는 만 12세 이상의 청소년들이 인지행동치료 기법을 쉽게 이해하고 적용하도록 지도하기 위해 고안되었습니다.

인사말

"앞으로 4주 동안 우리는 인터넷, 게임, 스마트폰 사용과 관련된 문제들을 해결하기 위한 프로그램을 진행할 것입니다. 프로그램의 목표는 인터넷, 게임, 스마트폰을 보다 전문적이고 자기 조절적으로 사용하는 방법을 배우는 것입니다."

[선택 사항: "여러분은 몇 주 전 작성했던 설문지에서 상대적으로 인터넷, 스마트폰 사용을 많이 하는 것으로 나타났기 때문에, 이 프로그램에 참여하게 되었습니다."]

"여러분의 도움을 받아, 우리는 앞으로 4주간 부정적인 생각과 감정, 행동들이 어떻게 해로운 인터넷 사용으로 이어질 수 있는지 알아볼 예정입니다. 그리고 어떤 생각과 감정, 행동들이 컴퓨터와 인터넷을 더 적절하게 사용하는 데 도움이 될지 찾아낼 것입니다.

이 프로그램의 목표는 여러분이 인터넷, 스마트폰을 완전히 사용하지 못하도록 막는 것이 아닙니다. 이 프로그램은 여러분이 보다 건강하고 즐겁게 인터넷, 스마트폰을 사용할 수 있도록 도울 것입니다."

2) 그룹 규칙

첫 번째 시간이 시작할 때, 모든 참가자들이 그룹의 규칙을 정합니다. 규칙들은 그룹 내 상호작용이 예의 바르고 존중을 바탕으로 이루어질 수 있게 합니다. 모든 참가자들은 칠판에 부착되고, 자료집(WS 0.3)에도 제시되어 있는 그룹 규칙을 함께 소리 내어 읽어 봅니다.

그룹 규칙

- 프로그램 시간에는 적극적으로 이야기합니다.
- 다른 사람이 말을 하고 있을 때는 끝까지 기다립니다.
- 한 명씩 차례대로 이야기합니다. 동시에 이야기하지 않습니다.
- 다른 사람의 이야기를 진지하게 듣습니다.
- 서로를 존중합니다.
- 프로그램 시간에는 휴대전화를 사용하지 않습니다.
- 프로그램은 정시에 시작합니다. 프로그램에 지각하지 않습니다.

또한 참가자들은 그룹에서의 모든 대화가 기밀로 유지될 수 있도록, 비밀 유지 서약(WS 0.4)을 작성합니다. 이 동의서에 서명함으로써, 참가자들은 프로그램 동안 알게 된 어떠한 개인 정보도 밝히지 않기로 약속합니다. 이 동의서를 다 함께 소리 내어 읽고, 모든 참가자들이 서로의 활동지에 서명해야 합니다([그림 6-1]).

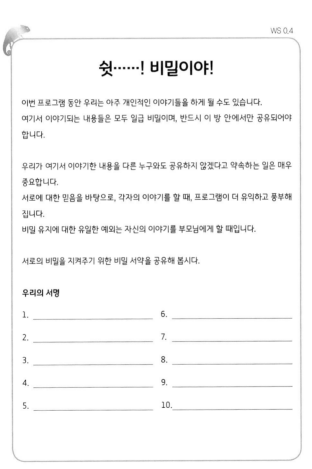

WS 0.4

쉿……! 비밀이야!

이번 프로그램 동안 우리는 아주 개인적인 이야기들을 하게 될 수도 있습니다.
여기서 이야기되는 내용들은 모두 일급 비밀이며, 반드시 이 방 안에서만 공유되어야 합니다.

우리가 여기서 이야기한 내용을 다른 누구와도 공유하지 않겠다고 약속하는 일은 매우 중요합니다.
서로에 대한 믿음을 바탕으로, 각자의 이야기를 할 때, 프로그램이 더 유익하고 풍부해집니다.
비밀 유지에 대한 유일한 예외는 자신의 이야기를 부모님에게 할 때입니다.

서로의 비밀을 지켜주기 위한 비밀 서약을 공유해 봅시다.

우리의 서명

1. _____   6. _____
2. _____   7. _____
3. _____   8. _____
4. _____   9. _____
5. _____   10._____

[그림 6-1] 비밀 서약서(WS 0.4)

4. 지루함과 인터넷 사용 문제를 위한 심리교육

1) 장점과 단점

이 과정에서는 그룹 활동을 통해 현실 세계와 가상 세계의 장점과 단점들을 알아내게 됩니다. 아래 예시는 그 과정을 보여 줍니다. 모든 참가자들이 둥글게 앉아서 한 사람이 옆 사람에게 공을 던집니다. 공을 잡는 사람이 장점과 단점을 한 가지씩 이야기하고, 이것을 칠판에 적어야 합니다. 트레이너들은 시작할 때 현실 세계와 가상 세계의 장점과 단점의 예를 하나씩 들어줄 수 있습니다. 예시 칠판 도안은 [그림 6-2]에서 볼 수 있습니다.

장점과 단점 알아보기 활동

"가상 세계는 어떻게 보면 우리의 집중을 방해합니다. 그러나 한편으로는, 온라인상에 있거나 게임을 하는 것은 아주 재미있을 수도 있습니다. 인터넷의 가장 좋은 점은 뭘까요? 여러분이 가상 세계에 대해 좋아하지 않는 점도 있을까요? 인터넷, 게임, 스마트폰을 많이 하다 보면 어떤 문제가 생길 수도 있을까요? 가상 세계와 현실 세계의 차이는 무엇일까요? 현실 세계와 가상 세계들의 장점과 단점들에 대해 이야기해 봐요."

[그림 6-2]는 현실 세계와 가상 세계의 장단점들을 보여 줍니다. 참가자뿐만 아니라 트레이너들도 여기에 내용을 추가할 수 있습니다. 활동이 끝난 후 참가자들이 내용을 옮겨 적거나 복사본을 붙여서 함께 보관할 수 있도록, 칠판의 메모를 사진으로 찍어서 나누어

줄 것을 권장합니다.

'현실 세계'의 장점	'가상 세계'의 장점
• 직접적인 사회적 상호작용 • '모든 감각'을 활용하여 세상을 경험하기 • 눈맞춤 • 실제 친구와 실제 관계 • 신체활동과 건강관리 • 신체적인 한계를 경험하기 • 학교에서의 성취 • 가족과의 유대감 • 야외 활동(예: 산책하기, 등산하기) • 취미(예: 축구, 농구) • 음악 연주하기, 또는 함께 듣기 • 자연, 정원, 동물	• 재미 있음 • 보정으로 얼굴이 예뻐질 수 있음 • 쉽고 빠르게 성취감이 느껴짐 • 피곤하지 않음 • 새로운 친구를 무한대로 사귈 수 있음 • 새로운 정보가 무한함 • 현실에서 직접 갈 수 없는 공간 • 시간이 빨리 감 • 익명성 • 적절한 거리감 • 쉽게 친해질 수 있음 • 내가 연락하고 싶을 때만 할 수 있음 • 비슷한 관심을 가진 사람들과의 소통 • 전문성을 발휘할 수 있음
'현실 세계'의 단점	'가상 세계'의 단점
• 불편한 활동(예를 들어, 숙제) • 불편한 상황(예를 들어, 친구들과 어색) • 불편한 감정(예를 들어, 창피함) • 실패 • 지루함 • 재미없음 • 거절당하기 쉬움 • 망신 당할 수 있음 • 친구 사귀기가 어려움 • 주변 환경을 통제하기 어려움 • 즉각적으로 반응하는 것이 부담스러움	• 외로움 • 진짜 친한 것은 아닌 것 같음 • 자기 관리가 안 되고 방치 • 시간 낭비 • 움직이지 않아서 건강이 나빠짐 • 잘못된 정보가 많음 • 메시지를 잘못 이해하고 오해할 수 있음 • 시간이 낭비됨 • 학교에서 뒤처짐 • 꿈을 이루기 어려움 • 부모님, 선생님께 지적을 받음

[그림 6-2] 현실 세계와 가상 세계의 장점과 단점 답변 예시(TS 1. 0, WS 1.0)

이 활동의 목적은 온라인 세계의 장점과 단점에 대한 지식을 얻는 것입니다. 이 활동은 인터넷을 사용하는 것이 꼭 해롭지만은 않다는 사실에 초점을 맞춥니다. 즉, 인터넷을 사용하는 데에는 다양한 부정적인 결과뿐만 아니라 긍정적인 결과도 있을 수 있습니다. 뒤에 나올 활동들을 위해 이것을 이해하는 것이 꼭 필요합니다.

2) 생각의 균형 잡기

생각의 균형 잡기 활동에서는 가상 세계가 일상생활에 미치는 영향을 시각화하기 위해 한 쌍의 저울을 사용합니다. 균형이 맞는 저울과 맞지 않는 저울의 차이는 인터넷 사용으로 인해 균형 잡히지 않은 삶을 상징적으로 보여 줍니다. 이 활동을 하기 위해, 트레이너용 활동지 '생각의 균형 잡기'(TS 1.1)([그림 6-3])를 칠판에 부착합니다. 참가자들은 준우의 예시를 가지고 과도한 인터넷 사용의 부정적인 결과에 대해 생각해 봅니다. 또한 참가자들은 준우의 예시를 통해, 인터넷이 어떻게 해서 부정적인 결과를 야기하는지 이해할 수 있습니다. '준우는 지루해'(WS 1.1) 예시가 나온 활동지를 펼칩니다([그림 6-4]).

생각의 균형 잡기(TS 1.1)

우리는 앞서 현실 세계와 가상 세계의 많은 장점과 단점들을 생각해 보았습니다. 이번에는 저울을 살펴보겠습니다. 현실 세계는 왼쪽에 있고, 가상 세계는 오른쪽에 있습니다. 이 두 세계의 균형이 잘 맞으면, 우리는 문제없이 두 세계를 왔다 갔다 할 수 있습니다.

그러나 만약 저울이 기울어지고 가상 세계가 현실 세계를 압도하게 되면, 현실 세계에 문제가 생깁니다. 그러면 균형을 회복하기가 점점 더 어려워집니다.

이제 우리는 준우에 대한 이야기를 들을 것입니다. 활동지를 넘겨 볼까요? 활동지를 읽으면서 준우의 저울에 균형이 맞춰져 있는지 판단해 주세요.

[그림 6-3] 생각의 균형 잡기(TS 1.1)

'준우는 지루해'

"또 할 게 없네." 준우가 지루한 목소리로 한숨을 쉽니다. 준우는 학교에서 막 돌아왔습니다. 가방과 패딩을 구석에 던지고 침대에 눕습니다. 오후에는 무엇을 해야 할까요? "뭔가 멋있는 걸 해야 하는데…… 안 그러면 또 지루한 하루가 될 거야……." 준우가 말합니다.

"준우야, 와서 간식 먹어라!" 준우의 엄마가 부릅니다. 그러나 준우는 부엌을 지나치며 엄마 말을 듣지 않습니다. 준우는 스마트폰에 완전히 빠져서 메시지가 58개나 온 것을 발견합니다. 준우는 곧바로 방금 온 메시지에 답하기 시작합니다. 답장을 다 하고 앱을 닫으려고 하는데, 또다시 메시지와 친구의 포스팅이 뜹니다.

'저녁 먹기 전까진 꼭 전부 답장을 해야 돼. 안 그러면 애들이 뭘 하는지 모르고 왕따가 될 걸.'

"엄마! 침대로 간식 좀 가져다주세요!! 애들 메시지에 답장 해야 돼요. 진짜 중요한 일이에요!"

준우는 메시지를 훑어본 후에 바로 스포츠 뉴스를 확인합니다. 이게 준우가 항상 하는 일과입니다. 준우는 자신이 뭘 하고 있는지 생각하지도 않고 자동으로 다른 앱들을 엽니다.

준우의 엄마가 그릇을 들고 와서 경고합니다. "음식을 방에서 먹는 사람이 어딨니? 그리고 너, 오랫동안 방 안 치웠더라." 엄마는 계속해서 잔소리를 합니다. 준우는 스마트폰에 완전히 빠져서 엄마가 하는 말을 거의 듣지 못합니다. "네, 네……." 준우는 SNS에 무엇을 올릴지 생각하면서 중얼거립니다.

"우와, 규호가 어제 저녁에 농구 연습하는 영상을 올렸네! 오, 잘하네?" 준우는 감탄하며 공상에 잠기기 시작합니다. '나도 예전에 농구를 했었는데…… 집에 농구공도 있고…… 근데 나는 규호만큼 3점 슛을 잘 던지지도 못하고, 드리블 스킬도 없고…… 연습해도 안 되니까 영상을 올려 봐야 의미도 없고, 하나도 안 멋있어…….' 그러다 준우는 새로 올라온 다른 영상을 보기 위해 스마트폰을 들여다보고, 농구 생각은 완전히 잊어버립니다.

"새로 올라온 포스팅은 꼭 봐야 돼. 안 그러면 모든 걸 놓칠 거야! 어떻게든 내일 대화에 낄 수 있어야 되잖아." 클릭! 준우는 지훈이의 프로필 페이지를 열었습니다.

"오. 축구팀 전체 사진이네! 토요일 게임 라인업도 있잖아! 은호도 여기에 태그되어 있네!", "나도 축구하고 싶다. 전부터 애들이 축구 연습하는 거 보고 싶었는데 항상 다른 일이 있었잖아." 스스로에게 약간 짜증이 나면서, 준우는 지훈이와 은호가 자기에게 같이 축구 하자고 물어보지 않았다는 걸 이제 깨달았습니다. "그러든지 말든지! 축구를 하려면 몸이 엄청 탄탄해야 해. 아니면 하나도 안 멋있고 창피하기만 하지." 준우는 담요를 턱까지 끌어올립니다. "음, 내가 죽었다 깨도 호날두가 될 수 없는 건 확실하고, 축구는 컴퓨터 게임만큼 편하진 않지."

준우는 게임을 잘하기 위해서 많은 노력을 할 필요가 전혀 없습니다. 조금만 해도 레벨이 오르고, 게임 세계에서는 축구를 제법 잘하는 편입니다. 이것이 준우가 게임을 좋아하는 이유입니다. 담요를 둘둘 만 채로 준우는 자기 방으로 발을 질질 끌며 들어가서 컴퓨터를 켭니다. 준우는 최근에 새로운 전략 게임을 발견했습니다. "이걸 매일 연습해야 돼. 안 그러면 다른 사람들한테 뒤처질 거야."

게임은 매우 어렵지만, 준우의 점수는 하루하루 올라갑니다. 이것이 준우를 기대에 부풀게 하고, 게임을 계속 하게 만듭니다. "이거지!", 준우가 크게 기뻐합니다. 가끔씩 준우는 밤늦게까지 게임을 하고, 그래서 잠들기 어려울 때가 종종 있습니다.

준우는 컴퓨터 부팅을 막 끝냈을 때, 벽에 있는 달력이 눈에 들어옵니다. "뭐? 벌써 12월 24일이라고?" 준우는 충격을 받습니다. 지난주가 준우의 제일 친한 친구인 정우의 생일이었습니다. "정우가 생일파티 한다고 하지 않았나? 에이, 완전히 잊어버렸네!" 준우가 생각합니다.

[그림 6-4] 활동지 1.1에서 발췌 −'준우는 지루해'

트레이너용 지시　　큰 칠판 하나를 세 부분으로 나누도록 권장합니다. 심리교육을 하는 동안 계속해서 인터넷 사용으로 인한 질병과 지루함에 대한 정보를 패널에 추가합니다. 이 활동들이 끝난 후, 참가자들의 기억을 되살리기 위해 칠판을 이용할 수 있습니다.

3) 예시 '준우는 지루해'

모든 참가자들은 '준우는 지루해' (WS 1.1; [그림 6-4]) 이야기를 읽은 후, 준우의 저울이 균형을 이루고 있는지 토론해야 합니다.

이 활동의 목적은 인터넷 사용으로 인해 생활에 영향을 받는 사람들에게 전형적인 역기능적 사고와 행동들을 찾고, 평가하고, 분류하는 것입니다. 가상의 이야기를 이용해 이 과정을 진행하고 더 나아가 참가자들은 자신에게 있을 수 있는, 역기능적 사고, 혹은 '생각의 오류'라고 불리는 것들을 찾아내는 방법을 배웁니다.

4) 준우의 악순환 고리

준우의 과도한 인터넷 사용 양상을 분석하기 위해 악순환의 고리를 이용해 볼 수 있습니다. '준우의 악순환 고리'(WS 1.2; [그림 6-5]) 활동지를 펼칩니다. 이제 참가자들은 어떤 불쾌한 감정이 준우를 인터넷에 시간을 쓰게 만드는지 생각해 볼 것입니다. 더 나아가, 참가자들은 준우가 인터넷을 사용하거나 컴퓨터 게임을 한 후 어떤 유쾌

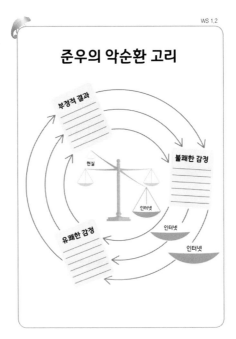

[그림 6-5] 준우의 악순환 고리(WS 1.2)

한 감정을 느끼는지 생각해야 합니다. 마지막으로, 준우의 과도한 인터넷 사용으로 인해 생기는 장기적인 부정적 결과들을 논의합니다. 인터넷은 이러한 부정적인 결과가 만들어 내는 불쾌한 감정을 조절하는 단기 전략으로 사용된다는 점을 설명합니다. 활동지 1.2에 따라, 준우의 악순환을 트레이너용 화면에 그립니다. 참가자들의 생각은 공유되며, 준우의 악순환의 고리를 완성하는 데 쓰입니다.

지루함의 악순환

트레이너: "준우의 저울이 균형을 잘 지키고 있나요?"

예시 답변: "아니요. 균형을 잃었어요."

트레이너: "이제, 준우가 어떻게 해서 지루함과 지나친 인터넷 사용의 악순환의 고리에 빠졌는지 살펴볼까요? 먼저, 현실 세계와 가상 세계에서 느껴지는 감정들과 그 결과를 위주로 살펴볼 거예요. 칠판에 함께 아이디어들을 모아 봅시다. 칠판에 적힌 내용은 여러분의 활동지에도 그대로 적으세요. 준우는 온라인상에 있을 때 어떤 기분일까요?"

예시 답변: "재미있고 지루하지 않아요."

트레이너: "인터넷 때문에 준우에게 생긴 문제들이 있나요?"

예시 답변: "준우 엄마가 준우에게 화가 났고, 준우는 제일 친한 친구의 생일을 놓치고, 축구 연습에 오라고 친구들이 얘기하지도 않아요."

트레이너: "그것들이 준우의 기분을 어떻게 만드나요?"

예시 답변: "실망하고, 화나고, 슬프게 만들어요."

트레이너: "어떻게 하면 준우의 불쾌한 감정을 없앨 수 있을까요?"

예시 답변: "인터넷을 더 많이 하면 기분이 나아질 거예요."

트레이너: "준우의 실제 생활은 불쾌한 감정과 생각으로 연결되어 있어요. 준우는 대부분의 여유시간을 온라인에서 보내고, 학교, 집안일, 친구 만나기 등의 일상 활동들을 소홀히 해요. 준우는 온라인상에 있을 때, 정신이 팔리고 지루함을 잊어요. 준우는 현실 세계에서는 매일 지루하고 피곤해요. 준우는 친구들과 친하게 지내지 않고, 시간을 낭비해 버려요. 인

> 터넷은 너무 많은 시간을 소모하고, 준우의 생활에서 많은 것들을 잃게
> 합니다. 이러한 부정적인 결과들은 준우의 기분을 더 우울하게 하고, 불
> 쾌한 감정들을 가져옵니다. 준우는 다시 온라인으로 가서, 지루함을 달
> 래려 합니다. 그러나 일상생활에서 준우의 무관심과 무기력은 그대로 남
> 아 있습니다. 현실 세계에서 부정적인 결과와 감정은 오래 지속되고, 시
> 간이 흐르면서 더 악화되지만, 인터넷이 주는 즐거운 감정은 짧게 지속
> 되는 것을 알 수 있습니다."

이 악순환은 인터넷 사용이 지루함과 귀찮음, 무관심과 같은 불쾌
한 감정적 상태를 피하기 위해 손쉽게 사용 가능한 전략이라는 점을
전달합니다. 인터넷을 사용하면 단기적으로는 긍정적인 감정이 생
기지만, 장기적으로 문제가 지속됩니다. 특히, 이 과정이 자동화될
때, 인터넷 사용을 대체할 대처 전략들은 불가능해집니다.

다음 단계는 준우의 지나친 인터넷 사용을 유발하는 특별한 상황
들을 살펴보는 것입니다. 이 단계에서는 인터넷이 일시적으로 나아
지게 만드는 준우의 무기력과 동기 문제에 초점을 맞춥니다. 그러나
그 효과는 오직 잠깐일 뿐입니다. 참가자들은 트레이너와 함께 지루
함, 귀찮음, 동기, 흥미가 어떻게 연결되어 있는지 확인하고, 일상생
활에서 어떻게 흥미를 촉진할 수 있을지 논의합니다.

> **악순환의 고리 끊기: 관심 돌우기(WS 1.2를 위한 추가 정보)**
>
> "모든 사람은 삶에서 지루하고 귀찮고, 무기력하고, 스스로 전혀 동기부여
> 할 수 없는 시기가 있습니다. 여기서 이러한 경험을 한 사람이 있나요? 흥
> 미는 여러분이 관심 있는 무언가에 집중적으로 몰두할 때 발전합니다. 어떤
> 활동을 더 많이 알게 되고 시도해 볼수록, 더 많은 즐거움을 느끼게 됩니다.
> 그러다 보면 결국 여러분은 그 활동을 취미라고 말할 수 있습니다."

준우의 악순환에 관한 답변 예시(WS 1.2; [그림 6-5])

- **인터넷 활동이 주는 유쾌한 감정**: 재미, 머리 식힘, 오락, 행복, 기쁨, 몰입, 관심, 통제의 경험, 성공.
- **부정적인 결과**: 시간낭비, 엄마와의 갈등, 친구 생일을 놓침, 축구 연습에 올지 권유를 받지 못함, 무기력함 증가, 새로운 것을 시도하려는 동기가 낮음, 친구/동료와 가족과 연락을 덜 함, 새로운 활동과 취미를 시도하는 것이 불안, 자기 효능감과 자신감이 하락.
- **불쾌한 감정**: 분함, 실망, 낙담, 슬픔, 불만족, 양심의 가책, 불안함, 외로움, 귀찮음, 화, 짜증.

5) 비유적인 대표 캐릭터: 카멜레온

카멜레온은 전체 활동 동안 참가자들과 함께 하며 앞으로 배울 기법들을 소개해 주는 캐릭터입니다. 카멜레온의 특징은 변화를 나타내는 비유로 사용됩니다. 참가자들은 카멜레온에 대해 자신이 알고 있는 지식을 공유해야 합니다. 참가자들의 생각은 칠판에 공유됩니다. 이 활동을 위해, 트레이너용 활동지 '카멜레온' (TS 1.2; [그림 6-6])을 띄워 놓습니다.

카멜레온의 세 가지 가장 중요한 속성은 잘 움직이고 멀리 볼 수 있는 눈뿐만 아니라, 색깔을 바꿀 수 있는 몸과, 새총 같은 혀입니다. 이 세 가지 속성들은 다음에 나올 기술들을 상징합니다. 여기서 주된 목적은 역기능적 생각과 행동들이 준우의 예시를 통해서 어떻게 수정될 수 있는지 이해하는 것입니다.

[그림 6-6] **카멜레온(TS 1.2)**

대표 캐릭터 카멜레온

카멜레온은 PROTECT 프로그램의 대표 캐릭터입니다. 카멜레온은 앞으로
진행될 회기에서 유용한 트릭들을 알려 줄 겁니다. 카멜레온은 우리가 교훈
을 얻을 수 있는 특성들을 가지고 있습니다. [연령이 높은 청소년들일 때:
우리는 이 특성들이 우리에게 도움이 되는 행동들의 비유라는 것을 알 수
있어요.]
여기 카멜레온에 대해 아는 분 있나요? 카멜레온의 가장 눈에 띄는 특징은
색깔, 혀, 그리고 눈이에요. 카멜레온의 몸은 상황에 따라서 적응하고 그
색깔을 바꿀 수 있어요. 카멜레온은 오랫동안 기다리고 볼 수 있지만, 빛처
럼 빠르게 행동하고, 엄청난 힘을 써서 새총 같은 혀로 먹이를 잡을 수도
있어요.

만약 준우가 카멜레온이 색을 조절하는 방식으로 동기 부족을 조절할 수 있다면 어떨까요? 준우는 카멜레온처럼 자신의 관심을 끄는 새로운 것들을 시도해서 지루함과 무관심함을 변형시키고 극복할 수 있습니다. 이를 위해서는 준우가 다양한 가능성들을 지켜보고, 모으고, 충분히 생각하고, 결정을 내리고, 유지하는 것이 중요합니다. 우리는 종종 어떤 것들을 시도조차 절대 해 보지 않기 때문에, 관심을 못 느낄 수 있습니다. 카멜레온은 여러분에게 이를 위한 슬기로운 변화 계획을 보여 줄 것입니다.

카멜레온이 놀라운 시력을 가졌다는 것을 알고 있습니까? 카멜레온은 342° 가까이 눈을 돌려서 볼 수 있고, 각 눈을 독립적으로 움직일 수 있으며, 1km까지 또렷하게 볼 수 있습니다.

만약 준우의 시력이 카멜레온처럼 좋다면, 준우는 무엇을 볼 수 있을까요? 준우는 넓은 시야를 이용해 자기의 생각을 관찰하고 비판적으로 판단할 수 있습니다. 비현실적으로 부정적이거나 비관적인 생각들('나를 다운시키는 생각들')은 종종 우리의 기분을 나쁘게 만듭니다. 카멜레온이 여러분에게 리얼리티 체크를 통해 어떻게 우리의 생각을 추적관찰하고 평가하는지 보여 줄 것입니다."

이 활동의 목표는 카멜레온의 독특한 특성들을 다음 회기에서 확인하고 내면화할 인지행동 기법을 위한 비유로 이용하는 것입니다.

5. 부정적인 생각을 찾고 바로잡기(인지 재구조화)

1) 리얼리티 체크

이 파트에서는 참가자들은 인지가 우리의 경험과 행동에 상당한 영향을 미친다는 것을 배웁니다. 개인이 상황을 평가하는 방식은 그들이 경험하는 감정에 강력한 영향을 미칩니다. 인지적 행동 기법 (Schlarb, 2012)을 통해, 왜곡된 형태의 부정적 상황 평가들의 현실성을 평가할 수 있습니다. 만약 상황 평가가 현실적이지 않다면, 생각 바로잡기를 통해서 재평가되어야 합니다. PROTECT 트레이닝은 이 기법을 '리얼리티 체크'라고 부릅니다. '리얼리티 체크'는 참가자들에게, 상황에 대한 좋지 않은 부정적인 평가들, 소위 말해 논리의 오류들이 좌절, 화, 두려움과 같은 부정적인 경험과 감정들로 이어질 수 있음을 알려 줍니다. PROTECT 트레이닝은 이 논리의 오류를 '나를 다운시키는 생각들'이라는 용어로 소개합니다. 논리의 오류는 모든 세대에서 나타날 수 있고, 비현실적이고, 비논리적이고, 종종 경직되어 있으며, 불쾌한 감정으로 이어지는 특징이 있습니다. 예를 들어, "'반드시 ～해야만 한다'는 생각(must thoughts)," 또는 '당위적 생각(demandingness)'으로 알려진, 청소년기에 특히 흔한 논리의 오류들이 있습니다. 이런 생각은 합리적인 리얼리티 체크를 하면 극단적으로 지속되지는 않기 때문에 '논리의 오류'라고 볼 수 있습니다. 일단 '당위적 생각'이 '논리의 오류'로 확인된다면, 재평가 과정을 통해서 꽤 쉽게 수정될 수 있습니다.

각 모듈은 주인공에게서 발견되는 역기능적 사고 패턴을 예시로 다룹니다.

준우의 이야기는 특히 "해야만 해"라는 생각이 역기능적으로 작용하는 패턴에 초점을 맞춥니다. "해야만 해"라는 생각은 자신과 타인에게 요구되지만, 그 누구도 채울 수 없는 비현실적인 요구입니다.

리얼리티 체크(TS 1.3; [그림 6-7]과 WS 1.3; [그림 6-8])

트레이너: "이제, 카멜레온이 우리의 기분을 다시 좋아지게 할 몇 가지 트릭을 보여 줄 것입니다. 첫 번째 트릭은 리얼리티 체크라고 불립니다. 준우는 지루하고, 귀찮고, 좌절하고, 우울합니다. 왜 준우가 이런 기분을 느낄까요? 몇 초간 생각해 보세요.

이 시점에서, '준우의 리얼리티 체크' 활동지를 펴도록 하고 (WS 1.3) ([그림 6-8]), 트레이너용 활동지 '리얼리티 체크'(TS 1.3)([그림 6-7]) 를 걸어 둡니다.

준우의 사례를 다시 읽고, 준우의 생각 중 '사실이 아닐 수도 있는 믿음'을 바탕으로 한 생각을 세 개에서 여섯 개까지 밑줄 쳐 보세요. 트레이너들은 예시 답안을 담은 트레이너용 활동지(TS 1.4)를 참고할 수 있습니다. 이 생각들이 도움이 되나요?"

예시 답변: "아니요. 왜냐하면 그 생각들은 준우의 기분을 안 좋게 만들기 때문이에요."

트레이너: "그래서 우리는 이런 생각들을 '나를 다운(down)시키는 생각들' 이라고 불러요.

이제, 앞에서 모아진 부정적인 생각들에 대한 소제목으로 '나를 다운 (down)시키는 생각들'이라는 단어를 보여 줍니다.

준우의 생각 중에는 스스로의 기분을 더 안 좋게 만드는 많은 생각들이 있습니다. 이러한 부정적인 생각들은 준우에게 안 좋은 감정들을 불러일으키기 때문에, '나를 다운(down)시키는 생각들'이라고 불립니다. 부정적인 생각들은 도움이 되거나 생산적이지 않고, 사실 대부분의 경우 현실적이지도 않습니다. 예를 들어, 준우는 자신의 농구 기술이 좋지 않으면, 혹은 몸매가 탄탄하지 않으면 멋있지 않아서 농구나 축구를 하는 의미가 없다고 생각합니다. 정말 그럴까요? 여러분은 이러한 생각이 현실적이라고 생각하나요?"

예시 답변: "아니요. 현실적이지 않아요."

트레이너: "나를 다운시키는 생각들은 다양합니다. 여러분은 '꼭 해야만 해'와 '반드시 해야 한다'는 말을 통해 나를 다운시키는 생각들을 발견

할 수 있습니다. 준우의 예시에 있는 모든 "꼭 해야만 해"와 "반드시 해야 한다"는 말에 밑줄 쳐 볼까요?

나를 다운시키는 생각들은 종종 논리적으로 정당화되지 않는, 타인과 나 자신을 향한 비현실적인 요구이기 때문에 쉽게 알 수 있습니다. 이러한 요구는 비현실적이기 때문에, 절대로 완전히 채워질 수 없고 우리를 좌절하거나 우울하게 만듭니다. 예를 들어, 준우는 메시지를 모두 읽는 것을 반드시 먼저 해야 하기 때문에, 혹은 멋져야만 한다는 생각 때문에, 재미있는 일은 아무것도 할 수 없다고 생각합니다.

나를 다운시키는 생각들은 현실적이거나 도움이 되지 않기 때문에, 우리를 더 망가뜨리기 전에 가능한 빨리 찾아내서 멈추는 것이 중요합니다. 그 뒤에 우리는 우리를 다시 기운 나게 하는 대안적이고 도움이 되는 생각들을 찾을 수 있습니다.

우리는 스스로에게 이렇게 말함으로써 나를 다운시키는 생각들을 멈출 수 있습니다. "멈춰—이런 식으로 계속 생각하지 않을 거야! 이런 생각들은 비현실적이고 내 기분을 안 좋게 할 뿐이야!" 우리는 이 트릭을 '생각 멈추기'라고 부릅니다. 뒤에서 더 자세히 얘기하겠습니다.

(이 설명 다음에, '나를 다운시키는 생각들'의 오른쪽에 멈춤 표지판을 보여 줍니다.)

더 유용하고 현실적인 생각들은 다음과 같습니다. '몸매가 탄탄하면 좋겠지만, 그렇지 않아도 축구는 재미있을 거야.', '드리블을 잘하거나 슛을 잘 넣지는 못해도 연습을 하다 보면 분명 나아질 거고, 충분히 재미있을 수 있어.'

현실적이고, 도움이 되며, 준우의 기분을 더 좋게 만들 또 다른 대안적인 생각들은 무엇일까요?

(이제, 참가자들이 이미 적은 것들에 대한 대안적인 생각들을 제시하도록 이끕니다. 트레이너가 첫 번째 대안적 생각을 예시로 만들어 주면 도움이 됩니다. 이제 대안적인 생각들을 칠판의 스톱 사인의 오른쪽에 적습니다.)

이러한 생각들은 더 유용하고, 기분을 덜 나쁘게 만듭니다. 그리고 더 현실적입니다. 그래서 '나를 업(up)시키는 생각'이라고 부릅니다."

(이 시점에, 그동안 모은 대안적인 생각들의 소제목으로 '나를 업(up)시키는 생각들'이라는 말을 보여 줍니다.)

[그림 6-7] 리얼리티 체크(TS 1.3)

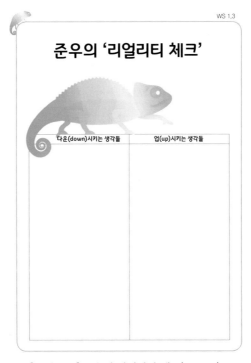

[그림 6-8] 준우의 리얼리티 체크(WS 1.3)

리얼리티 체크 활동을 시작하기 위해서, 트레이너용 활동지 '리얼리티 체크' (TS 1.3; [그림 6-7])를 보여 줍니다. 리얼리티 체크는 다음 네 회기에 포함된 생각 바로잡기 기법을 보여 줍니다.

그다음, 준우를 다운시키는 생각들을 모으고 하나씩 적습니다. 참가자들은 '준우의 리얼리티 체크' 활동지(WS 1.3; [그림 6-8])에 메모를 해야 합니다. 그다음 이러한 생각들에 의문을 던져 보고 현실적인 가치를 확인해 봅니다. 참가자들은 나를 다운시키는 생각들이 왜곡되어 있고, 비현실적인 생각이라는 것을 깨닫게 됩니다. 그러고 나서, 참가자들에게 더 현실적이고 준우의 기분을 좋게 만들 수 있는 대안적이고 유용한 생각들을 찾도록 합니다.

이 활동의 마지막에는, 참가자들이 트릭을 자신의 말로 반복하게 하는 것이 도움이 됩니다. 이 활동의 목표는 참가자들이 '상황에 대한 판단은 사람에 따라 다양하고, 이러한 평가들이 우리의 감정과 행동에 부정적인 영향을 미칠 수 있다'는 것을 이해하는 것입니다. 동기의 문제를 가진 사람들은 종종 "나는 최고의 축구선수가 되어야 해, 그렇지 않으면 의미가 없어."와 같이, '당위적 생각'으로 특징지어지는 부정적인 생각 패턴을 보입니다. 참가자들은 이 생각 바로잡기 기술을 준우의 예시에 적용하도록 배웁니다. 참가자들은 불합리한 생각을 찾고, 그러한 생각의 현실적인 가치를 확인하며, 준우가 덜 낙담하고, 덜 무관심하고, 덜 지루할 수 있는 유용한 대안들을 만드는 법을 배웁니다(TS 1.4; [그림 6-9]).

TS 1.4

준우의 '리얼리티 체크'

다운(down)시키는 생각들 준우의 부정적 생각 찾기	업(up)시키는 생각들 준우의 걱정을 덜어 줄 수 있는, 도움이 되는 생각해 보기
뭔가 멋있는 걸 해야 하는데…… 안 그러면 또 지루한 하루가 될 거야…….	뭔가 멋있는 걸 할 수 있으면 좋을 텐데…… 하지만 매일 그럴 순 없지. 가끔은 평범하게 그날 그날 할 일도 해야 돼.
엄마! 침대로 밥 좀 가져다주세요. 친구들 메시지에 답장을 해야 돼요. 진짜 중요한 일이에요.	엄마가 침대로 밥을 가져다주면 좋겠지만, 잠깐은 메시지 안 보고 밥 먹어도 괜찮아. 애들이 어디 가는 것도 아니니까.
근데 나는 규호만큼 3점 슛을 잘 던지지도 못하고 드리블 스킬도 없고…… 연습해도 안 되니까 영상을 올려 봐 의미도 없고, 하나도 안 멋있어.	나도 규호처럼 3점 슛을 잘 던지면 좋을 텐데 아쉽네. 그래도 계속 연습하는 게 중요한 거지.
새로 올라온 포스팅은 꼭 봐야 돼. 안 그러면 모든 걸 놓칠 거야! 어떻게든 내일 대화에 낄 수 있어야 되잖아.	새로 올라온 포스팅을 전부 다 보면 내일 애들이 무슨 말을 하는지 이해하겠지. 그런데 그렇게 못해도 중요한 이야기는 알아들을 수 있으니 괜찮아.
그러든지 말든지! 축구를 하려면 몸이 엄청 탄탄해야 해. 아니면 하나도 안 멋있고 창피하기만 하지.	좀 더 축구 선수 같아지면 멋있겠지. 그렇지만 쉴 때 재미로 잠깐 축구하는 걸로도 충분해.
이걸 매일 연습해야 돼. 안 그러면 다른 사람들한테 뒤처질 거야.	좀 더 연습해서 기술을 늘리면 좋겠지만, 누구에게 뭘 증명할 필요는 없잖아? 나한테 중요한 다른 걸 해야 할 시간도 필요해.

[그림 6-9] 준우의 리얼리티 체크-해결책(TS 1.4)

2) 생각 멈추기

생각 멈추기 기술은 역기능적 사고들을 멈추게 합니다. 이러한 인지적 자기 통제 기술은 상상의 스톱 사인을 이용해서 '나를 업(up)시키는 생각들'처럼 역기능적 사고들을 멈추게 합니다. 트레이너는 설명을 위해 칠판에 '나를 다운시키는 생각'들 아래에 트레이너용 활동지 '생각 멈추기'(TS 1.5)를 추가하고 이를 참고합니다.

생각 멈추기(TS 1.5; [그림 6-10])

때로는 우리를 열 받게 만드는 불쾌한 생각들이 떠오릅니다. 이때 생각 멈추기가 유용할 수 있습니다. 생각 멈추기는 이름이 암시하듯이 우울한 생각을 즉시 멈추는 방법입니다. 생각 멈추기는 우리를 다운시키는 생각들에 맞서게 도와주는 빠른 방법입니다. 스스로에게 단순하게 말해 보세요. "멈춰! 나는 이런 식으로 계속 생각하진 않을 거야!". 그것이 현실 세계에 있든 마음속에 있든 상관없이. 당신을 다운시키는 생각들에 대고 크게 소리쳐 보세요. "멈춰!" 여러분의 생각들을 멈추게 해 주는 멈춤 표지판을 상상해도 좋습니다. 여러분이 할 수 있는 또 다른 방법은 손으로 식탁을 똑똑 두드리거나 다리를 살짝 치는 것입니다. 그다음에, 나를 업(up)시키는 생각들과 같이 더 긍정적인 생각들에 빨리 집중하거나 즐거운 활동에 참여하세요.

[그림 6-10] **생각 멈추기 신호(TS 1.5)**

6. 문제해결과 행동 활성화 연습(변화 계획)

이 문제해결 기술(Margraf & Schneider, 2018)의 직접적 목표는 행동수정입니다. 이 기술은 참가자들에게 체계적인 문제해결 전략과 내적 강화를 통해서 어떻게 행동 변화를 얻을 수 있는지 알려 줍니다. 변화 계획은 자기 관리를 통해 문제해결 능력을 훈련시킴으로써, 참가자의 활동 능력을 강화시켜 줍니다. 이해를 돕기 위해 트레이너용 활동지 '변화 계획'(TS 1.6)을 칠판에 붙입니다([그림 6-11]).

변화 계획은 두 단계로 수행됩니다. 우선, 준우의 현재 행동 패턴들을 분석하고 평가합니다. 참가자들과 함께, 준우를 지루하거나 스트레스 받게 만드는 활동들, 그리고 준우를 만족시키는 일상생활 활동들을 자세히 들여다봅니다. 그리고 활동지 '준우의 변화 계획'을 펼치도록 합니다(WS 1.4; [그림 6-12]).

변화 계획: (a) 문제 분석

트레이너: "우리는 지금까지 준우의 생각과 감정을 살펴봤어요. 이제 준우가 지루할 때 어떤 행동을 하는지 살펴봅시다. 우리는 준우가 지루할 때 할 수 있는 대안적 행동들이 있는지 알고 싶습니다. 준우가 지루하거나 아무것도 하고 싶지 않을 때는 언제인가요?"

예시 답변: 준우가
- 학교에서 집에 왔을 때
- 해야 할 일들에 시간과 노력이 많이 필요할 때
- 과제를 완수하기 위한 계획을 세울 때

트레이너: "준우가 지루하지 않을 때는 언제인가요?"

예시 답변: 준우가

• 인터넷에서 동영상을 볼 때

• 소셜 미디어로 메시지 보낼 때

• 스마트폰 게임할 때

[그림 6-11] 변화 계획의 상징(TS 1.6)

WS 1.4

준우의 변화 계획

대안 찾기	평가하기		결정 내리기	시도하기
인터넷 사용 / 컴퓨터 게임의 대안	장점	단점	결정(체크하기)	효과가 있었나요? 시도해 보았나요? 어려웠나요? 다시 시도해 보길 원하나요?

[그림 6-12] 준우의 변화 계획(WS 1.4)

참가자들은 준우가 지루할 때 게임을 하거나 인터넷 서핑을 하는 대신 할 수 있는 활동들을 생각해 보아야 합니다. 참가자들의 아이디어를 모아 봅니다. 참가자들은 표의 첫 번째 열에 준우가 할 수 있는 네 가지 대안적 활동들을 적어야 합니다. 가능한 해결책들은 트레이너용 활동지 중 '준우의 변화 계획'에 있습니다(TS 1.7; [그림 6-13]).

그다음 대안적 활동들의 장점과 단점을 칠판에 적습니다. 활동지의 두 번째와 세 번째 열에 적어야 합니다. 참가자들은 최선이라고 생각하는 대안적 활동에 표시를 합니다.

변화 계획: (b) 문제해결 트레이닝(WS 1.4; [그림 6-12], TS 1.7; [그림 6-13])

'준우의 악순환 고리'에서, 우리는 준우의 행동이 다양한 문제로 이어지는 것을 보았습니다.

카멜레온은 상황에 따라 변신하고 색을 바꿀 수 있습니다. 카멜레온은 오랫동안 기다리며 상황을 지켜볼 수 있지만, 번개처럼 빠르게 움직일 수도 있고 새총 같은 혀로 먹이를 잡을 수도 있습니다.

준우는 어떻게 변신하고 새로운 것들을 시도할 수 있을까요? 준우가 지루함을 극복할 수 있게 기발한 변화 계획을 생각해 보세요.

하루 종일 컴퓨터 게임을 하는 대신 준우는 무엇을 할 수 있을까요?

아이디어들을 모으고 적어 주세요!

이러한 대안적 활동들의 장점과 단점은 무엇인가요? 적어 주세요!

이제 결정하고 대안적 활동을 시도해 보는 것이 중요합니다.

여러분의 과제: 준우가 지루함을 이겨내고 새로운 흥밋거리를 찾기 위해 시도할 수 있는 네 가지 대안적인 활동들을 적어 보세요."

준우의 변화 계획 (TS 1.7)

대안 찾기	평가하기		결정 내리기	시도하기
인터넷 사용/ 컴퓨터 게임의 대안	장점	단점	결정(체크하기)	효과가 있었나요? 시도해 보았나요? 어려웠나요? 다시 시도해 보길 원하나요?
운동(탁구 치기, 농구, 축구)	몸이 건강해짐 친구들과 함께할 수 있음	못 하면 욕 먹고 자존심이 상함 귀찮고 피곤함	✓	
보드게임 하기	재미 있음 실제 사람들과 접촉	인내심이 필요함 사람들을 모아야 함		
그림 그리기	창의력과 예술성 발휘 혼자서 할 수 있음 하고 나면 뿌듯함	시간이 오래 걸림 완성될 때까지 인내심이 필요함		

[그림 6-13] 준우의 변화 계획에 가능한 해결책(TS 1.7)

이제 참가자들이 지루할 때 하는 자신의 개인적인 행동을 떠올려 보게 합니다. 참가자들은 지루함을 이기기 위해 어떤 대안적인 활동들을 합니까? 이 과제는 활동지 '지루함에 맞서는 나의 변화 계획'(WS 1.5; [그림 6-14])를 각자 완성해야 합니다. 참가자들은 인터넷과 컴퓨터 게임에 대한 세 가지 가능한 대안적 활동들을 생각해야 합니다. 참가자들은 그중 하나를 선택하고, 다음 회기까지 하나를 시도해 보아야 합니다.

지루함에 맞서는 나의 변화 계획(WS 1.5; [그림 6-14])

"이 트릭은 준우뿐만 아니라, 우리도 사용할 수 있습니다. 여러분은 지루할 때 무엇을 하나요? 여기서 지루할 때 컴퓨터 게임을 하거나 인터넷 서핑을 하는 사람이 있나요? 여러분은 지루함을 극복하기 위해 어떤 일을 하나요? 아이디어들을 함께 모아 보아요.

> 이제, 여러분 자신의 변화 계획을 만들어 보세요. 자신의 변화 계획에서 가능한 대안적 활동들을 세 가지 적어 보고, 평가하고, 다음 주까지 시도해 볼 하나의 대안적 활동을 골라 보세요. 여러분의 변화 계획을 실행에 옮긴 후, 스스로에게 줄 수 있는 상을 생각해 보세요. 다음 주에 여러분이 어떻게 실천에 옮겼는지 이야기를 듣고 싶습니다.

변화 계획은 참가자들에게 행동을 바꿀 수 있다는 것을 보여 줍니다. 동기의 문제가 있는 어린이들과 청소년들 중에는 인내심이 낮은 경우가 종종 있습니다. 이 변화 계획은 참가자들이 문제해결 기술을 습득하게 도와주고, 대안 행동들을 시작하고 평가하는 법을 알려 줍니다. 그래서 대안적 활동을 정확하게 실행하고 평가하는 것이 중요합니다. 이것은 다음 회기에서 더 설명하겠습니다.

WS 1.5

지루함에 맞서는 나의 변화 계획

대안 찾기	평가하기		결정 내리기	시도하기
인터넷 사용/ 컴퓨터 게임의 대안	장점	단점	결정(체크하기)	효과가 있었나요? 시도해 보았나요? 어려웠나요? 다시 시도해 보길 원하나요?

[그림 6-14] 지루함에 맞서는 나의 변화 계획(WS 1.5)

7. 숙제와 마무리

1) 숙제

모든 참가자들은 첫 번째 모듈이 끝날 때 집에서 해야 할 숙제를 받습니다. 참가자들은 자신이 선택한 대안 활동을 시도하고, 그 경험을 기록해야 합니다. 시간이 허락된다면, 각 참가자들은 그들이 시도해 보고 싶은 대안적 활동들을 공유합니다.

2) 마무리

마무리 활동으로, 각 참가자는 다음의 질문들에 한 문장으로 대답해야 합니다.

이 시간에 내가 얻은 것은 무엇일까?

인터넷 사용과 게임에 대한 나의 생각은 어떻게 변했을까?

이번 주에 내 변화 계획을 어떻게 수행할까?

이상으로, 트레이너는 프로그램을 마칩니다.

🔖 참고문헌

Margraf, J., & Schneider, S. (2018). *Lehrbuch der Verhaltenstherapie, Band 1: Grundlagen, Diagnostik, Verfahren und Rahmenbedingungen psychologischer Therapie.* Berlin: Springer.

Schlarb, A. A. (Ed.). (2012). *Praxisbuch KVT mit Kindern und Jugendlichen: Störungsspezifische Strategien und Leitfaden; mit Online-Materialien* (1. Aufl.). Weinheim: Beltz.

제7장

두 번째 시간: 중요한 일을 미루는 습관 고치기

1. 목차

숙제 검사(10분):

• 지루함에 맞서는 나의 변화 계획

심리교육(35분):

• 균형 잡기

• 예시: '규민이는 불안해'

• 규민이의 악순환 고리

생각 바로잡기(20분)

• 규민이의 리얼리티 체크

걱정하고 미루는 습관 해결하기(15분)

• 규민이의 변화 계획

숙제와 마무리(10분)

• 중요한 일을 미루는 습관에 대한 나의 변화 계획

• 나의 리얼리티 체크

• 마무리

2. 자료(온라인 이용 가능)

- 활동지(WS) 2.1: 예시 '규민이는 불안해'
- 활동지 2.2: 규민이의 악순환 고리
- 활동지 2.3: 규민이의 리얼리티 체크
- 활동지 2.4: 규민이의 변화 계획
- 활동지 2.5: 중요한 일을 미루는 습관에 대한 나의 변화 계획
- 활동지 2.6: 나의 리얼리티 체크
- 트레이너용 활동지(TS) 2.1: 생각의 균형 잡기
- 트레이너용 활동지 2.2: 리얼리티 체크
- 트레이너용 활동지 2.3: 규민이의 리얼리티 체크(해결책)
- 트레이너용 활동지 2.4: 생각 멈추기
- 트레이너용 활동지 2.5: 변화 계획
- 트레이너용 활동지 2.6: 규민이의 변화 계획(해결책)

3. 인사, 복습, 숙제 확인, 이번 회기의 진행 순서와 목표

참가자들과 인사를 나눕니다. 이전 회기를 간단히 복습하고 숙제를 확인합니다. [그림 7-1]에 있는 도식은 각각의 변화 계획이 성공적이었는지 그렇지 않았는지를 평가하는 데 도움이 되는 유용한 도구를 제공합니다. 이 도식을 '지루함에 맞서는 나의 변화 계획' 숙제를 점검하는 방향으로 사용할 수도 있습니다. 그다음에 이번 회기의

진행 순서와 목표를 보여 드리겠습니다.

인사, 숙제 확인하기

안녕하세요 여러분. 한 주 동안 잘 지냈나요?
여러분은 지난 시간에 많은 것들을 배웠어요. 어떤 것들을 배웠는지 다시 떠올려 볼까요?

먼저 우리는 현실 세계와 가상 세계의 장점과 단점을 이야기해 보았어요. 그리고 우리는 카멜레온과 카멜레온의 특별한 특징에 대해서도 이야기했어요. 우리가 이야기했던 카멜레온의 특징을 이야기해 볼까요?
(답변 예시: 색을 바꿀 수 있어요. 시력이 좋아요. 새총 같은 혀가 있어요.)

그리고 우리는 준우에 대해서 알게 되었어요. 우리는 준우가 컴퓨터를 많이 하는 이유를 찾아보았어요. 준우는 지루함과 무기력을 줄이려고 온라인에 접속해요. 인터넷 세상에서 준우는 재미있는 콘텐츠를 보고 친구들과 관계를 유지할 수 있어요. 그리고 우리는 준우가 과도하게 인터넷을 사용하는 악순환에서 벗어날 수 있는 세 가지 기법을 배웠어요. 무엇인지 기억나는 사람 있나요? 세 가지 기법은 리얼리티 체크, 생각 멈추기, 변화 계획이에요.

먼저 여러분이 지난주에 변화 계획을 실천해 봤는지 이야기하고 싶어요. 여러분은 새로운 활동을 해 보았나요? 새로운 활동은 어땠나요? 재미있었나요? 어려웠나요? 여러분은 새로운 대안 활동을 다시 고를 건가요? 자신의 경험을 하나씩 이야기해 볼까요?

오늘 회기도 지난 회기와 비슷하게 진행될 거예요. 오늘은 규민이의 이야기가 준비되어 있어요. 규민이는 시험을 무서워하고, 불편한 상황을 피하거나 중요한 일들을 미루는 친구예요. 우리는 지난 시간에 배운 기법들을 규민이에게 적용해 볼 거예요.

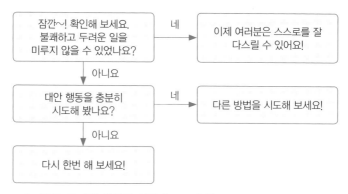

[그림 7-1] 대안 활동을 성공적으로 해냈는지 점검할 수 있는 도식

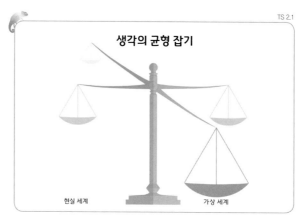

[그림 7-2] 생각의 균형 잡기(TS 2.1)

4. 수행 불안과 미루기를 위한 심리교육

1) 생각의 균형 잡기

첫 번째 시간에 소개한 대로 두 번째 시간에서도 저울 한 쌍([그림 7-2])을 활용하여 인터넷 사용 문제가 어떻게 발전되는지 보여 줍니

다. 이번 시간에 참가자들은 수행 불안이 있는 규민이의 예시를 읽습니다. 규민이는 두려운 과제는 미루고 인터넷을 하면서 주의를 다른 곳으로 돌려서 과제를 피합니다.

'규민이는 불안해' (WS 2.1; [그림 7-3]) 활동지를 나누어 주고, 칠판에 '생각의 균형 잡기'(TS 2.1; [그림 7-2]) 트레이너용 활동지를 함께 보여 주세요. 이 활동은 역기능적 인터넷 사용의 개념을 시각화하고 첫 번째 시간과의 연결을 만듭니다.

균형 유지하기

이전 회기와 같이 한 쌍의 저울을 머릿속에 그려 보세요. 현실 세계는 왼쪽 저울판에 있고 가상 세계는 오른쪽 저울판에 있어요. 여러분이 균형을 잘 잡고 있으면 아무 문제없이 양쪽 세계를 옮겨 다닐 수 있어요. 하지만 저울이 기울어지거나 가상 세계가 무거워지면 바로 현실 세계에 문제가 생겨요. 균형을 회복하고 두 세계를 옮겨 다니는 것이 점점 어려워질 거예요.

오늘 우리는 규민이의 이야기를 읽어 볼 거예요. 규민이의 이야기를 읽으면서 규민이의 저울이 균형을 이루고 있는지 생각해 보세요. 규민이가 인터넷을 균형 있게 사용한다는 것을 어떻게 알 수 있나요? 규민이에게 현실 세계와 가상 세계는 어떤 의미인가요? 현실 세계와 가상 세계에 대해서 규민이는 어떻게 생각하나요? 규민이는 어떻게 행동하나요?

트레이너용 지침   심리교육을 진행하는 동안 칠판의 한쪽은 저울과 악순환을 보여 주는 데 사용하고 다른 한쪽은 규민이의 변화계획을 보여 주는 데 사용합니다. 이 칠판은 전체 회기 동안 사용해야 합니다.

심리교육을 하는 동안 칠판에 인터넷 사용 문제와 미루기에 대한 정보를 계속해서 추가하기를 권장합니다. 이 활동들을 다 끝낸 후에, 칠판은 참가자들의 기억을 상기시키고, 지금까지 다룬 주제에 대한 방향성을 일깨우는 데 사용될 수 있습니다.

2) 예시 '규민이는 불안해'

"다음 주부터 중간고사인 거 잊지 마세요." 규민이의 수학 선생님이 말합니다. 규민이는 중간고사라는 단어를 듣자마자 공상에서 바로 깨어났습니다. "벌써 시험 기간?!" 규민이는 손이 차가워지고 땀이 나는 걸 느끼면서 혼잣말을 합니다. 규민이는 천천히 자리에서 몸을 일으켜 도현이를 따라 교실을 터덜터덜 빠져나옵니다. "넌 우리가 지금까지 배운 거 다 알겠어?" 규민이가 친구에게 물어봅니다. "글쎄, 별로." 도현이가 대답합니다. "그렇지만 공부할 시간이 일주일이나 남았잖아."

"나는 수학은 진짜 모르겠어, 일주일로는 절대 안 돼." 규민이가 시무룩하게 투덜거립니다. 규민이는 기분이 나빠서 아침 내내 거의 아무 말도 하지 않았습니다. 규민이가 생각할 수 있는 것은 다음 수학 시험에서 완전 망할 것이라는 두려움뿐입니다.

"시험에서 좋은 점수를 받아야 돼. 안 그러면 사람들이 나를 완전 바보라고 생각할 거야." 규민이는 다음 수학 시간이 더욱 두려워지기 시작합니다. "나는 아무것도 못 알아들을 거야." 규민이는 속으로 생각합니다. 그날은 체육 시간도 평소처럼 잘 흘러가지 않습니다. "젠장!" 규민이가 욕을 해요. "나는 제대로 하는 게 하나도 없어! 운동은 맨날 꽝이고, 전부 다 망했어!"

학교가 끝나고 규민이는 집으로 곧장 갑니다. 규민이는 자기 자신과 수학 선생님에게 화가 났습니다. 규민이의 아버지가 집에서 기다리고 있습니다. "왔니, 규민아?" 규민이 아버지가 부엌에서 물어봅니다. "오늘 학교에서 어땠니?"

"혼자 있고 싶어요!" 규민이는 이를 악물고 으르렁거립니다. "곧 중간고사 보겠네." 아버지가 말을 이어 나갑니다. "기운 내, 지난 시험도 잘 쳤잖아."

"지난번엔 겨우 3등급을 받았는데, 그것도 시험이 쉬워서 그런 거였어요." 규민이가 대답합니다.

"몇 시간이고 공부했는데 결국엔 하나도 소용이 없었어. 힘들기만 하고 의미 없는 일이었다고." 규민이는 무기력함을 느끼면서 생각합니다. "며칠만 일찍 공부를 시작하면 괜찮을 거야." 아버지는 규민이를 안심시키려고 합니다. "맞아요." 규민이도 스스로 인정합니다. "하지만 공부하기 전에 메시지 확인부터 해야 돼요."

순간, 규민이 머릿속에 먼저 신경 써야 할 많은 일들이 떠오릅니다. "메시지부터 확인하는 게 좋겠어." 도현이가 규민이에게 힙합 랩 영상 링크를 보내주었던 것이 생각났습니다. "새로운 영상들 보는 게 한참 밀렸었네. 그거 보고 연습좀 해야 되는데. 안 그러면 애들한테 쭉 팔릴 테니까." 규민이가 영상을 보는 것은 당연해 보입니다.

영상을 다 보고 나서 규민이는 지난주 내내 공들여 만든 가상의 마을을 돌봐야 한다는 것을 떠올립니다. "마을을 공격에서 지키고 옆 마을을 정복할 준비를 서둘러야 돼. 그게 더 급하고 훨씬 재밌었어. 내가 그건 또 잘하지." 규민이는 스스로가 자랑스러워집니다. 시간이 가는 것은 전혀 알아차리지 못합니다.

모든 것을 끝낸 후에야 규민이의 눈에 수학 문제집이 들어오고, 양심의 가책이 느껴집니다. 좋았던 기분이 바로 사라집니다. 갑자기 몸이 마비되는 느낌이들고 목에 뭐가 걸린 것 같습니다. 규민이는 침을 꿀꺽 삼킵니다. 수학을 생각만 해도 토할 것 같습니다. 갑자기 다시 엄청나게 작아지는 기분이 듭니다. "수학에서 내가 할 수 있는 건 없어. 맨날 수학에서 망했고 앞으로도 계속 망할 거야." 규민이가 시무룩하게 스마트폰을 보다가 새 메시지를 발견합니다. "오, 새 메시지다!" 규민이가 짝사랑하는 반 친구 지우가 생일 파티에 초대했습니다. 갑자기 규민이는 다시 행복한 상상에 빠져듭니다. 기뻐서 온몸을 주체할 수가 없습니다. "좋아, 시후랑 도윤이도 접속했네." 규민이는 마음이 편안해져 친구들과 게임을 시작합니다.

규민이가 시험 공부를 하고 있는지 확인하려고 아버지가 방에 들어올 때가 되어서야 규민이는 컴퓨터에서 눈을 뗍니다. 규민이는 공부를 아직 시작하지 않았음을 깨닫고 겁에 질립니다. 오전에 규민이를 괴롭혔던 두려움과 분노가 다시 찾아옵니다. 규민이의 심장이 빨리 뛰고 주먹이 저절로 쥐어집니다. "항상 수학이 문제야." 규민이는 기운이 빠져 중얼거립니다. "한 판만 더 하자. 그래야 공부에 집중할 수 있어." 밖은 깜깜해졌지만 규민이는 신경 쓰지 않습니다. 또 다시, 규민이는 수학 시험을 완전히 잊어버립니다.

[그림 7-3] 활동지 2.1에서 발췌 - '규민이는 불안해'

이 이야기를 소리 내서 읽은 다음에 참가자들은 규민이의 저울이 여전히 균형을 이루고 있는지 아닌지에 대해서 토론해야 합니다.

이 활동의 목표는 인터넷 사용 문제로 영향을 받는 사람들에게 전형적으로 나타나는 역기능적 사고와 행동들을 발견하고, 평가하고, 구분하는 것입니다. 이 목표는 가상의 이야기로 달성할 수 있습니다. 참가자들은 규민이에 대해서 이야기하면서 자신에게도 있을 수 있는 역기능적 사고를 발견할 수 있다는 추가적인 이점이 있습니다. 이 이야기는 많은 사람들이 일을 시작하기도 전에 불안해하는 수행 불안을 갖고 있다는 점을 보여 줍니다. 수행 불안은 이후에 일어날 많은 일들을 파국으로 치닫게 합니다.

3) 규민이의 악순환 고리

규민이의 행동 패턴과 생각에 이름을 붙인 다음에, 이러한 생각 패턴이 현실과 가상 세계 사이의 불균형에 어떤 영향을 미치는지에 대해서 토론을 진행합니다. 이 악순환은 예시에서 본 것처럼 각자의 생각이 인터넷 사용 장애를 발전시키는 것을 보여 줍니다. 이러한 토론을 위해서 '규민이의 악순환'(WS 2.2; [그림 7-4]) 활동지를 나누어 줍니다. 참가자들이 인터넷을 과도하게 사용하게 만드는 불쾌한 기분과 인터넷 덕분에 생기는 즐거운 기분에 대해서 토론하도록 지도합니다. 참가자들은 과도한 인터넷 사용이 미치는 장기적이고 부정적인 결과를 찾아내야 합니다. 또한, 참가자들은 인터넷 과사용에 뒤따르는 부정적인 영향을 피하려고 또다시 온라인에서 더 많은 시간을 보내는 규민이의 대응 전략에 대해 토론하도록 합니다. 활동지 2.2에 따라 칠판에 붙인 한 쌍의 저울 주변에 규민이의 악순환을 그리고, 그 위에 참가자들의 생각을 적습니다.

미루기의 악순환

트레이너: "규민이의 저울이 균형을 잘 잡고 있나요? 이걸 지지하는 증거
는 무엇인가요? 반대하는 증거는 무엇인가요?"

예시 답변: "규민이의 저울은 균형이 깨졌어요."

트레이너: "이제, 우리가 할 일은 규민이의 악순환을 긍정적인 생각과 부
정적인 생각으로 채우는 거예요. 어떤 긍정적 결과들이 있었나요? 또
어떤 부정적 결과들이 있었나요? 여러분의 활동지에 생각을 정리해
보세요. 규민이는 온라인에서 어떤 감정을 느끼나요?"

예시 답변: "규민이는 스트레스를 느끼고 다가오는 수학 시험에 대한 두려
움을 잊어버리려고 해요."

트레이너: "규민이가 과도하게 인터넷을 사용해서 문제가 생기나요?"

예시 답변: "규민이는 아버지와 문제가 생기고, 수학 시험 공부를 시작해
야 한다는 것을 잊어버려서 결국 불안이 더 심해져요."

트레이너: "현실 세계에서 이런 문제들은 규민이가 무엇을 느끼게 하나요?"

예시 답변: "규민이는 당황하고, 불안하고, 무기력해져요."

트레이너: "여러분은 어떻게 생각해요? 이런 불쾌한 감정들을 없애려고
규민이는 무엇을 할까요?"

예시 답변: "규민이는 나쁜 기분과 시험에 대한 불안을 피하려고 온라인에
많은 시간을 쏟을 거예요."

트레이너: "규민이의 저울은 균형이 깨지고 있어요. 규민이의 현실 생활은
온통 부정적인 감정과 생각으로 가득 차 있어요. 규민이는 자주 불안
하고 쉽게 당황해요. 규민이는 다가오는 중간고사처럼 중요한 일을 회
피하려고 일단 인터넷을 하는 데 시간을 써 버려요. 온라인에 있으면
잠시 현실을 회피하고 다른 것에 집중할 수 있어요. 그러다 다시 일상
으로 돌아오면 불안을 느끼고 양심의 가책을 느껴요. 왜냐하면 여전히
학교와 관련된 일을 아무 것도 하지 않았기 때문이죠. 이런 이유로 규
민이는 곧 수업 내용을 더 이상 따라갈 수 없게 되고요. 공부를 하는

제7장 두 번째 시간: 중요한 일을 미루는 습관 고치기

 150   제7장 두 번째 시간: 중요한 일을 미루는 습관 고치기

> 대신 규민이는 많은 시간을 인터넷을 하며 낭비해요. 인터넷을 하면서 상황을 회피하려고 해 보지만, 결국 더 큰 재앙이 닥치게 되죠."

규민이의 악순환에 대한 답변 예시

- **유쾌한 감정**: 걱정에서 벗어나기, 재미, 즐거움, 기쁨, 몰입, 흥미, 성공, 오락
- **부정적인 결과**: 학습 부진, 시간 낭비, 부모님과 갈등, 스트레스, 양심의 가책
- **불쾌한 감정**: 회피 때문에 높아지는 공포와 불안감, 부끄러움, 죄책감, 우울증

악순환은 인터넷과 게임이 수행 불안과 미루기에 대한 대처 전략으로 어떻게 사용되는지를 보여 줍니다. 인터넷을 많이 하는 것은 불쾌하고 감당하기 힘든 일을 피하려는 주의 분산 전략입니다. 사례에서 규민이는 중간고사를 위한 공부를 회피합니다. 참가자들이 인터넷을 역기능적으로 사용하면 장기간 이분법적으로 현실 세계는 부정적으로, 가상 세계는 긍정적으로만 경험하게 된다는 것을 이해해야 합니다.

이 활동으로 참가자들은 미루고 회피하는 행동이 결국에는 더 큰 공포를 야기하게 된다는 것을 배웁니다. 그리고 그 부정적인 감정들을 피하려는 욕구가 더 커져서 인터넷을 더 과도하게 사용하게 되는 악순환에 빠집니다.

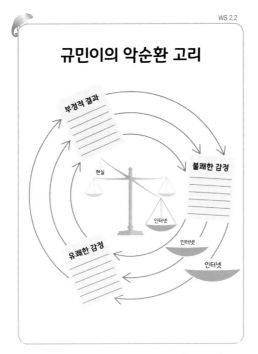

[그림 7-4] 규민이의 악순환 고리(WS 2.2)

다음 활동에서 참가자들은 과제를 직면하고 바로 해치우는 것이 어떻게 수행 불안과 미루기를 줄일 수 있는지 배웁니다.

악순환 끊기: a) 미루는 습관 줄이기(WS 2.2에 대한 추가 정보)

많은 사람들이 살면서 하기 싫은 일을 하기 위해 동기부여 하는 데 어려움을 겪어요. 그럴 때 대부분 우리는 하기 싫은 활동들을 미루죠. 여러분은 어떤가요? 하기 싫은 일을 해야 하는 동기가 부족한 상황에서 어떻게 행동하나요?

해야 하는 일을 뒤로 미루고 미루다 보면 결국 하기 싫은 마음이 더 커져요. 그래서 하기 싫은 일을 하기 전에, 일단 컴퓨터 게임이나 메시지 확인처럼 다른 일을 먼저 해야 한다고 잘못 생각하게 되죠. 그래서 가장 쉬운 해결 방법은 하기 싫은 마음이 너무 심해지기 전에 빨리 시작하는 거예요. 그리고 나서 스스로에게 보상을 해 줄 수 있어요.

악순환 끊기: b) 시작하기도 전에 불안해하는 마음 줄이기(WS 2.2에 대한 추가 정보)

불안의 개념도 매우 비슷해요. 우리는 무언가에 겁을 먹으면 그것을 피하려고 해요. 마치 규민이가 중간고사에 대해서 생각하는 것을 피하려고 하는 것처럼요. 하지만 여러분이 공포를 피하려고 할수록 공포는 더 커져요. 공포를 이겨내는 단 하나의 방법은 공포를 직접 마주하는 거예요. 여러분은 자신의 불안을 피하면 안 돼요. 불안을 피하는 대신 불안을 유발하는 상황을 마주해야 돼요. 예를 들어, 규민이는 시험이 진짜 불안할 만한 대상인지 생각해 볼 필요가 있어요.

5. 부정적인 생각을 찾고 바로잡기(인지 재구조화)

1) 리얼리티 체크

카멜레온이 돌아왔습니다. 카멜레온은 특정 문제를 푸는 기법을 소개합니다. 첫 번째 기법은 [리얼리티 체크[(TS 2.2; [그림 7-5])인데, 이 기법은 수행 불안의 기저에 있는 역기능적 사고를 수정합니다(Schlarb, 2012). 또한 이 기법은 실패에 대한 공포나 미루기와 같이 만성적으로 일을 지연시키는 습관을 줄입니다.

이 회기에서 리얼리티 체크는 규민이의 예시를 사용합니다. 참가자들은 한 상황에 대한 각자의 평가가 다른 감정으로 이어진다는 것을 배웁니다. 수행 불안과 미루기에 대한 예시를 통해 참가자는 부정적인 생각을 알아차리고, 더 현실적이고 유용한 생각으로 바꾸는 연습을 합니다.

　모듈 1에서 역기능적 사고 중 하나로 "해야만 해"라는 생각을 소개했습니다. 규민이의 이야기는 '과잉일반화'로 알려진 또 다른 역기능적인 사고 유형에 초점을 둡니다. 과잉일반화를 하는 동안 사람들은 자기 자신과 자신의 경험을 매우 포괄적인 방식으로 평가하는 경향이 있습니다.

[그림 7-5] 리얼리티 체크(TS 2.2)

리얼리티 체크

트레이너: "규민이는 시험에 완전히 겁을 먹었어요. 시험에 대해서 생각하지 않으려고 규민이는 시험과 관련된 모든 활동들을 미뤘어요. 규민이는 왜 기분이 안 좋을까요?
　규민이는 자기를 우울하게 하고 불쾌한 기분을 야기하는 많은 생각을 가지고 있어요. 여러분도 알다시피 이런 부정적인 생각들을 '나를 다운

시키는 생각'이라고 해요. 이런 생각들이 여러분의 기분을 나쁘게 만들기 때문이죠. 여러분을 다운시키는 생각은 유용하지 않고 보통 현실적이지도 않아요. 여러분은 이미 준우의 이야기에서 여러분을 다운시키는 생각의 첫 번째 유형을 봤어요. 이런 생각을 '당위적 생각'이라고 해요. 당위적 생각을 어떻게 구분하는지 기억하나요?"

예시 답변: "당위적 생각은 '꼭'이나 '반드시 해야 된다'는 단어로 구분할 수 있어요."

트레이너: "그러면 여러분의 기분을 나쁘게 만드는 당위적 생각을 어떻게 바꾸어 볼 수 있을까요? 이런 생각들을 조금 더 현실적이고 스스로 격려하는 생각으로 바꿔 볼 수 있을까요?"

예시 답변: "'꼭 해야만 된다'고 생각하기보다는 '나는 할 수 있어' 또는 '하면 좋을 텐데'라고 생각하는 것이 더 현실적이고 도움이 돼요."

트레이너: "나를 다운시키는 생각에는 다른 종류도 있어요. 규민이의 이야기에서 '과잉일반화'는 사고방식에 영향을 미쳤어요. '과잉일반화'는 무언가를 고작 한두 번밖에 경험하지 않았는데도 그것을 항상 그런 방식으로만 생각하는 것이에요. 과잉일반화된 생각은 현실과는 동떨어진 불필요한 불안과 걱정을 일으켜요. 예를 들어, 규민이는 성적이 한 번 나빴다는 것 때문에 언제나 수학 시험을 망칠 거라고 생각해요. 여러분은 여러분을 다운시키는 생각을 찾아내서 더 다운되는 것을 멈추기 위해 카멜레온이 알려 준 기법을 기억하나요? 그 기법은 '리얼리티 체크'예요.

이제 규민이의 이야기에서 어떤 다운시키는 생각이 있는지 같이 찾아봐요. 당위적 생각('반드시', '~해야 된다'는 단어가 들어가요)과 과잉일반화를 자세히 살펴봅시다. 과잉일반화된 생각은 보통 '항상, 모두, 완전히, 절대로, 모든 사람, 아무도'라는 단어로 찾아낼 수 있어요.

여러분은 규민이의 생각과 예상이 현실적이라고 생각하나요? 어떤 대안이 더 현실적이고 규민이의 기분을 더 좋게 만들까요?"

'리얼리티 체크' 활동을 할 때는 트레이너용 활동지인 '리얼리티 체크'(TS 2.2)를 칠판에 붙입니다. 트레이너용 활동지는 인지 재구조화 기법을 시각화하기 위한 것입니다.

다음으로 그룹에서 취합된 규민이를 다운시키는 생각을 칠판에 적습니다. 참가자들이 기록할 수 있게 '규민이의 리얼리티 체크'(WS 2.3; [그림 7-6]) 활동지를 나누어 줍니다. 그다음에 참가자들은 규민이를 다운시키는 생각이 현실적인지 토론하면서 규민이를 다운시키는 생각이 왜곡되고 비현실적이라는 것을 깨달아야 합니다. 그리고, 참가자들은 규민이의 기분을 좋게 만들 수 있는 좀 더 유용하고 현실적인 대안적 생각을 생각해 봐야 합니다.

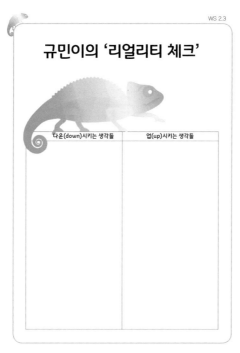

[그림 7-6] 규민이의 리얼리티 체크(WS 2.3)

이 활동의 마무리 단계에서 참가자들은 상황을 매우 다르게 평가
할 수 있다는 것을 이해합니다. 이러한 평가는 부정적인 감정과 회
피하는 행동으로 이어질 수 있습니다. 규민이의 예시는 '과잉일반화

TS 2.3

규민이의 리얼리티 체크

다운(down)시키는 생각들 규민의 부정적 생각 찾기	업(up)시키는 생각들 규민의 걱정을 덜어 줄 수 있는, 도움이 되는 생각해 보기
나는 수학은 진짜 모르겠어. 일주일로는 절대 안 돼.	가끔 수학 공부가 진짜 어려운 건 사실이야. 그렇지만 지금 열심히 잘하면 일주일 안에 길이 보일 거야.
시험에서 좋은 점수를 받아야 돼. 안 그러면 사람들이 나를 완전 바보라고 생각할 거야.	수학시험에서 좋은 점수 받으면 좋겠다. 점수가 안 좋으면 조금 부끄러울 것 같긴 해.
나는 아무것도 못 알아들을 거야.	모든 걸 완전히 이해하긴 어려울 때가 있지만, 좀 더 공부하면 쉬워질 거야.
나는 제대로 하는 게 하나도 없어! 운동은 맨날 꽝이고. 전부 다 망했어!	오늘은 운동도 잘 안 되네. 일이 잘 안 풀리는 날도 있지. 내일은 괜찮을 거야.
새로운 영상 보고 힙합 연습 좀 해야 돼. 안 그러면 애들한테 쪽팔릴 테니까.	새로운 기술을 익히면 멋질 거야. 그러면 애들도 놀라겠지?
수학에서 내가 할 수 있는 건 없어. 맨날 수학에서 망했고 앞으로도 계속 망할 거야.	난 수학은 잘 못하나 봐. 하지만 뭐든지 잘하려면 노력이 필요한 법이니까.
항상 수학이 문제야. 한 판만 더 하자. 그래야 공부에 집중할 수 있어.	공부하기 전에 게임 한 판만 더 하면 좋겠는데⋯⋯ 그렇지만 한 판만 하고 그만두긴 힘들겠지? 그러니 공부 먼저 한 다음에 보상으로 게임 한 판을 해야겠다.

[그림 7-7] 규민이의 리얼리티 체크-해결책(TS 2.3)

된 생각'을 소개하고 사람들이 종종 동시에 여러 개의 잘못된 생각을
한다는 것을 강조합니다. 수행 불안과 미루는 경향이 있는 사람들은
당위적 생각과 과잉일반화같이 여러 가지 해로운 생각을 하는 특징
이 있습니다. 참가자에게 규민이의 예시에서 당위적 생각과 과잉일
반화를 찾아보도록 합니다. 참가자들은 규민이의 부정적 생각을 찾
아서 현실적인지 확인하고, 규민이에게 도움이 되는 방향으로 다시
평가해야 합니다. 도움이 된다는 것은 규민이의 수행 불안과 미루
기가 늘어나지 않는다는 뜻입니다. 예시 답변은 트레이너용 활동지
2.3([그림 7-7])에 있습니다.

2) 생각 멈추기

리얼리티 체크를 끝낸 후에 참가자들에게 첫 번째 모듈에서 했던
생각 멈추기에 대해서 다시 한번 설명합니다. 생각 멈추기는 '나를
다운(down)시키는 생각'을 '나를 업(up)시키는 생각'으로 바꾸는 유
용한 전략입니다. 이 전략을 보여 주기 위해 트레이너용 지침 '생각
멈추기'(TS 2.4)를 다시 한번 칠판에 붙입니다([그림 7-8]).

> 지난주에 나를 다운시키는 생각에 맞설 수 있는 두 번째 기법을 배웠어요.
> 기억나는 사람 있어요? 생각 멈추기는 "멈춰! 나는 이렇게 계속 생각하지
> 않을 거야! 이 생각은 비현실적이고 내 기분을 나쁘게 해. 나는 더 현실적이
> 고 유용한 생각을 찾을 거야."라고 이야기하는 활동이에요.

[그림 7-8] 생각 멈추기 신호(TS 2.4)

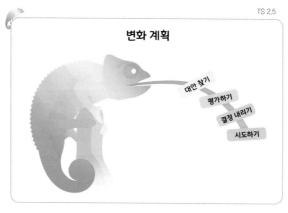

[그림 7-9] 변화 계획의 상징(TS 2.5)

6. 문제해결과 행동 활성화 연습(변화 계획)

모듈 1과 같이 인지 재구조화 기법 다음에는 '변화 계획' 연습을
진행합니다. 이 활동을 하려면 트레이너용 활동지 '변화 계획'(TS
2.5; [그림 7-9])을 칠판에 붙입니다. 변화 계획은 두 단계로 진행됩

니다. 첫 번째, 규민이의 현재 행동을 문제 분석을 통해 확인합니다. 수행 불안, 미루기, 긍정적인 기대를 불러오는 일상 활동 목록을 만듭니다. 이 활동을 하려면 트레이너는 참가자들과 규민이에 대해 이야기를 하면서 다음 질문에 대한 대답을 모읍니다. 어떤 상황에서 규민이가 불안하고, 부끄럽고, 양심의 가책을 느낄까요? 어떤 상황에서 이런 감정들이 안 생길 수 있을까요?

변화 계획: (a) 문제 분석

트레이너: "우리는 지금까지 규민이의 생각과 기분을 살펴봤어요. 이제 규민이가 어떻게 행동하는지, 그리고 다르게 행동할 수 있는지를 살펴봐요. 어떤 상황에서 규민이가 불안을 느끼고, 당황하고, 양심의 가책을 느낄까요?

예시 답변: 규민이가……
- 중간 고사가 다가온다는 것을 들었을 때
- 다음 수학 수업을 생각할 때
- 지난번 수학 시험에 대해서 생각할 때
- 아버지와 시험에 대해서 이야기할 때

트레이너: "어떤 상황에서 이런 부정적인 감정이 생기지 않나요?"

예시 답변: 규민이가……
- 인터넷에서 동영상을 볼 때
- 컴퓨터 게임을 할 때
- 친구들이 보낸 메시지를 볼 때
- 친구들과 온라인에서 만날 때
- 공상할 때

다음으로 참가자들은 변화 계획을 만들어야 합니다. 참가자들은 규민이의 수행 불안이 높아지는 순간에 할 수 있는 가능한 대안들을 생각해야 합니다. 이 활동에는 '규민이의 변화 계획'(WS 2.4; [그림 7-10])을 나누어 줍니다. 해결 방법 예시는 트레이너용 활동지 '규민이의 변화 계획(해결책)'(TS 2.6; [그림 7-11])에 있습니다. 그룹 활동으로 대안 행동을 취합하여 칠판에 적습니다. 참가자들이 첫 번째 칸에 규민이를 위한 대안 활동 네 가지를 적게 합니다.

그다음에 참가자들은 활동지의 두 번째와 세 번째 칸에 각각의 활동에 대해서 장점과 단점을 적게 합니다. 마지막으로, 참가자들은 규민이에게 어떤 대안이 가장 효과적일지 표시하도록 합니다.

변화 계획: (b) 문제해결 훈련

악순환에서 우리는 규민이의 회피 행동이 다양한 문제로 이어지는 것을 보았어요. 규민이는 어떻게 다르게 행동할 수 있을까요? 첫 번째 회기에서 우리는 카멜레온이 상황에 따라 어떻게 색을 바꿀 수 있는지 이야기했어요. 카멜레온은 움직이지 않고 오랫동안 쳐다보다가 번개처럼 순식간에 움직여서 새총 같은 혀로 먹이를 잡아요. 규민이도 행동을 변화시킬 수 있고 새로운 것을 할 수 있어요. 여러분이 다음으로 할 과제는 다음 세 단계에 따라서 규민이가 할 수 있는 더 좋은 변화 계획을 만드는 거예요.
규민이는 컴퓨터 게임 대신에 무엇을 할 수 있을까요? 생각을 정리해서 써 보세요.

WS 2.4

규민이의 변화 계획

대안 찾기	평가하기		결정 내리기	시도하기
인터넷 사용/ 컴퓨터 게임의 대안	장점	단점	결정(체크하기)	효과가 있었나요? 시도해 보았나요? 어려웠나요? 다시 시도해 보길 원하나요?

[그림 7-10] 규민이의 변화 계획(WS 2.4)

TS 2.6

규민이의 변화 계획

대안 찾기	평가하기		결정 내리기	시도하기
인터넷 사용/ 컴퓨터 게임의 대안	장점	단점	결정(체크하기)	효과가 있었나요? 시도해 보았나요? 어려웠나요? 다시 시도해 보길 원하나요?
1. 부모님께 매일 퀴즈를 조금씩 내달라고 한다.	-닥쳐서 걱정할 필요가 없다. -두려움이 줄어든다	-귀찮다. -기분이 좋지 않다. -부모님이 귀찮아한다.	✓	
2. 집에서 모의고사를 본다.	-두려움이 줄어든다. -실제 시험과 비슷한 환경이다.	-실제 시험이 아니다. -스트레스 받는다. -기분이 나쁘다.		
3. 선생님께 미리 물어본다.	-실제 시험과 가장 비슷할 수 있다.	-불편하다.		
4. 다른 아이들과 스터디를 해서 준비한다.	-다른 아이들이 어떻게 시험 준비를 하는지 알 수 있다. -수준 비교가 가능하다. -서로 도울 수 있다.	-다른 애들이 나보다 잘하면 자존심이 상한다. -비교가 된다.		
5. 시험 준비 계획을 세운다	-시간 관리가 된다 -미리 준비할 수 있다.	-계획을 세우는 것이 귀찮고 시간이 많이 든다.		

[그림 7-11] 규민이의 변화 계획-해결책(TS 2.6)

이 대안들은 어떤 장점과 단점을 가지고 있나요?

이제 결정을 하고 그 대안을 실제로 실행해 보는 것이 중요해요.

여러분이 할 일: 규민이가 컴퓨터를 하는 대신에 할 수 있는 대안 네 가지를 이야기해 보세요. 그 대안은 규민이의 시험에 대한 불안을 줄이고 중요한 일을 미루는 습관을 줄이는 데 도움이 되어야 해요.

규민이의 변화 계획을 만든 다음에 활동지 2.5([그림 7-12]) '중요한 일을 미루는 습관에 대한 나의 변화 계획'을 나누어 줍니다. 이제 참가자들에게 인터넷 게임과 스마트폰 사용을 대체할 세 가지 대안을 생각해 보라는 질문을 합니다. 그리고 참가자들이 각각의 대안에 대해서 장점과 단점을 써 보게 합니다. 마지막으로, 참가자들은 대안 하나를 골라서 집에서 시도해 보아야 합니다.

중요한 일을 미루는 습관에 대한 나의 변화 계획

이 비결은 규민이뿐만 아니라 여러분에게도 도움이 될 것입니다. 여러분은 불쾌하거나, 당황스럽거나 마음이 무거운 일에 맞닥뜨렸을 때, 어떻게 대처할 것인가요? 여기에 이런 상황에서 몇 시간 동안 컴퓨터 게임을 하거나 스마트폰을 보며 시간을 보내 본 사람이 있나요?

여러분은 수행 불안과 중요한 일을 미루는 습관에 맞서기 위해서 무엇을 할 수 있을까요? 다 함께 생각을 모아 봅시다. 이제는 여러분만의 변화 계획을 만들고 집에서 해 보세요. 여러분의 변화 계획에 대안 행동 세 가지를 적고, 각 활동마다 어떤 장점과 단점이 있는지 생각해 보세요. 그리고 다음 주까지 시도해 볼 대안 한 가지를 고르세요. 여러분의 계획을 지킨 다음에 스스로에게 어떤 보상을 할지도 생각해 보세요. 다음 주에 여러분이 어떤 경험을 했는지 듣고 싶네요.

　참가자들의 결심을 실제로 시도해 보고 성공 여부를 평가하는 것이 중요합니다.

　수행 불안이 있는 청소년들은 종종 자신의 할 일을 미룹니다. 많은 사례에서 미루기는 과도한 인터넷 사용을 초래합니다. 이 활동을 하면서 참가자들은 미루기에 대한 대안 행동을 만들고, 평가하고 실행하는 것을 배웁니다.

WS 2.5

중요한 일을 미루는 습관에 대한 나의 변화 계획

대안 찾기	평가하기		결정 내리기	시도하기
인터넷 사용/ 컴퓨터 게임의 대안	장점	단점	결정(체크하기)	효과가 있었나요? 시도해 보았나요? 어려웠나요? 다시 시도해 보길 원하나요?

[그림 7-12] 중요한 일을 미루는 습관에 대한 나의 변화 계획(WS 2.5)

7. 숙제와 마무리

1) 숙제

참가자들에게 숙제를 줍니다. 참가자들은 활동지 2.5에서 고른 대안을 실행하고, 자신의 경험을 기록해야 합니다. 시간 여유가 있

다면 모든 참가자는 자신이 고른 대안을 발표합니다. 또한 참가자들
은 '나의 리얼리티 체크' 활동지(WS 2.6; [그림 7-13])를 채워야 합니
다. 참가자들은 자신을 다운시키는 생각을 이야기하고 개인적으로
자신을 업시키는 생각을 새로 만들어야 합니다.

숙제

여러분의 변화 계획에서 대안 하나를 고르고 다음 주까지 시도해 보는 것
이 숙제입니다. 제시한 대안이 여러분이 수행 불안과 미루기에 맞서는 데
도움이 되었는가를 확인하는 게 중요하다는 것을 명심하세요. 그리고 여러
분만의 리얼리티 체크를 해 보세요. 여러분을 다운(down)시키는 생각과 업
(up)시키는 생각을 찾아보세요.

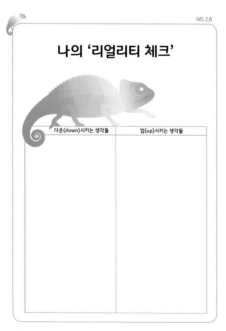

[그림 7-13] 나의 리얼리티 체크(WS 2.6)

2) 마무리

마치기 전에 모든 참가자는 다음 질문에 빠르게 한 문장으로 대답
해야 합니다.

이 시간에 내가 얻은 것은 무엇일까?

인터넷 사용과 게임에 대한 나의 생각은 어떻게 변했을까?

이번 주에 내 변화 계획을 어떻게 수행할까?

이상으로, 트레이너는 프로그램을 마칩니다.

참고문헌

Schlarb, A. A. (Ed.). (2012). *Praxisbuch KVT mit Kindern und Jugendlichen:*
Störungsspezifische Strategien und Leitfäden; mit Online-Materialien (1.
Aufl.). Weinheim: Beltz.

제8장

세 번째 시간: 친구관계 문제 대처하기

1. 목차

숙제 검사(10분):
- 중요한 일을 미루는 습관에 대한 나의 변화 계획
- 나의 리얼리티 체크

심리교육(35분):
- 균형 잡기
- 예시: '지수는 친구를 찾고 있어요'
- 지수의 악순환 고리

생각 바로잡기(20분)
- 지수의 리얼리티 체크

대인관계 불안을 위한 문제해결 훈련(15분)
- 지수의 변화 계획

숙제와 마무리(10분)
- 좋은 친구 관계를 위한 나의 변화 계획
- 나의 악순환 고리
- 마무리

2. 자료(온라인 이용 가능)

- 활동지(WS) 3.1: 예시: '지수는 친구를 찾고 있어요'
- 활동지 3.2: 지수의 악순환 고리
- 활동지 3.3: 지수의 리얼리티 체크
- 활동지 3.4: 지수의 변화 계획
- 활동지 3.5: 좋은 친구 관계를 위한 나의 변화 계획
- 활동지 3.6: 나의 악순환 고리
- 트레이너용 활동지(TS) 3.1: 생각의 균형 잡기
- 트레이너용 활동지 3.2: 리얼리티 체크
- 트레이너용 활동지 3.3: 지수의 리얼리티 체크(해결책)
- 트레이너용 활동지 3.4: 생각 멈추기
- 트레이너용 활동지 3.5: 변화 계획
- 트레이너용 활동지 3.6: 지수의 변화 계획(해결책)

3. 인사, 복습, 숙제 확인 및 회기 목표

참가자들과 인사를 나눕니다. 이전 회기를 간략하게 검토하고 숙제에 대해 논의합니다. [그림 8-1]의 도식표는 각 개인의 변화 계획이 성공적이었는지 평가하는 데 도움이 됩니다. 숙제인 '중요한 일을 미루는 습관에 대한 나의 변화 계획'은 오리엔테이션으로 활용할 수 있습니다. 이후에는 이번 회기의 절차와 목표가 제시됩니다.

인사와 숙제에 대한 논의

지난 두 회기에서, 여러분은 준우와 규민이를 만났고 우리는 그들이 왜 그렇게 많은 시간을 인터넷에서 보내는지 논의했습니다. 인터넷은 준우가 지루함을 극복하는 데 도움을 줍니다. 준우는 게으름과 싸울 필요 없이 흥미로운 콘텐츠를 보고 친구들과 연락합니다. 규민이는 다가오는 수학 시험과 같은 일상생활의 어려움으로부터 도망치기 위해 인터넷을 사용합니다.

지난주 여러분들의 숙제는 중요한 일을 미루는 습관에 대한 여러분들의 변화 계획을 시도해 보는 것이었습니다. 변화 계획은 어떻게 되었나요? 효과가 있었나요? 시도해 봤나요? 즐거웠나요? 어려웠나요? 또다시 그 대안 활동을 선택하겠습니까? 본인의 경험에 대해 이야기해 보고 싶은 사람 있나요?

두 번째 숙제는 여러분을 다운(down)시키는 생각들을 찾고 리얼리티 체크를 통해 여러분을 업(up)시키는 생각들로 바꾸는 것이었습니다. 본인이 한 것에 대해 이야기하고 싶은 사람 있나요?

오늘은 지수를 만날 거예요. 지수는 사회적인 활동을 하는 동안 매우 불안정해집니다. 다른 사람들과 함께 있을 때 매우 불안하고 주저한다는 뜻이죠. 지수는 친구를 사귀고 다른 사람들과 어울리는 데 어려움을 겪습니다. 이제 그녀의 이야기를 읽어 봅시다. 그리고 지수의 인터넷 사용이 여전히 균형을 이루고 있는지 아니면 이미 인터넷 중독의 악순환에 빠져 있는지 논의해 봅시다. 마지막으로, 우리는 리얼리티 체크를 하고 지수를 위한 변화 계획을 개발할 것입니다.

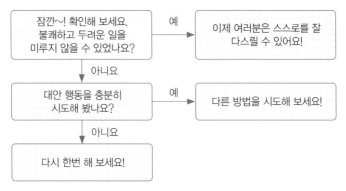

[그림 8-1] 대안 활동을 성공적으로 해냈는지 점검할 수 있는 도식

[그림 8-2] 생각의 균형 잡기(TS 3.1)

4. 대인관계 불안과 인터넷 사용 장애를 위한 심리교육

1) 생각의 균형 잡기

　트레이너용 지침: '생각의 균형 잡기'(TS 3.1; [그림 8-2])를 칠판
에 붙입니다. 이전 두 모듈과 비슷하게, 참가자들은 인터넷 활동이

일상생활에 부정적인 결과를 일으키는 상황을 학습합니다. 모듈 3은 특히 어린이와 청소년의 대인관계 불안 문제에 초점을 맞추고 있습니다. 그러므로 참가자들은 어떤 상황에서 사회생활의 문제가 인터넷 사용 장애의 결과를 일으키는 조건이 될 수 있는지를 배웁니다. 이것은 모든 참가자들에게 배포되는 '지수는 친구를 찾고 있어요'라는 제목의 이야기에서 잘 나타납니다.

> ### 생각의 균형 잡기
>
> 여러분은 이미 저울에 대해 자세히 배웠습니다. 누가 이 내용을 다시 설명해 줄 수 있나요?
> 저울은 현실과 가상 세계 사이의 균형 또는 불균형을 보여 줍니다. 양쪽 세계가 균형 잡혀 있어야만 문제없이 둘 사이에서 왔다 갔다 할 수 있습니다.
> 오늘은 새로운 예시를 읽어 보겠습니다. 새로운 친구를 찾으려고 노력하다가 결국 채팅방에서 많은 시간을 보내는 지수의 이야기입니다. 현실과 가상 세계가 지수에게 어떤 의미일지 생각해 보세요. 그녀는 현실과 가상 세계에 대해 어떤 생각을 가지고 있습니까? 그녀는 어떻게 행동하나요?
> 다음 단계에서, 지수의 저울이 균형을 이루고 있는지 아닌지 생각해 보세요. 또한, 지수는 온라인에 있는 것을 왜 그렇게 즐기는지 생각해 보세요.

트레이너용 지침   심리교육을 위해서 또 다른 칠판이 필요할 것이므로, 큰 칠판을 두 부분으로 분할하는 것이 좋습니다. 절반은 저울과 악순환을 위한 것이고, 나머지 절반은 지수의 변화 계획을 위한 것입니다. 전체 회기 동안 모든 칠판 패널을 볼 수 있어야 합니다. 심리교육을 하는 동안, 내용이 계속 추가될 수 있습니다. 그 후에, 칠판의 노트는 참가자의 기억을 상기시키고, 회기의 방향성을 제공하는 데 사용될 수 있습니다.

2) 예시 '지수는 친구를 찾고 있어요'

지수는 영어 수업에 혼자 앉아 있습니다. 지수는 영화 보는 걸 좋아하지만, 너무 두려워 아무에게도 같이 가자고 물어보지 못합니다. "같이 영화 보러 갈 친구가 없다니, 절망적이야."라고 생각합니다. 그녀는 대화를 시작하는 방법을 잘 모를 뿐입니다. 다른 아이들이 자신을 이상하다고 생각하거나 좋아하지 않는다면? "나만 빼고 전부 다 친구가 있네. 최악이야." 지수는 생각합니다. "그래도 민지에게 물어봐야겠다." 민지는 얼마 전에 지수가 수학 문제 푸는 것을 도와준 적이 있습니다. "걔가 나를 조금이라도 싫어하면 안 도와줬을 거야." 지수는 여전히 자신이 없지만, 용기를 내서 다음 쉬는 시간에 민지에게 이야기하기로 결심합니다. "그래, 민지랑 친구가 되는 거야, 민지밖에 없어!"

지수는 종이 울릴 때부터 불안해지기 시작합니다. 그녀는 초조하게 교실 밖에서 민지가 나오기를 기다립니다.

심장이 두근거리고, 첫 번째 학생이 지나가자마자 속이 불편해집니다. "어떡해, 저기 민지가 오네." 민지는 지수에게 눈길도 주지 않고 지나쳐 혜인이와 서윤이, 수아에게 곧장 갑니다. "망했어, 나를 못 봤어. 그렇지만 아무도 내가 있는지 몰랐을 거야." 지수는 머뭇거리고 떨면서 친구들에게 다가갑니다. 그녀는 너무 두려워서 친구들의 눈을 똑바로 보지 못하고 바닥을 쳐다봅니다. "얼굴이 또 빨개지겠지. 긴장하면 항상 그러니까. 너무 부끄러워! 벌써 덥네. 다들 날 비웃겠지. 이런 식으로는 절대 친구를 사귈 수 없을 텐데." 지수는 절망 속에서 혼자 생각합니다. 지수의 몸이 완전히 긴장되어 있고, 어깨는 굳어 있습니다.

지수가 친구들에게 다가가니 말소리가 줄어들고 조용해집니다. "최악이야, 갑자기 아무 말도 안 하네. 내 얘기를 하고 있던 게 분명해. 다들 내 흉을 보니까……." 지수는 머뭇거리며 민지를 쳐다봅니다. 목이 막혀 숨을 못 쉴 것 같습니다. 아무 말도 하고 싶지 않지만, 모두가 그녀를 똑바로 쳐다보고 있기 때문에 말을 꺼내야 합니다. 지수는 말을 어떻게 꺼내야 하는지도 잊은 채 작은 목소리로 더듬거리며 말합니다. "민지야, 음…… 어…… 그래서 물어보고 싶었어……. 음, 오늘은 날씨도 좋고……. 음…… 원피스가 극장판으로 개봉했으니까…… 음…… 영화관에 가면 좋을 것 같아서. 음, 오늘. 음, 어…… 물론 너가 원한다면. 그런데…… 그런데 그게 안 되면…… 아냐, 신경 쓰지 마." 친구들이 지수를 쳐다보고 있지만, 아무도 말을 하지 않습니다. "아…… 안 돼! 안 돼!" 지수는 속으로 생각합니다. "망했어. 아무도 말을 안 하잖아! 내 말이 지루하다고 생각하는 게 틀림없어……."

다시 한번, 지수는 용기를 내어 이야기를 꺼냅니다. "이야기 들었어? 진짜 재밌대! 내가 지난주에 다른 영화 보러 갔다가 예고편 봤는데 진짜 재미있을 것 같아!"

여전히 아무도 반응을 하지 않습니다. 지수는 살짝 위를 쳐다봅니다. 혜인이와 수아는 서로 쳐다보며 눈동자만 굴리고 있습니다. 지수는 부끄러워서 지구에서 사라지고 싶은 마음입니다. 갑자기 민지가 웃음을 터뜨리며 지수에게 묻습니다. "말하고 싶은 게 정확히 뭐야?" 모두가 웃기 시작합니다. 지수는 남은 용기를 모아 떨리는 목소리로 말합니다. "음, 그냥 물어보고 싶었어. 혹시 나랑……."

"너랑 영화 보러 가지 않겠냐고?" 민지가 이어서 말합니다. "미안해, 지수야. 난 얘들이랑 약속이 있어. 새로 생긴 코인 노래방에 가기로 했거든. 우리는 지금 그 얘기를 하고 있었어." 지수는 부끄러워하며 고개를 끄덕입니다. 그녀는 말없이 돌아서서 가능한 한 빨리 도망칩니다. 지수는 뒤에서 터져 나오는 웃음소리를 듣고 더 빨리 걷기 시작합니다. "최대한 빨리 나가자!" 지수는 눈에 눈물이 고이는 것을 느끼면서 뛰기 시작합니다. "아무도 나를 좋아하지 않아! 학교에 가기 싫어!"

지수는 집에 가면서 민지에게 이야기를 건네려고 했던 바보 같은 생각에 화가 납니다. 집에 도착하자마자, 그녀는 방으로 사라집니다. 그녀는 한결 편안해진 마음으로 침대로 돌진하며 기대에 들떠 노트북을 켰습니다. 지수는 다양한 온라인 커뮤니티에서 활동하고 있고, 온라인에는 많은 친구들이 있습니다. 지수는 두 친구와 정기적으로 채팅을 합니다. 소리와 민아가 접속한 것을 보니 마음이 편해져 그들에게 무슨 일이 있었는지 이야기합니다. "드디어 진정한 친구를 찾았어." 지수는 행복한 마음으로 생각합니다. "학교에서 친구 사귀는 것보다 훨씬 쉬워. 여긴 안전하고, 말 더듬거나 얼굴 붉어지는 걸 걱정할 필요도 없어. 여기 있는 사람들은 항상 친절하고 개

> 방적이야. 나는 처음부터 이 커뮤니티 멤버였고 다들 내 얘기를 좋아해."
> 지수는 소리와 민아가 너무 편해서 가장 큰 고민들도 나눕니다. 가장 좋은
> 점은 비웃음을 당하거나 이상한 시선을 받은 적이 없다는 것입니다. "얘네
> 앞에선 괜찮아." 지수는 생각합니다. "실제로 만날 일이 없으니까."

[그림 8-3] 활동지 3.1에서 발췌-'지수는 친구를 찾고 있어요'

참가자들이 이야기를 함께 읽은 후, 그룹은 지수의 저울이 여전히
균형을 이루고 있는지 논의합니다. 이 연습의 목표는 인터넷 사용
장애의 영향을 받는 사람들이 일반적으로 보이는 기능적 · 역기능적
사고와 행동에 대한 참가자들의 지식을 통합하는 것입니다. 지수의
예시의 도움으로, 참가자들은 불안정한 사회적 상황에서 나타나는
역기능적 사고와 행동에 대해 배웁니다. 이를 통해 참가자들은 자신
의 역기능적 사고를 발견하는 법도 배우게 됩니다.

3) 지수의 악순환 고리

다음으로 인터넷 사용 불균형에서 인터넷 사용 장애로 발전하는
과정을 악순환이라 표현하여 전달합니다. 이를 위해, 모든 참가자들
에게 '지수의 악순환 고리' 활동지(WS 3.2; [그림 8-4])를 나누어 줍니
다. 참가자들에게 지수를 인터넷에서 많은 시간을 보내게 만든 불쾌
한 감정과 온라인 채팅을 하며 시간을 보낸 후 어떤 즐거운 감정을
갖게 되었는지 생각해 보라고 질문합니다. 또한, 참가자들은 혼자
또는 짝과 함께 계속해서 인터넷을 집중적으로 사용함으로써 발생
하는 장기적인 부정적 결과를 적어야 합니다. 그리고 나서 트레이너
는 그룹에서 참가자들의 생각을 논의합니다.

불안정한 사회적 행동의 악순환

트레이너: "지수의 저울은 균형을 이루고 있나요?"

예시 답변: "지수의 저울이 기울어졌어요."

트레이너: "이제 지수의 유쾌하고 불쾌한 감정들의 악순환을 완성하는 것이 우리의 일입니다. 또한, 단기적·장기적으로 부정적인 결과들을 생각해 봅시다. 이것들을 여러분의 활동지에 적어 주세요. 우리는 그것들을 칠판에 모을 것입니다."

트레이너: "지수는 인터넷을 할 때 어떤 기분이 드나요?"

예시 답변: "안전하고 인정 받는다고 느껴요"

트레이너: "지수가 인터넷을 많이 사용하는 게 문제를 일으키나요?"

예시 답변: "현실에서 친구를 사귀는 연습을 하지 않고 가상 세계에서만 관계를 맺어요."

트레이너: "현실에서 이런 문제들은 그녀가 어떤 감정을 느끼게 하나요?"

예시 답변: "외롭고, 두렵고, 슬퍼요."

트레이너: "지수는 이러한 불쾌한 감정을 없애기 위해 무엇을 하나요?"

예시 답변: "인터넷을 하며 많은 시간을 보내요. 그렇게 하면 다른 데 집중하면서 기분이 나아져요."

트레이너: "방금 본 것처럼 지수의 저울이 기울어졌어요. 지수는 새로운 친구를 사귀고 싶어 하지만, 사람들에게 다가가는 데 어려움을 겪습니다. 지수는 다른 사람들과 이야기할 때 약간 서툴러요. 이게 친구들이 그녀를 비웃는 이유죠. 그래서 지수는 현실에서는 별로 편안함을 느끼지 못하고 대신 온라인에서 친구를 찾으려고 합니다. 인터넷에서 대화를 하는 것이 더 편안하다고 느끼니까 더 잘하게 되지요. 여러분은 인터넷에서 다른 사람들에게 접근하는 것이 왜 더 쉬운지 생각해 볼 수 있나요?

가능한 이유는 익명성, 사회적 거리, 통제 가능성, 그리고 무엇을 적을지 결정할 시간을 가질 수 있기 때문이죠. 하지만 이것이 지수의 생활에서 상황을 전혀 개선시키지 않는다는 것을 아는 게 중요합니다. 실제로는 정반대입니다. 지수가 인터넷에 더 많이 빠질수록, 현실에서 친구를 찾을 기회를 더 많이 놓칠 것입니다. 결국 이것은 그녀를 다시 외롭게 만들고, 그래서 외로움을 없애기 위해 인터넷에서 훨씬 더 많은 시간을 보내게 되겠죠.

지수의 악순환에 대한 답변 예시

- **유쾌한 감정**: 기쁨, 만족감, 낙관, 소속감, 공감, 신뢰
- **부정적인 결과**: 친구/동료와의 접촉이 거의 없음, '진짜' 친구가 없음, 다른 사람에게 접근하는 방법을 배우지 못함, 다른 사람들에 의해 소외됨, 진정한 친구를 찾을 동기가 거의 없음, 자기효능감과 자존감 감소
- **불쾌한 감정**: 외로움, 슬픔, 죄책감, 불만, 분노, 대인관계 불안, 불안정감, 걱정

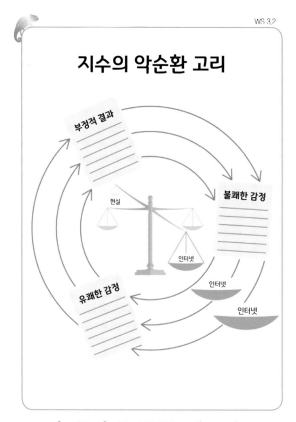

[그림 8-4] 지수의 악순환 고리(WS 3.2)

지수의 악순환 고리를 통해 인터넷 사용이 어떻게 해서 역기능적 대처 전략으로 사용되는지 이해할 수 있습니다. 악순환 고리 연습은 역기능적이고 강도 높은 인터넷 사용이 장기적으로는 현실 세계를 부정적으로, 가상 세계를 긍정적으로 보는 이분법적 결론으로 이어질 수 있음을 보여 줍니다. 모듈 1과 모듈 2에서처럼 참가자들은 특정 행동이 기능적인지 역기능적인지, 그리고 그것이 회피, 보상 및 외로움의 악순환으로 끝나는지 열심히 생각해 보아야 합니다.

이제 그룹은 심리교육의 일환으로 사회적 역량 훈련을 수행합니다. 새로운 교우관계의 형성이 어떻게 촉진되고, 부정적인 감정 신호를 보내는 문제를 어떻게 해결할 수 있는지 보여 줍니다. 이 장에서는 새로운 친구를 사귀는 것은 일반적으로 어렵지만, 개인의 행동이 그 성공에 결정적인 역할을 한다는 것을 보여 줍니다. 적절한 행동이란 무엇인지, 그리고 어떻게 실천될 수 있는지에 대해서는 다음에 설명되어 있습니다.

사회적 역량 훈련(Hinsch & Pfingsten, 2007)

많은 사람들이 모르는 사람에게 다가가는 데 어려움을 겪습니다. 상대방을 모르고 상대방이 어떻게 반응할지 모르기 때문에 자신이 위험에 처해 있다고 느낄 수 있습니다. 이것이 사람들이 종종 다른 사람들에게 다가가기를 주저하고 목소리가 작아지는 이유입니다. 저는 여러분도 이런 상황을 경험한 적이 있을 거라고 생각합니다.

여기서 불편한 부분은 우리의 두려움과 불안이 종종 다른 사람들에게 보인다는 것입니다. 우리가 소위 감정적 신호를 보내기 때문입니다. 가끔, 우리는 두려움과 불안감이 너무 커져서 어색하게 행동하기 시작합니다. 우리는 말을 더듬거나, 침묵하거나, 반항적이고 성급해짐으로써 불안감을 감추려고 노력합니다. 불행히도, 이것이 다른 사람들에게 오히려 더 이상하게 보일 수 있습니다. 그러므로 우리의 언어, 보디 랭귀지, 그리고 얼굴 표정에 주의를 기울이는 것이 좋습니다. 누군가에게 가서 이야기를 하기 전에 무슨 말을 할지 생각해야 합니다. 누군가에게 말을 건넬 적절한 순간을 기다리는 것 또한 중요합니다. 우리가 말을 할 때에는 분명하게 해야 합니다. 게다가, 우리는 항상 상대방에게 말할 기회를 주어야 하고 그들이 말을 끝낼 수 있게 방해하지 말아야 합니다. 친근함 또한 중요합니다. 여러분은 아마도 슬프거나 화가 나거나 겁이 나서 계속 시선을 피하거나 바닥을 보는 사람보다 미소와 반듯한 자세로 당신에게 다가오는 사람과 대화하고 싶을 것입니다. 그렇지 않나요?

다른 사람들과 함께 하는 동안 주의해야 할 의사소통 신호
• 말의 내용
 −하고 싶은 말을 미리 생각합니다.
 −적절한 순간을 기다립니다(다른 사람을 방해하지 말라는 뜻이기도 합니다).
• 정중한 말투
 −크고 분명하게 말합니다.
 −천천히 말합니다.
 −다음 문장을 시작하기 전에 한 문장을 끝냅니다.
 −다른 사람들이 말을 끝낼 때까지 기다립니다.
• 얼굴 표정
 −친근하고 편안한 표정
• 보디 랭귀지
 −구부정하지 않고 꼿꼿한 자세로 다가갑니다.
 −대화 상대를 쳐다봅니다.
 −설명을 위해 손동작을 적절히 사용합니다.
 −안절부절못하며 이리저리 몸을 움직이거나 손을 꼼지락거리지 않습니다.

5. 부정적인 생각을 찾고 바로잡기(인지 재구조화)

1) 리얼리티 체크

이 연습은 역기능적 사고와 그것이 우리의 감정과 행동에 미치는 영향을 다룹니다(Schlarb, 2012). 이 연습을 지수의 예시에 적용함으로써, 참가자들은 잘못된 생각을 찾고, 더 유용한 생각으로 재구성하는 데 필요한 지식을 익힙니다. 이 연습은 우리의 감정 경험에 있어서 상황에 대한 개인의 평가가 얼마나 중요한지 보여 줍니다.

처음 두 모듈은 '당위적 생각'과 '과잉일반화된 생각'을 소개했습니다. 지수의 사례는 특히 '파국적인 생각'에 초점을 맞추고 있습니다. 이 논리적 오류는 사람들이 상황의 부정적인 측면을 과장되게 인식하고, 일어날 수 있는 부정적인 결과를 과도하게 예측하고 떠올리는 것이 특징입니다.

리얼리티 체크

지수는 외로움을 느끼고 다른 사람들에게 다가가는 것을 두려워합니다. 그녀는 누군가에게 말을 걸 때 매우 어색하게 행동합니다. 지수는 왜 그렇게 두려워할까요?

지수는 그녀를 다운시키고 불쾌하게 만드는 많은 부정적인 생각을 가지고 있습니다. 그녀의 부정적인 감정은 부정적인 생각에서 비롯됩니다. 여러분도 이미 알고 있듯이, 이러한 부정적인 생각은 여러분을 기분 나쁘게 만들기 때문에 '나를 다운시키는 생각들'이라고 불립니다. 그것들은 대부분 여러분에게 도움이 되지도, 현실적이지도 않습니다.

나를 다운시키는 생각에는 여러 가지 유형이 있습니다. 여러분은 이미 준우와 규민이의 사례에서 당위적 생각과 과잉일반화된 생각에 대해 들었습니다. 어떻게 그 생각들을 찾아낼 수 있는지 기억하나요?

당위적 생각은 '~해야 한다' 또는 '반드시'라는 단어로 확인될 수 있고, 비현실적인 기대를 포함하고 있으며, 대부분의 경우 달성할 수 없습니다. 그래서 이 생각들은 종종 우리를 좌절하고 실망하게 만듭니다.

과잉일반화된 생각은 '모두', '항상' 또는 '아무도'와 같은 단어들로 찾아낼 수 있습니다. 이 생각들은 여러분이 단지 한 번이나 몇 번 그런 경험을 했다는 이유만으로 어떤 것이 항상 그런 식이라고 믿게 만듭니다. 결과적으로, 우리는 실제로 일이 그렇게 될지 알 수 없으면서도 불필요하게 걱정을 하게 됩니다.

지수에게는 소위 '파국적인 생각'이라고 부르는 것이 찾아왔습니다. 아직 확신할 수 없는데도 모든 것이 완전히 끔찍할 것이라고 믿게 만들기 때문에 파국적인 생각이라고 부릅니다. 이 생각은 우리가 전혀 그럴 필요가 없는데도 공포에 떨게 만듭니다. '끔찍한', '두려운' 또는 '재앙적인'과 같은 단어로 이 생각들을 찾아낼 수 있습니다. 우리를 다운시키는 생각들을 찾아서 더 이상 우리를 다운시키지 못하도록 막는 기법이 뭐였는지 기억하나요?

이 기법은 리얼리티 체크라고 불립니다. 지수의 사례에서 지수를 다운시키는 생각에는 어떤 것들이 있는지 찾아봅시다. 당위적 생각('~해야 한다' 또는 '반드시' 같은 단어를 포함)과 과잉일반화된 생각('항상', '모두', '분명히', '불가능', '아무도' 같은 단어를 포함), 그리고 파국적인 생각('끔찍한', '두려운', '재앙적인' 같은 단어를 포함)을 찾아 표시합니다.

지수의 생각이 현실적이라고 생각하나요? 어떤 대안적인 사고가 더 현실적이고 유용하고 더 이상 그녀의 기분을 나쁘지 않게 만들 수 있을까요?

[그림 8-5] **리얼리티 체크(TS 3.2)**

트레이너용 활동지 '리얼리티 체크'(TS 3.2; [그림 8-5])는 칠판에 고정되어 있습니다. 이것은 인지 재구조화 기술을 시각화해서 보여 주기 위한 것입니다.

이어지는 연습에서, 지수를 다운시키는 생각들을 모아 칠판에 적습니다. 아이디어를 메모하기 위해 참가자들에게 '지수의 리얼리티 체크'(WS 3.3; [그림 8-6]) 활동지를 제공합니다. 그 후에, 이러한 생각들이 현실적인지 의문을 제기하고 점검합니다. 참가자들이 지수를 다운시키는 생각들이 왜곡되고 비현실적이라는 것을 깨닫게 될 것입니다.

이제, 참가자들은 보다 현실적이고, 지수의 기분을 좋게 만드는 대안적인 생각을 찾아내야 합니다. 연습이 끝날 때쯤이면, 모든 참가자들은 상황에 대한 평가가 개인마다 다르고 이러한 평가가 우리의 정서적 경험과 행동에 영향을 미친다는 것을 이해합니다. 대인관계 불안이 있는 사람들은 종종 많은 파국적인 생각을 포함한 왜곡된 사고 패턴으로 특징지어집니다. 각 참가자들은 이제 인지 재구조화 기법을 파국적 생각에 적용할 수 있으므로 지수의 파국적인 사고도 찾고 바꿀 수 있습니다(WS 3.3; [그림 8-6], TS 3.3; [그림 8-7]).

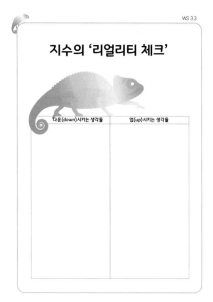

[그림 8-6] 지수의 리얼리티 체크(WS 3.3)

2) 생각 멈추기

리얼리티 체크를 마친 후, 참가자들은 생각 멈추기 연습을 떠올립니다. 그것은 나를 다운시키는 생각을 나를 업(up)시키는 생각으로 바꾸는 유용한 전략입니다. 이해를 돕기 위해 트레이너용 활동지 '생각 멈추기(TS 3.4; [그림 8-8])'를 칠판에 붙입니다.

지난 두 회기에서, 여러분은 나를 다운시키는 생각과 싸우는 것을 돕는 두 번째 기법을 배웠습니다. 아직 이것을 기억하는 사람이 있나요? 생각 멈추기는 여러분 스스로에게 말하는 연습입니다. "그만해! 난 이런 식으로 생각하지 않을 거야! 이런 생각은 비현실적이어서 내 기분을 나쁘게 할 뿐이야. 나는 내 기분을 다시 좋게 해 줄 더 유용하고 현실적인 생각을 찾도록 노력할 거야."

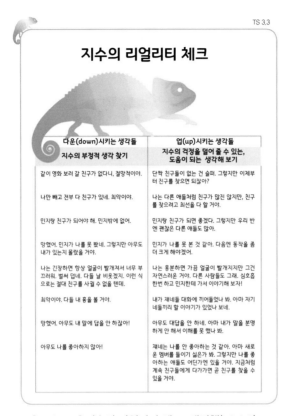

[그림 8-7] 지수의 리얼리티 체크-해결책(TS 3.3)

[그림 8-8] 생각 멈추기 신호(TS 3.4)

6. 문제해결과 행동 활성화 훈련(변화 계획)

지수의 변화 계획은 참가자들의 문제해결 능력을 훈련시킵니다.
트레이너용 활동지 '변화 계획'(TS 3.5; [그림 8-9])을 칠판에 붙입니다.

[그림 8-9] **변화 계획의 상징(TS 3.5)**

변화 계획: (a) 문제 분석

트레이너: "우리는 꽤 오랫동안 지수의 감정과 생각을 살펴보았습니다. 이제 그녀가 어떻게 행동하는지, 그리고 다르게 행동할 수 있을지 살펴봅니다. 지수가 사회적으로 불안해지거나 용기를 내서 다른 사람들에게 다가가기 어려운 때는 언제인가요?"

예시 답변:
• 누군가와 애기하고 싶을 때
• 새로운 사람을 알고 싶을 때

- 다른 사람들에게 관찰 당한다고 느낄 때
- 다른 사람들 앞에 서서 발표해야 할 때
- 무슨 말을 해야 하는데 다른 사람들은 아무 말도 안 할 때

트레이너: "이러한 안 좋은 감정이 일어나지 않는 때는 언제인가요?"

예시 답변:
- 이미 사람들과 친하고 그들과 잘 어울릴 수 있을 거라고 확신할 수 있을 때
- 다른 사람들에게 보이지 않을 때(예를 들면, 온라인 채팅)

처음 두 모듈에서처럼 변화 계획은 두 단계로 이루어집니다. 첫째, 지수의 현재 행동을 문제 분석의 형태로 평가합니다. 이를 위해, 그룹은 긍정적인 감정 및 이완으로 이어지는 활동뿐만 아니라 그녀의 대인관계 불안과 회피의 원인이 되는 일상 활동들을 파악해야 합니다. 트레이너는 참가자들과 함께 지수의 이야기를 살펴보며 다음 질문에 대한 답을 모읍니다. 지수는 어떤 상황에서 사회적으로 불안하고, 낯가림을 때문에 어려움을 겪나요? 지수는 어떤 상황에서 대인관계 불안을 덜 보여 주며, 자신의 불안을 극복하고 다른 사람들에게 다가갈 수 있나요?

다음으로, 활동지 '지수의 변화 계획' (WS 3.4; [그림 8-10])을 활용합니다. 첫 번째 칸에 참가자들은 지수를 위한 네 가지 대안적 행동을 적어야 합니다. 가능한 해결책은 트레이너용 활동지 '지수의 변화 계획(해결책)' (TS 3.6; [그림 8-11])에서 확인할 수 있습니다.

WS 3.4

지수의 변화 계획

대안 찾기	평가하기		결정 내리기	시도하기
인터넷 사용/ 컴퓨터 게임의 대안	장점	단점	결정(체크하기)	효과가 있었나요? 시도해 보았나요? 어려웠나요? 다시 시도해 보길 원하나요?

[그림 8-10] 지수의 변화 계획(WS 3.4)

TS 3.6

지수의 변화 계획

대안 찾기	평가하기		결정 내리기	시도하기
인터넷 사용/ 컴퓨터 게임의 대안	장점	단점	결정 (체크하기)	효과가 있었나요? 시도해 보았나요? 어려웠나요? 다시 시도해 보길 원하나요?
1. 다음날 다른 상황에서 다시 시도해 본다.	-어제의 실패를 만회할 수 있다. -반 친구들이나 학교에 좋은 인상을 남길 수 있다.	-놀림거리가 될 수도 있다. -효과적이지 않을 수 있다.	✓	
2. 친구들을 만날 수 있는 취미 활동을 찾는다(예: 스포츠 동아리).	-관심사를 공유할 수 있는 사람들 -다른 사람들이 나에게 편견 없이 다가올 수 있다. -집단에 들어온 새로운 사람들은 항상 친구를 찾는다. -즐거운 새 취미 활동 -긍정적 경험을 할 가능성이 높고, 사람들과 대화를 하는 두려움이 적다.	-낯선 사람들이 많다. -많은 용기가 필요하다. -이미 친한 사람들 사이에 끼어들기 어려울 수 있다.		
3. 자원봉사 활동이나 아르바이트를 시작한다.	-새로운 사람들과 공통된 주제 -성취감과 행복감 -긍정적 경험을 할 가능성이 높고, 사람들과 대화를 하는 두려움이 적다. -다른 사람들이 나에게 편견 없이 다가올 수 있다.	-시간이 많이 든다. -동료들이 일과 개인적인 일을 분리하고 싶어 할 수 있다.		
4. 채팅 친구들을 실제로 만난다.	-이미 형성된 우정을 실제 생활에서 시험해볼 수 있다. -서로를 알고 있으니 거절당할 확률이 낮다.	-온라인 친구가 실제로는 별로 멋지지 않을 수 있다. -온라인 친구가 기대와 다를 수 있다(예: 나이가 다름) -낯선 사람을 만나는 게 위험할 수 있다. 약속을 어른에게 알리거나 친구를 데려가야 한다.		
5. 직면: 불쾌한 상황에서 도망가지 않고 상황/문제를 직접 해결한다.	-다른 사람들의 반응이 오해였을 수도 있다. -다른 사람들이 이야기를 마무리 지으려는 의지와 용기를 보여 줄 수 있다.	-계획을 세우는 것이 귀찮고 시간이 많이 든다.		

[그림 8-11] 지수의 변화 계획-해결책(TS 3.6)

그 이후에, 모든 대안 행동의 장단점을 칠판에 모아 활동지 2열과 3열에 적습니다. 참가자들은 지수를 위한 최선의 대안을 선택해서 표에 표시합니다.

변화 계획: (b) 문제해결 훈련

이전 회기에서의 카멜레온을 떠올려봅시다. 여러분은 카멜레온이 상황에 따라 색깔을 바꿀 수 있다는 것을 기억할 것입니다. 카멜레온은 오랫동안 움직이지 않고 주변을 관찰할 수 있지만, 순간의 찰나에 움직여서 새총처럼 생긴 혀로 먹이를 잡을 수도 있습니다.

규민이와 준우가 지난 두 회기에서 적응할 수 있었던 것처럼, 지금은 지수가 변화하고 새로운 것을 시도할 차례입니다. 다음 세 가지 단계를 수행하여 지수를 위한 기발한 변화 계획을 만들어 봅시다.

1. 친구를 만들기 위해 인터넷에서 가상의 친구들과 채팅을 하는 것 대신에 지수가 할 수 있는 일은 무엇입니까? 생각을 모아서 적어 봅시다!
2. 이 대안들은 어떤 장단점을 가지고 있습니까?
3. 이제 결정을 내리고 선택한 대안을 시도해 보는 것이 중요합니다.

이제, 활동지 '좋은 친구 관계를 위한 나의 변화 계획'(WS 3.5; [그림 8-12])을 나누어 줍니다. 참가자들은 그들이 새로운 친구를 사귀거나 현재 교우 관계를 증진시키는 데 도움이 될 만한 세 가지 대안 활동을 기록해야 합니다. 다음 회기까지 세 가지 대안 중 하나를 집에서 시도해 보아야 합니다.

> **좋은 친구 관계를 위한 나의 변화 계획**
>
> 새로운 친구를 사귀거나 현재 친구들과의 관계를 증진시키기 위해 무엇을
> 할 수 있습니까? 우리 함께 아이디어를 모아 봅니다.
> 이제 변화 계획에 세 가지 행동 대안을 기록하고 다음 주까지 시도해 보고
> 싶은 대안 하나를 결정합니다.

WS 3.5

좋은 친구 관계를 위한 나의 변화 계획

대안 찾기	평가하기		결정 내리기	시도하기
인터넷 사용/ 컴퓨터 게임의 대안	장점	단점	결정(체크하기)	효과가 있었나요? 시도해 보았나요? 어려웠나요? 다시 시도해 보길 원하나요?

[그림 8-12] 좋은 친구 관계를 위한 나의 변화 계획(WS 3.5)

대안을 결정한 후에, 그것을 시도해 보고 성공 여부를 평가하는
것이 중요합니다. 이 연습은 참가자들에게 새로운 문제해결 기술과
대인관계 불안이 닥쳤을 때, 대안 행동을 생성 및 평가하고 실행에
옮기는 방법을 가르칩니다.

7. 숙제와 마무리

1) 숙제

첫째, 참가자들은 대안적 행동을 시도하고 그 경험을 기록해야 합니다. 시간이 충분하다면, 각 참가자들은 그들이 선택한 대안적 활동을 발표합니다.

둘째, 참가자들은 그들의 악순환 고리를 탐색합니다. 이를 위해, '나의 악순환 고리' 활동지(WS 3.6; [그림 8-13])를 배포합니다.

숙제

숙제로 '좋은 친구 관계를 위한 나의 변화 계획'에서 한 가지 대안을 선택하고 다음 주까지 시도해 보세요. 그것이 효과적이었는지, 그리고 여러분의 수행 불안이나 미루기를 극복하는 데 도움이 되었는지 확인하는 게 중요하다는 것을 명심하세요.

숙제의 두 번째 과제는 여러분 자신의 악순환 고리에 대해 생각하는 것입니다(WS 3.6 참조).

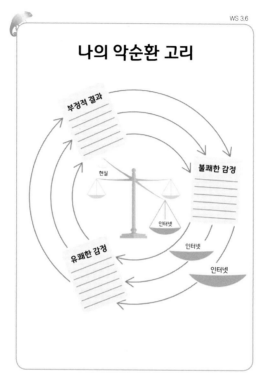

[그림 8-13] 나의 악순환 고리(WS 3.6)

2) 마무리

마지막으로 각 참여자들은 다음 질문에 한 문장으로 답해야 합니다.

이 시간에 내가 얻은 것은 무엇일까?

인터넷 사용과 게임에 대한 나의 생각은 어떻게 변했을까?

이번 주에 내 변화 계획을 어떻게 수행할까?

이상으로, 트레이너는 프로그램을 마칩니다.

참고문헌

Hinsch, R., & Pfingsten, U. (2007). *Gruppentraining sozialer Kompetenzen. GSK; Grundlagen, Durchführung, Anwendungsbeispiele* (5., vollst. uberarb. Aufl.). Weinheim: Beltz PVU(Praxismaterial).

Schlarb, A. A. (Hg.) (2012): *Praxisbuch KVT mit Kindern und Jugendlichen. Störungsspezifische Strategien und Leitfäden ; mit Online-Materialien* (1. Aufl.). Weinheim: Beltz.

1. 목차

숙제 검사(10분):

• 좋은 친구관계를 위한 나의 변화 계획

• 나의 악순환 고리

심리교육(35분):

• 감정의 별

• 우리는 왜 감정이 필요할까?

• 다른 감정들은 어떤 기능을 할까?

• 감정은 어떤 특성을 가지고 있을까?

감정 조절 전략(45분)

• 기능적인 감정 조절 전략–트릭 상자

• 감정 조절 전략 연습

2. 자료(온라인 이용 가능)

- 활동지(WS) 4.0: 내 마음의 인공위성 – 감정 관찰하기
- 활동지 4.1a: 감정의 별
- 활동지 4.1b: 감정의 별–감정의 기능
- 활동지 4.2: 변화를 위한 캐릭터 – 카멜레온
- 활동지 4.3: 내 마음의 인공위성 – 설명서
- 활동지 4.4: 카멜레온의 트릭 상자
- 활동지 4.5: 내면의 안전지대
- 활동지 4.6: 점진적 근육 이완법
- 활동지 4.7: 젤리곰 연습
- 트레이너용 활동지(TS) 4.1: 카멜레온
- 트레이너용 활동지 4.2a: 준우는 지루해 – 감정 신호
- 트레이너용 활동지 4.2b: 규민이는 불안해 – 감정 신호
- 트레이너용 활동지 4.2c: 지수는 친구를 찾고 있어요 – 감정 신호
- 트레이너용 활동지 4.3: 감정의 별
- 트레이너용 활동지 4.4a: 감정의 기능(자르기용)
- 트레이너용 활동지 4.4b: 감정의 기능(결과)
- 트레이너용 활동지 4.5: 카멜레온의 트릭 상자(자르기용)
- 트레이너용 활동지 4.6: 감정 조절 전략(자르기용)
- 트레이너용 활동지 4.7a: 트릭 – 내 마음의 인공위성
- 트레이너용 활동지 4.7b: 트릭 – 내면의 안전지대
- 트레이너용 활동지 4.7c: 트릭 – 점진적 근육 이완법
- 트레이너용 활동지 4.7d: 트릭 – 젤리곰 연습

3. 인사, 복습, 숙제 확인 및 회기 목표

　참가자들과 인사를 나눕니다. 이전 회기를 간략하게 검토하고 숙제에 대해 논의합니다. 그리고 나서, 이번 회기의 절차와 목표들을 제시합니다. 이번 회기에서는 참가자들이 메모를 할 필요가 없기 때문에 의자를 원형으로 두고 진행합니다.

인사와 숙제 확인

지난 세 회기 동안, 여러분은 준우와 규민이, 지수를 만났습니다. 우리는 그 친구들이 인터넷에 왜 그렇게 많은 시간을 쓰는지를 알아봤어요.
지난주 여러분의 숙제는 각자의 변화 계획에서 한 가지 활동을 시도해 보는 것이었습니다. 지난주 여러분의 변화 계획은 어땠나요? 계획이 효과적이었나요? 시도해 봤나요? 재미있었나요? 어려웠나요? 대안적 행동을 다시 해 볼 것인가요? 본인의 경험에 대해 이야기해 보고 싶은 사람이 있나요?
두 번째 과제로, 우리는 여러분에게 자신의 악순환 고리에 대해 생각해 보고, 현실 세계에서 개인적으로 불쾌했던 감정과 온라인 세계에서 느꼈던 즐거운 감정, 그리고 여러분이 인터넷을 사용해서 생긴 부정적인 결과를 적어 보도록 요청했습니다.
지난 3주간 우리는 준우, 규민이, 지수의 생각과 행동에 의문을 가져 보고, 바꿀 수 있는 다양한 트릭을 배웠습니다. 아마도 여러분은 이 트릭들이 그 사람의 감정에 초점을 맞춘다는 사실을 이미 알아차렸을 수도 있습니다. 세 사람의 이야기가 시작될 때, 세 주인공들은 모두 현실 세계에서 불쾌한 기분으로 이어지는 문제들을 다루고 있었습니다. 인터넷을 하는 것은 처음에는 그들의 기분을 더 좋게 만듭니다. 그러나 인터넷에 너무 많은 시간을 쏟으면 부정적인 결과와 기분으로 이어지는 실생활 문제들을 해결할 수 없습니다. 오늘 우리는 준우와 규민이, 지수의 감정을 더 자세히 들여다보겠습니다. 더 나아가, 우리는 불쾌한 기분을 다루는 몇 가지 트릭을 배울 것입니다.

참가자들은 다음 도식의 도움을 받아, 자신의 변화 계획이 성공적이었는지 평가해야 합니다. 이 도식은 '교우 관계를 위한 나의 변화 계획' 숙제를 평가하기 위한 지침으로 이용될 수 있습니다([그림 9-1]).

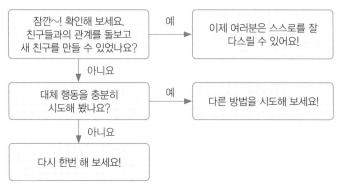

[그림 9-1] 대안 활동을 성공적으로 해냈는지 점검할 수 있는 도식

4. 감정 조절과 인터넷 사용 문제를 위한 심리교육

1) 감정의 별

감정의 별(Stavemann, 2005)은 감정 조절이라는 주제를 소개합니다. 트레이너는 빈 별을 칠판에 그리고, 각 모서리에 주요한 감정의 이름을 붙여야 합니다. 다른 칠판 패널은 심리교육에 이용될 것이기 때문에 큰 칠판 하나를 두 개로 나누기를 권장합니다. 그중 반은 감정의 별로 이용되고, 나머지 반은 '카멜레온의 색과 기분 비유'에서 이용됩니다. 참가자들이 회기 내내 두 칠판 패널을 모두 볼 수 있어

야 합니다.

심리교육 동안, 인터넷 사용 장애와 감정에 대한 정보를 계속해서 패널에 추가합니다. 이러한 연습 후에 칠판은 참가자들의 기억을 되살리기 위해 사용될 수 있습니다.

참가자들과 함께 빈 감정의 별을 다양한 감정들로 채워야 합니다. 세 가지 예시 이야기는 다양한 감정들을 생각해 내기 위한 좋은 시작점입니다. 인공위성 연습은 참가자들이 주인공의 감정을 관찰하도록 돕습니다.

2) 인공위성

인공위성은 자신의 감정을 관찰하고 이해하는 자기 관찰 연습입니다. 모두 자신의 마음에 주의를 집중해야 합니다. 이 연습을 하는 동안 감정의 상태는 가상의 마음속 인공위성이 기록합니다. 인공위성의 도움으로 감정의 네 가지 수준을 관찰할 수 있습니다.

1. 감정의 인지적 측면
2. 감정의 생리적 측면
3. 유발된 기분의 종류
4. 기분에 동반되는 행동

이 활동은 참가자들의 현재 상태를 인식하고 관련된 감정의 원인을 찾는 데 초점을 둡니다. 인공위성은 몸, 지각, 영혼에 특별한 형식으로 주의를 기울이게 하는 마음챙김 기술이라고도 할 수 있습니다. 하지만 인공위성은 자기 관찰을 통해 감정을 총체적으로 인식하고 감정의 원인을 찾는 데 초점을 두기 때문에 우리는 인공위성을 자기 관찰 전략이라고 부릅니다.

이 연습을 하려면 참가자들을 세 집단으로 나눕니다. 각 집단은 사례의 세 명의 주인공들 중 한 명의 관점을 취해야 합니다. 참가자들에게 주인공들이 인터넷에서 시간을 보내기 전과 후에 어떻게 느꼈는지(감정 신호) 면밀하게 주의를 기울이도록 지시합니다. 예시 답안은 각각의 트레이너 활동지에 있습니다(TS 4.2a, TS 4.2b, TS 4.2c).

인공위성 연습에 대한 구체적인 지시는 '트릭 지도방법' 트레이너용 활동지에 있습니다(TS 4.7a). 참가자들에게 주인공들의 감정 변화에 집중하도록 지시한 뒤, 주인공들이 인터넷 사용 전과 후에 어떤 기분을 느꼈는지 물어보아야 합니다. 연습을 할 때 사례 이야기에는 나오지 않은 기분에 대해서 이야기하는 것도 가능합니다.

인공위성 연습(WS 4.0, WS 4.3, TS 4.2a, b, c)

누가 세 이야기를 짧게 요약해 볼래요?

[참가자 이름], 준우라고 상상해 보세요. 지루하고, 뭘 할지 모르는 상태인 친구요.

[참가자 이름], 규민이라고 상상해 보세요. 수학 시험을 두려워서 공부를 미루는 친구요.

[참가자 이름], 지수라고 상상해 보세요. 또래 친구들에게 다가가길 무서워하는 친구요.

이제 눈을 감고 여러분 마음 속에서 어떤 일이 일어나고 있는지 관찰해 보세요. 인공위성처럼 떠다니며 멀리 떨어져서 여러분의 기분을 지켜보는 상상을 해 보세요.

중요: 인공위성은 조용한 관찰자예요. 그래서 판단하지도 않고 지적하지도 않아요. 인공위성은 여러분을 세심하게 관찰하고, 여러분이 자신에 대

해서 더 잘 알고 잘 이해할 수 있도록 도와줍니다.

여러분이 그 이야기의 주인공이라고 상상해 보세요. 여러분은 방금 학교에서 돌아왔고 오늘 하루는 엉망진창이었습니다. 스스로에게 다음 질문을 해보세요.

지금 내 기분은 어떻지?

내 머릿속에서 무슨 생각을 하고 있지? 나를 다운시키는 생각들을 찾을 수있나?

이 기분이 내 몸을 어떻게 만들지? 심장이 빨리 뛰나? 배가 쑤시나? 목에뭐가 걸렸나? 불안한가? 쥐가 나나? 아니면 긴장했나? 손이 떨리나? 얼굴이 빨개졌나?

나는 이제 무엇을 하게 될까?

내가 경험하는 감정들을 뭐라고 부를까?

이제 다시 눈을 뜨세요! 이런 감정들을 정리해서 칠판에 적어 보세요.

준우는 무엇을 느꼈나요? 규민이와 지수는 어떤가요?

감정의 별에 있는 8개의 꼭짓점이 보이지요? 각 꼭짓점에는 단어가 써 있습니다. 분노, 공포, 슬픔, 부끄러움, 애정(사랑), 즐거움(행복), 자랑스러움, 혐오(싫어함). 이것들이 주요 감정 8개입니다. 각각의 꼭짓점은 하나의 기분을 상징합니다. 분노 꼭짓점에 분노와 비슷한 모든 감정들을 모아 보세요. 행복 꼭짓점에는 행복과 비슷한 모든 감정을 모아 보세요. 다른 감정꼭짓점에도 이런 방식으로 유사한 감정들을 모아 보세요.

이제 다시 눈을 감으세요. 여러분이 그 이야기 속의 사람이고 지금 온라인에 있다고 상상해 보세요. 여기서 여러분은 가장 좋아하는 것을 합니다. 스스로에게 다음 질문을 해 보세요.

지금 내 기분이 어떻지?

내 머릿속에서 무슨 생각을 하고 있지? 나는 나를 다운시키는 생각들을 찾을 수 있나?

내가 이제 무엇을 하게 될까?

내가 경험하는 감정들을 뭐라고 부를까?

이제 다시 눈을 뜨세요! 이런 감정들을 정리해서 칠판에 적으세요.

준우는 무엇을 느꼈나요? 규민이와 지수는 어떤가요?

감정의 별에 대한 1가지 예시 답안이 '감정의 별'(TS 4.3; [그림 9-2]) 트레이너 활동지에 있습니다. 이 트레이너 활동지는 사례 이야 기들 속의 감정들로 구성되었으며, 감정은 공통점에 따라 분류되어 있습니다. 연습 종료 후에 참가자들에게 나누어 줍니다(WS 4.1a).

인공위성 연습: 예시 답안(WS 4.0, TS 4.2a, b, c)

준우: 불만, 지루함, 열광, 감탄, 실망, 화, 낙담, 기쁨, 충격
규민: 공포, 화, 실망, 불안, 무기력, 즐거움, 자랑스러움, 무감동, 행복, 좌절
지수: 외로움, 슬픔, 불안, 공포, 곤란함, 부끄러움, 행복함, 안전함, 소속감, 감사함, 주의, 신뢰

이 연습은 참가자들이 우리의 감정 경험이 얼마나 다양한 측면을 가지고 있고, 상황에 따라 달라질 수 있는지 가르쳐 줍니다. 참가자들은 인터넷을 하기 전과 후에 어떤 감정이 생겨나는지를 배우고, 처음엔 기능적인 감정 조절 전략인 것 같았던 인터넷 사용이 어떻게 해서 역기능적인 전략으로 바뀌는지 배웁니다.

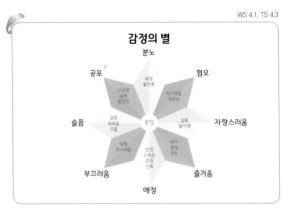

[그림 9-2] **감정의 별**(WS 4.1a; TS 4.3)

3) 우리는 왜 감정이 필요할까

참가자들이 감정의 정의를 이해하고 나면, 감정의 일반적인 기능에 대해서 토론합니다. 이를 위해 감정의 별([그림 9-2])이 붙어 있는 칠판에 감정의 상대적 기능에 대한 그림도 붙입니다(WS 4.1b, TS 4.4a, b).

이번 회기는 감정이 우리에게 특정한 상황에서 적절하게 행동하는 방법을 보여 주기 때문에 유용하다는 것을 알려 줍니다. 감정은 아무런 이유 없이 나타나지 않으며 어떤 상황이나 사건에 따라 달라집니다. 감정은 그 사건에 적절하게 반응할 수 있는 특정한 행동을 이끌어 내는 요소를 갖고 있습니다.

4) 다른 감정들은 어떤 기능을 할까

이 부분은 각 주요 감정의 특별한 기능에 초점을 맞춥니다. 이는

〈표 9-1〉 **주요 감정 8개와 구체적인 기능들**

감정	구체적인 기능
공포	자신을 보호하세요!
분노	자신을 방어하세요!
슬픔	자신을 위로하세요!
부끄러움	철수하세요! 만회하세요!
애정	연락하세요!
즐거움	지금 이 순간을 즐기세요!
자랑스러움	잘했어요! 계속 해 보세요!
혐오	내버려 두세요! 그냥 버리세요!

다음의 표에 있습니다. 참가자들은 사례와 자신의 경험의 도움을 받아 감정의 기능들을 이해해야 합니다(〈표 9-1〉).

설명을 돕기 위해 감정의 별에 이러한 기능들이 더해집니다. 트레이너 활동지 '감정의 기능(자르기용)' (TS 4.4a)은 〈부록〉에 있습니다. 감정의 기능을 잘라서 별의 주요 감정에 맞게 붙일 수 있습니다. 감정의 기능을 참가자들에게 나누어 주고 별 위에 붙이게 하면 좋습니다. 혹은 활동지 4.1b을 이용하여 각 감정 옆에 기능을 참가자들이 직접 적어 넣을 수도 있습니다. 트레이너 활동지 4.4b (TS 4.4b; [그림 9-3])에 전체 결과가 제시되어 있습니다.

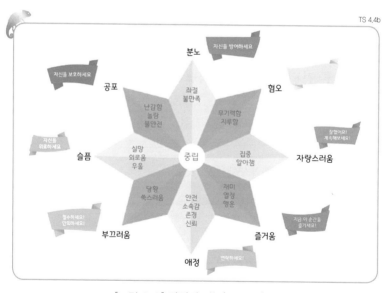

[그림 9-3] 감정의 기능(TS 4.4b)

감정의 별 연습: 감정의 기능

여러분도 알 수 있듯이 우리는 이야기 속에서 여러 가지 다른 감정들을 발견했어요. 여러분은 자기 자신에게 그 순간에 어떻게 느꼈을지, 어떤 생각이 머릿속에 떠올랐는지, 어떤 감정이 몸에 영향을 미쳤는지, 그 감정들을 뭐라고 하는지 질문했어요. 또한 여러분은 여러분 자신에게 그 순간에 무엇을 가장 하고 싶은지도 물어봤어요. 여러분은 각각의 감정이 다른 것을 말하고 싶어 한다는 것을 알아차렸을 거예요. 기분은 특별한 기능을 갖고 있어요: 기분은 우리에게 어떻게 행동해야 하는지 알려 줍니다. 오늘 우리는 이러한 기능들에 대해서 연습을 하려고 해요. 여러분은 한 명씩 기분의 한 가지 기능을 맡게 될 거예요. [감정들을 나누어 줍니다.] 모두 자신의 기능을 소리 내어 읽은 다음에 우리는 어떤 기능이 어떤 감정과 가장 잘 어울리는지 결정할 거예요.

여러분이 두려움을 느낀다고 상상해 보세요. 여러분은 무엇을 가장 하고 싶나요? 이 기분은 여러분에게 무엇을 말하고 싶어 할까요? 공포와 짝을 이루는 기능에 대해서 말해 볼 사람 있나요? 공포는 여러분에게 스스로를 보호하라고 말합니다!

우리는 여러 가지 상황에서 올바르게 행동하는 법을 알기 위해서 기분이 필요해요. 기분은 우리의 생존에 필수적이에요.

---

5) 감정은 어떤 특성을 가지고 있을까

감정의 특성은 참가자들에게 상호작용적으로 설명됩니다. 이를 위해 카멜레온 그림을 칠판에 붙여야 합니다(칠판 그림 '카멜레온'; TS 4.1). 카멜레온의 색깔은 감정의 특성과 비교됩니다.

공통점은 〈표 9-2〉에 나열되어 있으며 그룹이 함께 해결해야 합니다. 참가자들은 카멜레온의 각 색깔에 일치하는 감정의 특성에 대해 생각해야 합니다.

카멜레온 연습: 감정의 특성(WS 4.2)

이러한 색깔들이 카멜레온의 일부인 것처럼 우리의 감정도 우리의 일부입니다. 카멜레온이 항상 어떤 색을 가지고 있는 것처럼, 감정도 항상 우리에게 존재합니다. 정확히 어떻게 그런지 살펴보겠습니다.

카멜레온의 어느 부분의 색이 다채로운가요?

맞습니다 – 카멜레온은 몸 전체에 색이 있어요! 우리의 감정도 마찬가지예요. 감정은 우리 몸 전체를 지배해요.

색깔 자체는 어떤 가요? 항상 똑같나요?

아니요, 바뀝니다! 우리는 많은 감정을 가지고 있고, 감정도 변할 수 있어요!

카멜레온은 언제 색깔을 바꾸나요?

상황에 따라 주변 환경에 맞게 색깔이 변합니다. 우리의 감정도 정확히 그렇지요.

〈표 9–2〉 **카멜레온의 색과 기분 비유(WS 4.2)**

카멜레온의 색깔은……	우리의 감정은……
항상 존재한다. (항상 어떤 색을 띠고 있다.)	항상 존재한다. (우리는 항상 무언가를 느끼고 있다.)
카멜레온 전체에 퍼져 있다.	사람 전체에 퍼져 있다.
다채롭다.	다채롭다.
변화할 수 있다.	변화할 수 있다.
외부 상황의 결과다.	특정 상황에 의해 유발된다.

5. 감정 조절 전략

1) 기능적 감정 조절 전략

이제, 참가자들에게 감정 조절의 개념을 소개합니다. 감정 조절은 한 사람의 표현과 감정 경험에 영향을 미치는 모든 시도를 말하는 넓은 용어입니다. 감정의 종류, 강도, 지속 시간에 영향을 미치는 것이 모두 목표가 될 수 있습니다. 감정 조절은 이러한 다양한 측면에 영향을 미칠 수 있는 광범위한 전략들을 포함합니다.

감정 조절 전략은 더 기능적인 전략과 역기능적인 전략으로 분류될 수 있습니다. 기능적 전략은 불쾌한 감정을 효과적으로 조절할 수 있는 전략입니다. 역기능적 전략은 원치 않는 감정을 효과적이지 않게, 또는 심지어 반대로 조절할 수도 있습니다. **역기능적인 감정 조절 전략의 한 가지 예가 과도한 인터넷 사용입니다.** 처음에는 부정적인 감정을 줄이지만, 장기적으로는 현실 세계의 문제를 악화시킵니다. 인터넷 사용의 대안적인 역할을 하는 기능적 전략을 이제 소개하고 연습합니다.

감정 조절

순우, 규민이, 지수는 온라인에 접속해서 부정적이고 불쾌한 감정을 억누르려고 하는데, 이것은 매우 흔한 반응입니다. 모든 사람들이 불쾌한 감정을 줄이거나 심지어 없애기를 바랍니다. 그럴 때, 여러 전략들이 있습니다. 온라인에 접속하거나 컴퓨터 게임을 하면서 주의를 돌리는 것은 많은 대안들

중 하나일 뿐입니다. 불행하게도, 그것은 장기적으로 훨씬 더 많은 문제로 이어질 수 있습니다. 다행히 불쾌한 감정을 다루는 많은 트릭이 있습니다. 여러분은 이미 몇 가지 트릭에 대해 들어 봤을 것입니다. 오늘 우리는 몸이 떨리거나 얼굴이 붉어질 때처럼 부정적인 감정이 여러분의 몸을 지배했을 때, 기분을 다시 좋게 하기 위해 사용할 수 있는 세가지 트릭을 더 보여 줄 것입니다.

2) 트릭 상자

이 장에서 소개된 기능적 전략은 상상 이완과 감각 이완, 마음챙김 기법에 속합니다. 다음 표(〈표 9-3〉)에는 이 전략들이 접근 방식별로 정리되어 있습니다.

트릭을 더 잘 살펴보기 위해 세 번째 그림([그림 9-4]; WS 4.4)을 칠판에 붙입니다. 자르기용 그림은 트레이너용 활동지 '트릭 상자(자르기용)'와 '감정 조절 전략(자르기용)'에 있습니다(TS 4.5와 TS 4.6).

앞서 소개한 인지행동치료 기법(리얼리티 체크, 생각 멈추기, 변화 계획, 그리고 인공위성)에 따라 3가지 이완 및 마음챙김 기법을 실천합니다. 첫 번째 기법(내면의 안전지대)은 상상 이완 기법, 두 번째 기법(점진적 근육 이완)은 감각 이완 기법, 세번째 기법(젤리곰 연습)은 마음챙김을 기반으로 한 이완법입니다.

감각 이완과 상상 이완 기법의 심리적 · 생리적 효과는 비슷합니다. 주요한 효과는 사지를 통해 퍼지는 묵직함과 따뜻함뿐만 아니라 주관적인 안녕감, 내면의 평온함입니다.

마음챙김 연습, 예를 들어 젤리곰 연습은 참가자들이 의식적으로 사물에 집중하게 합니다. 그들은 완충제처럼 자극과 반응 사이에 마음챙김을 넣음으로써 고착된 감정 반응 패턴을 느슨하게 하는 데 도움을 줍니다. 젤리곰 연습은 자신이 특정 사건에 휘둘리는 게 아니라 역기능적 사고 같은 자극을 스스로 인식하고 자율적으로 반응할 수 있다는 것을 깨닫게 도와줍니다.

3) 감정 조절 훈련

　감정 조절 전략에 대한 지침은 다음 예시와 트레이너용 활동지 '트릭 사용법(TS 4.7a~d)'에서 확인할 수 있습니다. 참가자들에게 모든 지침을 포함한 트릭 상자가 제공됩니다. 참가자들이 서로 등을 대고 원을 그리며 앉는 것이 유용할 수 있는데, 이것은 오직 자신에게만 집중하도록 만들기 때문입니다.

〈표 9-3〉 **접근 방식과 기법에 따른 트릭(Schneider & Margraf, 2009; Payk & Brüne, 2013)**

트릭명	접근 방식	기법
리얼리티 체크	인지적 기법	인지 재구조화
생각 멈추기		자기 통제 기법
변화 계획		문제해결 훈련
인공위성		자기 관찰
내면의 안전지대	이완 기법	상상 이완 기법
점진적 근육 이완		감각 이완 기법
젤리곰		마음챙김 연습

[그림 9-4] 카멜레온의 트릭 상자(WS 4.4)

트릭 상자

여러분이 지난 회기들에서 이미 배웠듯이, 카멜레온은 감정을 바꾸는 트릭들을 상자 한 가득 채울 만큼 모은 숙련된 변신 예술가입니다.
불쾌한 감정과 싸우는 데 유용한 어떤 트릭을 알고 있나요?
[칠판 위의 박스 그림에 트릭 1~4를 붙입니다.]
이것들은 여러분이 이미 배운 트릭들이에요. 오늘 우리는 여러분이 불쾌한 감정을 다루는 것을 돕는 새로운 트릭을 연습할 것입니다.
[이제 칠판에 트릭 5를 붙입니다.]

내면의 안전지대(Reddemann, 2017)(TS 4.7b, WS 4.5)

새로운 첫 번째 트릭 '내면의 안전지대'부터 시작하겠습니다. 이 연습은 특히 여러분들이 슬프거나 우울하고, 아무도 여러분을 위로해 줄 수 없다고 느낄 때 유용합니다. 이 방법은 여러분이 아무에게도 말하고 싶지 않을 정도로 심한 두려움 때문에 고민하는 상황에서도 효과적입니다. 내면의 안전지대는 안전과 편안함을 제공합니다. 이곳은 여러분의 상상 속에 있습니다. 여러분이 매우 편안하다고 느끼는 장소를 상상해 봅니다. 어려운 상황이나 일상의 스트레스로부터 회복이 필요할 때처럼 여러분이 원할 때마다 언제든지 이곳으로 돌아올 수 있습니다. 이 안전한 장소로 되돌아오면 훨씬 더 편안하고 평온하게 느낄 수 있을 것입니다.

[소리 내어 읽기]

이제 여러분을 초대하여 여러분의 안전지대를 만들어 보겠습니다. 우선 편안하고 안락한 자세로 앉으세요. 이제 눈을 감고 천천히, 그리고 차분하게 숨을 들이마시고 내쉽니다. 여러분 자신에게만 집중합니다. 소음과 다른 일들이 일어나게 내버려 두세요. 지금 당장은 그렇게 할 수 없어도 괜찮습니다. 준비됐나요? 여러분만의 안전지대를 향해 천천히 떠나 봅시다.

이 공간은 지구상에 있을 수 있지만, 꼭 그럴 필요는 없습니다. 이 공간은 여러분의 상상 속에 존재할 수도 있습니다. 여러분의 환상과 생각이 자유롭게 이리저리 돌아다니게 해 보세요. 여러분은 안전하고 편안한 곳에 서 있습니다. 이곳은 오로지 여러분의 것입니다. 다른 존재들을 이 공간에 초대하는 것도 물론 여러분의 자유로운 선택입니다. 그 존재는 동물, 사람 또는 심지어 완전히 다른 존재일 수 있습니다. 여러분만이 환상 속에서 볼 수 있는 존재들을 초대할 수도 있습니다. 하지만 사랑하는 친구와 여러분을 도와주는 사람들만 초대하라고 충고하고 싶습니다. 여러분을 지지하고 사랑을 주는 존재들. 이제 모든 감각을 동원해서 여러분의 개인적인 공간을 살펴봅시다.

뭐가 보이나요? 기분이 좋은가요? 들리는 소리에 편안함을 느끼나요? 만약 여러분이 듣고 있는 것이 맘에 들지 않는다면, 여러분이 원하는 대로 바꾸세요. 몸을 움직여서 더 편한 자세로 바꿔도 좋습니다. 다시 말하지만, 여러분이 무엇이든 원하는 대로 바꿀 수 있습니다. 이 공간의 냄새는 어떤가요? 냄새가 좋은가요? 마찬가지로, 여러분은 편안하고 원하는 대로 냄새를 바꿀 수 있습니다.

이제, 이 공간이 전반적으로 어떻게 느껴지나요? 안전하고 보호 받는다고 느껴지나요? 이 공간이 어려운 상황에서 여러분을 도울 수 있다고 생각하나요? 이 공간으로 돌아가고 싶나요? 이러한 질문에 "네"라고 대답할 수 있는 것이 중요합니다. 언제든, 어떤 방식으로든 원하는 대로 여러분 내면의 안전지대를 만들고 바꾸세요. 모든 것이 가능합니다.

이제 천천히 눈을 뜨고 다시 방에 주의를 집중하세요. 여러분이 원할 때 언제든지 이 공간으로 되돌아와도 좋습니다. 이제 작은 카멜레온 사진을 여러분들에게 나눠 드리겠습니다. 카멜레온을 가방이나 지갑에 넣어 두면 이곳이 생각날지도 모릅니다.

기분이 어떤가요? 여러분만의 공간을 찾았나요? 언제 이곳으로 갈 건가요?

점진적 근육 이완법(Jacobson, 1938)(TS 4.7c, WS 4.6)

[칠판에 트릭 6을 붙이기]
다음으로 여러분은 초조하고 긴장되고 스트레스 받을 때 유용한 트릭을 배울 것입니다. 이 트릭은 점진적 근육 이완이라고 불립니다. 먼저, 가능한 한 근육을 강하게 조입니다. 그리고 긴장을 풀기 전에 몇 초 동안 긴장을 유지합니다. 우리는 여러 신체 부위에 이 이완법을 사용할 겁니다.

[소리 내어 읽기]
편안한 자세를 만드세요. 눈을 감아 보세요. 가능한 한 몸을 느슨하게 하고 긴장을 푸세요 – 발과 다리, 배, 어깨와 목, 팔과 손 그리고 머리와 얼굴 순서로 진행합니다.

이제, 여러분의 발과 다리에 집중합니다. 다리, 발, 발가락에 최대한 힘을 줍니다. 그동안 다른 모든 신체 부위는 긴장을 풀어야 합니다. 여러분이 크고 물컹거리는 진흙 구덩이를 맨발로 걷고 있다고 상상해 보세요. 발가락 사이에 진흙이 고이는 것을 상상해 보세요. 미끄러져 넘어지지 않아야 합니다. 발가락과 발 뒤꿈치를 땅속으로 밀어 넣습니다. 여러분의 발과 다리가 얼마나 긴장되고 단단하게 느껴지나요? 이제 천천히 긴장을 풉니다. 깊게 숨을 마시고 여러분의 발과 다리에서 긴장이 빠져나가는 것을 느껴 봅니다. 지금 발과 다리가 얼마나 이완되었는지 느낄 수 있나요? 여러분의 근육이 다시 부드러워질 때까지 최대한 이완하세요.

이제 배에 집중합니다. 풀밭에 누워서 벌이 윙윙거리는 소리를 듣고 있다고 상상합니다. 갑자기, 작은 코끼리가 여러분에게 다가옵니다. 코끼리가 금방이라도 여러분을 밟을 것 같습니다. 여러분의 배가 작은 코끼리의 무게를 견딜 수 있게 배 근육을 가능한 세게 조여 주세요. 여러분의 배에 있는 작은 코끼리의 발과 무게를 느낄 수 있나요? 지금 배가 얼마나 딱딱하고 팽팽한지 느껴지시나요? 배가 너무 단단해서 작은 코끼리가 여러분을 밟는 것을 거의 느낄 수 없습니다. 이제 다시 천천히 복근을 이완시킵니다. 숨을 크게 들이마시고 공기가 공처럼 둥글어질 때까지 뱃속으로 들어오게 합니다. 이제 천천히 숨을 내쉬고 팽팽함이 공기와 함께 여러분의 배를 떠나는 것을 느껴 봅니다. 여러분의 복근은 점점 더 부드러워지고 여러분은 점점 더 이완됩니다.

이제 여러분의 목과 어깨에 집중합니다. 바닷가에 누워 있는 작은 거북이가 되는 상상을 합니다. 갑자기, 여러분은 위험을 느끼고 머리를 재빨리 껍데기 안으로 넣어야 합니다. 가능한 한 어깨를 최대한 머리까지 높이 들어 올립니다. 여러분의 어깨는 머리를 보호하는 껍데기입니다. 어깨와 목이 얼마나 긴장되는지 느껴지시나요? 여러분의 근육은 머리를 보호하기 위해 열심히 일하고 있나요? 위험은 지나갔나요? 그렇다면 천천히 여러분의 껍데기에서 나옵니다. 어깨가 아래로 부드럽게 움직이도록 하고 목을 조심스럽게 위로 뻗습니다. 깊게 숨을 들이마십니다. 근육이 이완되는 것을 느껴봅니다. 어깨가 편안한 자세로 돌아가는 것을 느껴 봅니다.

편안한가요? 이제 팔에 집중합니다. 여러분이 고양이라고 상상합니다. 여러분은 이제 막 편안한 낮잠에서 깼습니다. 다시 나무에 올라가서 쥐를 사냥하기 전에, 앞다리와 발을 뻗고 싶습니다. 팔을 최대한 위로 뻗습니다.

이 자세를 할 때 여러분의 팔은 어떤 느낌이 드나요? 여러분이 충분히 스트레칭을 했다고 느낄 때, 편안한 동작으로 팔을 다시 아래로 내립니다. 다시 한번, 심호흡을 하고 천천히 고르게 숨을 내쉽니다. 팔 근육이 점점 이완되고 풀리는 느낌이 드나요?

이제, 이완된 상태를 유지하며 손에 집중합니다. 즙을 짜내고 싶은 레몬을 양손에 들고 있다고 상상해 봅니다. 과즙이 여러분 손가락 사이로 흘러내릴 때까지 주먹을 불끈 쥡니다. 손바닥과 손가락에 힘과 긴장감을 느낄 수 있나요? 손의 느낌은 어떤가요? 그 느낌이 가득 차게 하고, 가능한 자세히 느껴 봅니다. 레몬에서 즙을 다 짰나요? 그러면 천천히 다시 손을 풉니다.

이제 여러분의 얼굴에 집중합니다. 태양 아래 앉아 있는 것을 상상해 봅니다. 여름 풀밭이나 테라스, 발코니에 있는 집도 좋습니다. 갑자기, 파리가 나타나서 코에 앉아 얼굴을 간지럽힙니다. 여러분은 얼굴을 잔뜩 찡그려 파리를 겁주려고 하고 있습니다. 이마와 턱에도 주름을 잡아야 합니다. 파리가 갔나요? 이런, 파리가 입술에 앉았습니다! 입으로 들어가지 않도록 입술과 이를 함께 누릅니다. 휴, 드디어 파리가 갔습니다! 이제 얼굴의 긴장을 풀 수 있습니다. 다시 한번 깊게 숨을 들이마시고 얼굴 전체가 어떻게 이완되는지 느껴 보세요.

한 번 더 온몸을 조여 봅니다. 발, 다리, 배, 어깨와 목, 팔과 손, 그리고 얼굴도요. 머릿속으로 셋을 세고 나서 온몸의 긴장을 풉니다.

이제, 천천히 눈을 떠도 됩니다. 기분이 어떤가요? 천천히 이 방과 주변 사람들에게 돌아옵니다.

기분이 어떤가요? 여러분의 몸은 어떻게 느끼나요?

젤리곰 연습(건포도 연습; Kabat-Zinn, 2010)(TS 4.7d, WS 4.7)

[트릭 7을 칠판에 붙이기]
준우, 규민이, 지수를 다시 한번 떠올려 봅니다. 그 친구들이 젤리곰 한 봉지를 여는 것을 상상해 봅니다. 무슨 일이 일어날까요? 준우는 아마 소파에 누워 휴대전화를 가지고 놀면서 젤리곰을 삼켜버릴 것입니다. 순식간

에, 그 봉지는 비게 될 것이고, 준우는 자기가 그걸 먹었는지 모를 수도 있습니다. 지수에게는 무슨 일이 일어날까요? 규민이는 어떻게 될까요? 그 친구들은 젤리곰이 어떤 맛인지 알아차릴까요?

특히, 우리가 스트레스를 받으면, 현재 그 순간에 집중하기 힘들 수 있습니다. 우리의 생각은 종종 다른 곳에 있고, 우리는 주변에서 무슨 일이 일어나고 있는지 깨닫지 못합니다. 다음 트릭은 여러분이 주변에서 일어나는 일, 예를 들어 젤리곰의 냄새나 맛이 어떤지 더 잘 알게 도와줄 것입니다. 오늘은 여러분에게 모두에게 줄 젤리곰을 가지고 왔습니다.

[소리 내어 읽기]

손바닥 위에 젤리곰을 올려놓습니다. 이제 그것을 여기저기 돌려 봅니다. 무엇처럼 보이나요? 무슨 색인가요? 표면이 밋밋한가요 아니면 반짝이나요? 어떤 음영이 들어 있나요? 빛에 비추면 달라지나요? 시각장애인에게 그것을 어떻게 설명할 것인가요?

이제 눈을 감고 젤리곰을 코에 가까이 대세요. 냄새를 맡아 봅니다. 무슨 냄새가 나나요?

냄새나 냄새의 강도가 변하나요?

젤리곰을 귀에 대고 소리를 들어 봅니다. 전혀 안 들리나요? 아니면 무슨 소리를 들으려면 젤리곰을 움직여야 하나요? 그 소리를 어떻게 설명할 건가요? 잘 들어 보세요. 처음에는 한쪽 귀로, 그다음에는 다른 쪽 귀로 젤리곰을 손에 올려 봅니다. 이제 여러분의 손에 모든 관심을 집중시킵니다. 젤리곰이 어떤 느낌인지 여러 가지로 탐색해 봅니다. 손가락 사이로 느껴 보고, 그 감각을 설명해 봅니다. 매끈하거나, 거칠거나, 뭉툭하거나, 아니면 미끄럽나요?

마지막으로, 젤리곰을 입에 넣고 혀로 탐색해 봅니다. 무슨 맛인가요? 어떤 느낌인가요? 시간이 지날수록 모양이 변하나요?

이제 젤리곰을 아직 깨물지 말고 어금니 위에 올려놓습니다. 젤리곰을 조심스럽게 물어뜯고 천천히 씹어 보세요. 이제 어떤 느낌이 드나요? 맛이 변하나요?

마지막 한 입까지 씹으세요. 삼킬 준비를 하고, 어떻게 삼키는지 자세히 관찰합니다. 삼키는 동작이 느껴지나요? 삼킨 후에 혀는 어떤 느낌인가요? 이제 눈을 뜹니다. 여러분은 젤리곰을 한 개 더 받을 것입니다. 두 번째 것은 평소에 먹듯이 먹습니다. 그러면서 여러분의 감각을 방금 전과 비교해 봅니다. 차이점이 느껴지나요?
이 연습은 어땠나요? 젤리곰이 어떤 맛인지 의식적으로 알아차렸나요? 평소와 맛이 달랐나요?

6. 결론

연습이 완료된 후에, 모든 참가자들에게 활동지 4.4([그림 9-4])가 주어집니다. 이것은 모듈에서 학습한 트릭들을 요약한 것입니다. 그룹과 이러한 내용을 논의하고 모든 질문을 해결합니다. 그리고 나서 지난 네 번의 회기에서 배운 것에 대해 논의합니다. 참가자들에게는 훈련에 대한 피드백을 제공할 수 있는 기회도 주어집니다.

이제 훈련이 끝났습니다. 활동지 4.4에는 오늘 우리가 배웠던 트릭들이 요약되어 있으므로 집에서 연습해 볼 수 있습니다. 마지막으로, 여러분들의 의견을 듣고 싶습니다. 훈련이 어땠나요? PROTECT에서 어떤 기술을 배웠나요? 모든 것들을 고려했을 때 여러분들의 경험은 어땠나요? 특히 도움이 되었던 것은 무엇인가요? 어떤 것을 개선하고 싶나요?

✎ 참고문헌

Barnow, S. (2012). Emotionsregulation und Psychopathologie. *Psychologische Rundschau*, 63(2), 111-124. https://doi.org/10.1026/0033-3042/a000119.

Gross, J. J. (1998). Antecedent- and response-focused emotion regulation: Divergent consequences for experience, expression, and physiology. *Journal of Personality and Social Psychology*, 74(1), 224-237.

Jacobson, E. (1938). *Progressive relaxation* (2nd ed.). Chicago, IL: The University of Chicago Press.

Kabat-Zinn, J. (2010). *Gesund durch Meditation: Das gro β e Buch der Selbstheilung* (Vol. 17124, 9. Aufl.). Frankfurt am Main: Fischer-Taschenbuch-Verl.

Payk, T. R., & Brüne, M. (2013). *Checkliste Psychiatrie und Psychotherapie: 121 Tabellen; [inclusive App]. Checklisten der aktuellen Medizin* (6. vollst. überarb. Aufl.). Stuttgart: Thieme.

Reddemann, L. (2017). *Imagination als heilsame Kraft: Ressourcen und Mitgefühl in der Behandlung von Traumafolgen. Leben lernen* (Vol. 141, 20. Aufl.). Stuttgart: Klett-Cotta.

Schneider, S., & Margraf, J. (2009). *Lehrbuch der Verhaltenstherapie.* Berlin: Springer. https://doi.org/10.1007/978-3-540-79545-2.

Stavemann, H. H. (2005). *KVT-Praxis: Strategien und Leitfäden für die kognitive Verhaltenstherapie.* Beltz: Weinheim.

부록

인터넷 게임 스마트폰 과몰입 예방 프로그램 (PROTECT-K)

트레이너용 자료집

첫 번째 시간
지루함과 귀찮음 극복하기

장점과 단점

현실 세계의 장점	가상 세계의 장점
• 직접적인 사회적 상호작용 • '모든 감각'을 활용하여 세상을 경험하기 • 눈맞춤 • 실제 친구와 실제 관계 • 신체활동과 건강관리 • 신체적인 한계를 경험하기 • 학교에서의 성취 • 가족과의 유대감 • 야외 활동(예: 산책하기, 등산하기) • 취미(예: 축구, 농구) • 음악 연주하기, 또는 함께 듣기 • 자연, 정원, 동물	• 재미있음 • 보정으로 얼굴이 예뻐질 수 있음 • 쉽고 빠르게 성취감이 느껴짐 • 피곤하지 않음 • 새로운 친구를 무한히 사귈 수 있음 • 새로운 정보가 무한함 • 현실에서 직접 갈 수 없는 공간들 • 시간이 빨리 감 • 익명성 • 적절한 거리감 • 쉽게 친해질 수 있음 • 내가 연락하고 싶을 때만 할 수 있음 • 비슷한 관심을 가진 사람들과의 소통 • 전문성을 발휘할 수 있음
현실 세계의 단점	**가상 세계의 단점**
• 불편한 활동(예를 들어, 숙제) • 불편한 상황(예를 들어, 친구들과 어색) • 불편한 감정(예를 들어, 창피함) • 실패 • 지루함 • 재미 없음 • 거절당하기 쉬움 • 망신 당할 수 있음 • 친구 사귀기가 어려움 • 주변 환경을 통제하기 어려움 • 즉각적으로 반응하는 것이 부담스러움	• 외로움 • 진짜 친한 것은 아닌 것 같음 • 자기 관리가 안 되고 방치 • 시간 낭비 • 움직이지 않아서 건강이 나빠짐 • 잘못된 정보가 많음 • 메시지를 잘못 이해하고 오해할 수 있음 • 시간이 낭비됨 • 학교에서 뒤처짐 • 꿈을 이루기 어려움 • 부모님, 선생님께 지적을 받음

TS 1.1

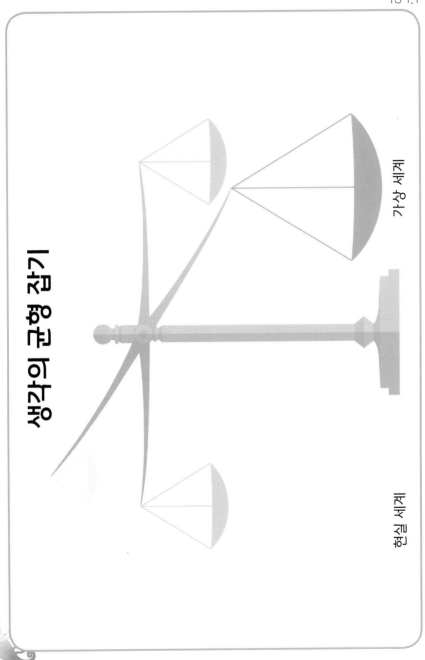

생각의 균형 잡기

가상 세계

현실 세계

우리들의 카멜레온

TS 1.3

찾아보기 제 크

준우의 '리얼리티 체크'

다운(down)시키는 생각들 준우의 부정적 생각 찾기	업(up)시키는 생각들 준우의 걱정을 덜어 줄 수 있는, 도움이 되는 생각해 보기
뭔가 멋있는 걸 해야 하는데…… 안 그러면 또 지루한 하루가 될 거야…….	뭔가 멋있는 걸 할 수 있으면 좋을 텐데…… 하지만 매일 그럴 순 없지. 가끔은 평범하게 그날 그날 할 일도 해야 돼.
엄마! 침대로 밥 좀 가져다주세요. 친구들 메시지에 답장을 해야 돼요. 진짜 중요한 일이에요.	엄마가 침대로 밥을 가져다주면 좋겠지만, 잠깐은 메시지 안 보고 밥 먹어도 괜찮아. 애들이 어디 가는 것도 아니니까.
근데 나는 규호만큼 3점 슛을 잘 던지지도 못하고 드리블 스킬도 없고…… 연습해도 안 되니까 영상을 올려 봐야 의미도 없고, 하나도 안 멋있어.	나도 규호처럼 3점 슛을 잘 던지면 좋을 텐데 아쉽네. 그래도 계속 연습하는 게 중요한 거지.
새로 올라온 포스팅은 꼭 봐야 돼. 안 그러면 모든 걸 놓칠 거야! 어떻게든 내일 대화에 낄 수 있어야 되잖아.	새로 올라온 포스팅을 전부 다 보면 내일 애들이 무슨 말을 하는지 이해하겠지. 그런데 그렇게 못해도 중요한 이야기는 알아들을 수 있으니 괜찮아.
그러든지 말든지! 축구를 하려면 몸이 엄청 탄탄해야 해. 아니면 하나도 안 멋있고 창피하기만 하지.	좀 더 축구 선수 같아지면 멋있겠지. 그렇지만 쉴 때 재미로 잠깐 축구하는 걸로도 충분해.
이걸 매일 연습해야 돼. 안 그러면 다른 사람들한테 뒤처질 거야.	좀 더 연습해서 기술을 늘리면 좋겠지만, 누구에게 뭘 증명할 필요는 없잖아? 나한테 중요한 다른 걸 해야 할 시간도 필요해.

TS 1.5

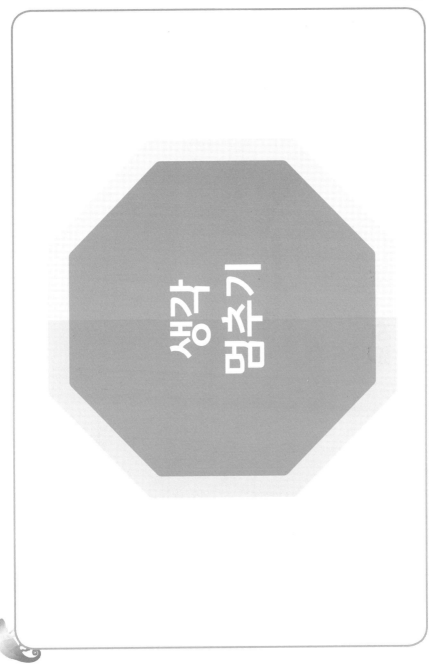

TS 1.6

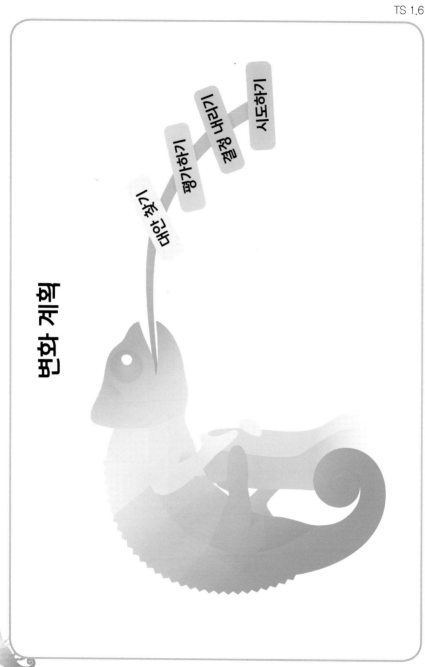

변화 계획

대안 고치기

평가하기

검토 내리기

시도하기

TS 1.7

준우의 변화 계획

대안 찾기	평가하기		결정 내리기	시도하기
	장점	단점	결정 (체크하기)	효과가 있었나요? 시도해 보았나요? 어려웠나요? 다시 시도해 보길 원하나요?
인터넷 사용/ 컴퓨터 게임의 대안				
운동(탁구 치기, 농구, 축구)	몸이 건강해짐 친구들과 함께할 수 있음	못 하면 욕 먹고 자존심이 상함 귀찮고 피곤함	✓	
보드게임 하기	재미 있음 실제 사람들과 접촉	인내심이 필요함 사람들을 모아야 함		
그림 그리기	창의력과 예술성 발휘 혼자서 할 수 있음 하고 나면 뿌듯함	시간이 오래 걸림 완성될 때까지 인내심이 필요함		

두 번째 시간
중요한 일을 미루는 습관 고치기

TS 2.1

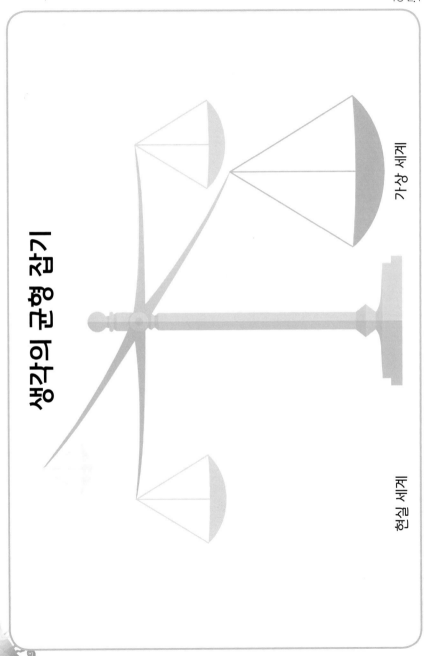

생각의 균형 잡기

가상 세계

현실 세계

찾아보기 책제

규민이의 리얼리티 체크

다운(down)시키는 생각들	업(up)시키는 생각들
규민의 부정적 생각 찾기	규민의 걱정을 덜어 줄 수 있는, 도움이 되는 생각해 보기
나는 수학은 진짜 모르겠어. 일주일로는 절대 안 돼.	가끔 수학 공부가 진짜 어려운 건 사실이야. 그렇지만 지금 열심히 잘하면 일주일 안에 길이 보일 거야.
시험에서 좋은 점수를 받아야 돼. 안 그러면 사람들이 나를 완전 바보라고 생각할 거야.	수학시험에서 좋은 점수 받으면 좋겠다. 점수가 안 좋으면 조금 부끄러울 것 같긴 해.
나는 아무것도 못 알아들을 거야.	모든 걸 완전히 이해하긴 어려울 때가 있지만, 좀 더 공부하면 쉬워질 거야.
나는 제대로 하는 게 하나도 없어! 운동은 맨날 꽝이고. 전부 다 망했어!	오늘은 운동도 잘 안 되네. 일이 잘 안 풀리는 날도 있지. 내일은 괜찮을 거야.
새로운 영상 보고 힙합 연습 좀 해야 돼. 안 그러면 애들한테 쪽팔릴 테니까.	새로운 기술을 익히면 멋질 거야. 그러면 애들도 놀라겠지?
수학에서 내가 할 수 있는 건 없어. 맨날 수학에서 망했고 앞으로도 계속 망할 거야.	난 수학은 잘 못 하나 봐. 하지만 뭐든지 잘하려면 노력이 필요한 법이니까.
항상 수학이 문제야. 한 판만 더 하자. 그래야 공부에 집중할 수 있어.	공부하기 전에 게임 한 판만 더 하면 좋겠는데…… 그렇지만 한 판만 하고 그만두긴 힘들겠지? 그러니 공부 먼저 한 다음에 보상으로 게임 한 판을 해야겠다.

TS 2.4

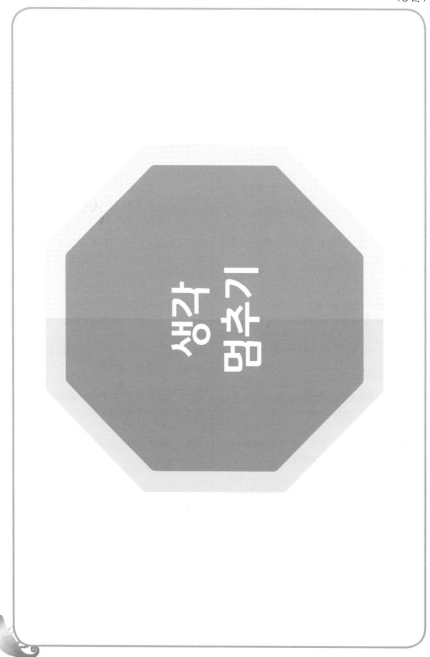

TS 2.5

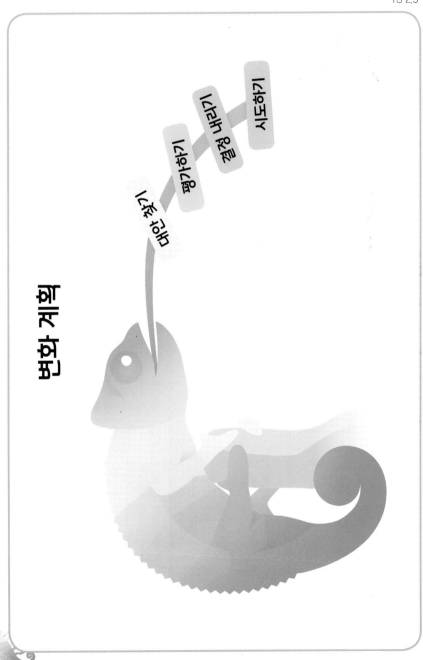

변화 계획

대안 찾기

평가하기

결정 내리기

시도하기

규민이의 변화 계획

대안 찾기	평가하기		결정 내리기	시도하기
인터넷 사용/컴퓨터 게임의 대안	장점	단점	결정(체크하기)	효과가 있었나요? 시도해 보았나요? 어려웠나요? 다시 시도해 보길 원하나요?
1. 부모님께 매일 귀 중을 조금씩 내달라고 한다.	-닥쳐서 걱정할 필요가 없다. -두려움이 줄어든다	-귀찮다. -기분이 좋지 않다. -부모님이 귀찮아한다.		
2. 집에서 모의고사를 본다.	-두려움이 줄어든다. -실제 시험과 비슷한 환경이다.	-실제 시험이 아니다. -스트레스 받는다. -기분이 나빠다.	✓	
3. 선생님께 미리 물어본다.	-실제 시험과 가장 비슷할 수 있다.	-불편하다.		
4. 다른 아이들과 스터디를 해서 준비한다.	-다른 아이들이 어떻게 시험 준비를 하는지 알 수 있다. -수준 비교가 가능하다. -서로 도울 수 있다.	-다른 애들이 나보다 잘하면 자존심이 상한다. -비교가 된다.		
5. 시험 준비 계획을 세운다.	-시간 관리가 된다 -미리 준비할 수 있다.	-계획을 세우는 것이 귀찮고 시간이 많이 든다.		

세 번째 시간
친구관계 문제 대처하기

TS 3.1

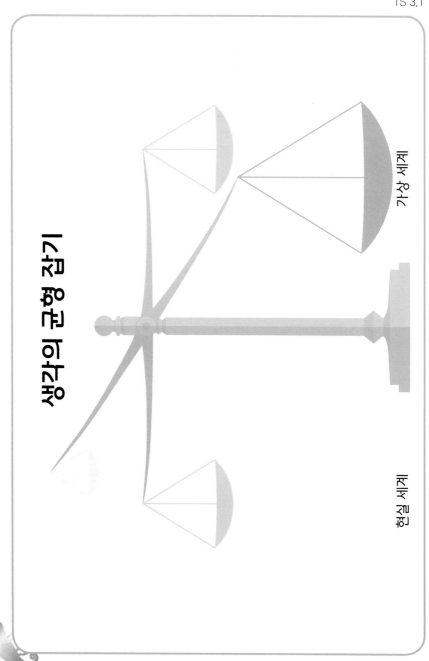

생각의 균형 잡기

가상 세계

현실 세계

지수의 리얼리티 체크

다운(down)시키는 생각들	업(up)시키는 생각들
지수의 부정적 생각 찾기	**지수의 걱정을 덜어 줄 수 있는, 도움이 되는 생각해 보기**
같이 영화 보러 갈 친구가 없다니, 절망적이야.	단짝 친구들이 없는 건 슬퍼. 그렇지만 이제부터 친구를 찾으면 되잖아?
나만 빼고 전부 다 친구가 있네. 최악이야.	나는 다른 애들처럼 친구가 많진 않지만, 친구를 찾으려고 최선을 다 할 거야.
민지랑 친구가 되어야 해. 민지밖에 없어.	민지랑 친구가 되면 좋겠다. 그렇지만 우리 반엔 괜찮은 다른 애들도 많아.
망했어. 민지가 나를 못 봤네. 그렇지만 아무도 내가 있는지 몰랐을 거야.	민지가 나를 못 본 것 같아. 다음엔 동작을 좀 더 크게 해야겠어.
나는 긴장하면 항상 얼굴이 빨개져서 너무 부끄러워. 벌써 덥네. 다들 날 비웃겠지. 이런 식으로는 절대 친구를 사귈 수 없을 텐데.	나는 흥분하면 가끔 얼굴이 빨개지지만 그건 자연스러운 거야. 다른 사람들도 그래. 심호흡 한번 하고 민지한테 가서 이야기해 보자!
최악이야. 다들 내 흉을 볼 거야.	내가 쟤네들 대화에 끼어들었나 봐. 아마 자기네들끼리 할 이야기가 있었나 보네.
망했어. 아무도 내 말에 답을 안 하잖아!	아무도 대답을 안 하네. 아마 내가 말을 분명하게 안 해서 이해를 못 했나 봐.
아무도 나를 좋아하지 않아!	쟤네는 나를 안 좋아하는 것 같아. 아마 새로운 멤버를 들이기 싫은가 봐. 그렇지만 나를 좋아하는 애들도 어딘가엔 있을 거야. 지금처럼 계속 친구들에게 다가가면 곧 친구를 찾을 수 있을 거야.

TS 3.4

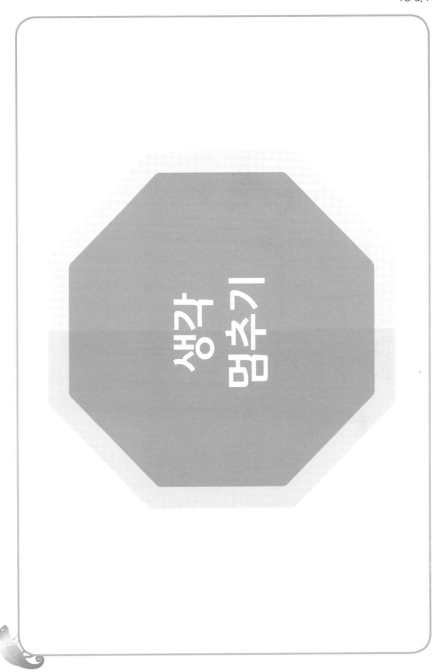

생각
멈추기

TS 3.5

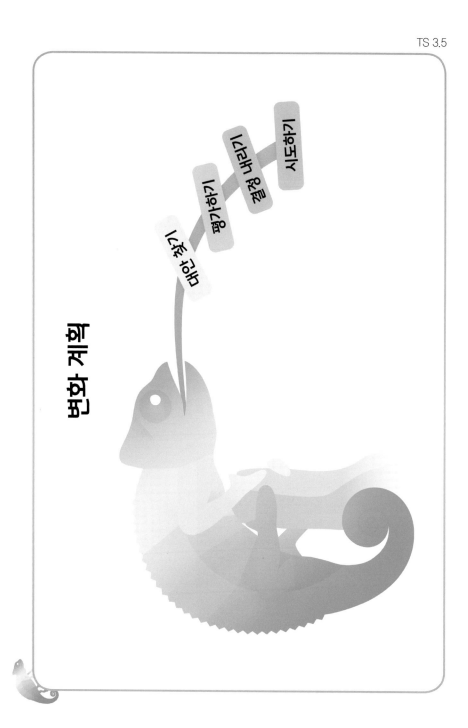

변화 계획

대안 찾기

평가하기

결정 내리기

시도하기

지수의 변화 계획

대안 찾기	평가하기		결정 내리기	시도하기
인터넷 사용/컴퓨터 게임의 대안	장점	단점	결정 (체크하기)	효과가 있었나요? 시도해 보았나요? 어려웠나요? 다시 시도해 보길 원하나요?
1. 다음날 다른 상황에서 다시 시도해 본다.	-어제의 실패를 만회할 수 있다. -반 친구들이나 학교에 좋은 인상을 남길 수 있다.	-놀림거리가 될 수도 있다. -효과적이지 않을 수 있다.	✓	
2. 친구들을 만날 수 있는 취미 활동을 찾는다(예: 스포츠 동아리).	-관심사를 공유할 수 있는 사람들 -다른 사람들이 나에게 편견 없이 다가올 수 있다. -집단에 들어온 새로운 사람들이 항상 친구를 찾는다. -긍정적 경험을 할 가능성이 높고, 사람들과 대화를 하는 두려움이 적다.	-낯선 사람들이 많다. -많은 용기가 필요하다. -이미 친한 사람들 사이에 끼어들기 어려울 수 있다.		
3. 자원봉사 활동이나 아르바이트를 시작한다.	-새로운 사람들과 공통된 주제 -성취감과 행복감 -긍정적 경험을 할 가능성이 높고, 사람들과 대화를 하는 두려움이 적다. -다른 사람들이 나에게 편견 없이 다가올 수 있다.	-시간이 많이 든다. -동료들이 일과 개인적인 일을 분리하고 싶어할 수 있다.		
4. 채팅 친구들을 실제로 만난다.	-이미 형성된 우정을 실제 생활에서 시험해볼 수 있다. -서로를 알고 있으나 거절당할 확률이 낮다.	-온라인 친구가 실제로는 별로 지 않을 수 있다. -온라인 친구가 기대와 다를 수 있다 (예: 나이가 다름) -낯선 사람을 만나는 게 위험할 수 있다. 우속을 어른에게 알리거나 친구를 데려가야 한다.		
5. 직면: 불쾌한 상황에서 도망가지 않고 상황/문제를 직접 해결한다.	-다른 사람들이 반응이 오해였을 수도 있다. -다른 사람들이 이야기를 마무리 지으려는 의지와 용기를 보여줄 수 있다.	-계획을 세우는 것이 귀찮고 시간이 많이 든다.		

네 번째 시간
감정 조절하기

우리들의 카멜레온

준우는 지루해

"또 할 게 없네." 준우가 지루한 목소리로 한숨을 쉽니다. 준우는 학교에서 막 돌아 왔습니다. 가방과 패딩을 구석에 던지고 침대에 눕습니다. 오후에는 무엇을 해야 할 까요? "뭔가 멋있는 걸 해야하는데…… 안 그러면 또 지루한 하루가 될 거야……." 준우가 말합니다.

"준우야, 와서 점심 먹어라!" 준우의 엄마가 부릅니다. 그러나 준우는 부엌을 지나치 며 엄마 말을 듣지 않습니다. 준우는 스마트폰에 완전히 빠져서 메시지가 58개나 온 것을 발견합니다. 준우는 곧바로 방금 온 메시지에 답하기 시작합니다. 답장을 다 하고 앱을 닫으려고 하는데, 또다시 메시지와 친구의 포스팅이 뜹니다. } **열정**

'저녁 먹기 전까진 꼭 전부 답장을 해야 돼. 안 그러면 애들이 뭘 하는지 모르고 왕 따가 될 걸.'

"엄마! 침대로 밥 좀 가져다주세요!! 애들 메시지에 답장 해야 돼요. 진짜 중요한 일 이에요!"

준우는 메시지를 훑어본 후에 바로 스포츠 뉴스를 확인합니다. 이게 준우가 항상 하 는 일과입니다. 준우는 자신이 뭘 하고 있는지 생각하지도 않고 자동으로 다른 앱들 을 엽니다.

준우의 엄마가 그릇을 들고 와서 경고합니다. "밥을 방에서 먹는 사람이 어딨니? 그 리고 너, 오랫동안 방 안 치웠더라." 엄마는 계속해서 잔소리를 합니다. 준우는 스마 트폰에 완전히 빠져서 엄마가 하는 말을 거의 듣지 못합니다. "네, 네……." 준우는 SNS에 무엇을 올릴지 생각하면서 중얼거립니다.

"우와, 규호가 어제 저녁에 농구 연습하는 영상을 올렸네! 오, 잘하네?" 준우는 감탄하며 공상에 잠기기 시작합니다. '나도 예전에 농구를 했었는데…… 집에 농 구공도 있고…… 근데 나는 규호만큼 3점 슛을 잘 던지지도 못하고, 드리블 스킬도 없 고…… 연습해도 안 되니까 영상을 올려 봐야 의미도 없고, 하나도 안 멋있어…….' 그러다 준우는 새로 올라온 또 다른 영상을 보기 위해 스마트폰을 들여다보고, 농구 생각은 완전히 잊어버립니다. } **감탄, 열정**

"새로 올라온 포스팅은 꼭 봐야 돼. 안 그러면 모든 걸 놓칠 거야! 어떻게든 내일 대 화에 낄 수 있어야 되잖아." 클릭! 준우는 지훈이의 프로필 페이지를 열었습니다.

"오, 축구팀 전체 사진이네! 토요일 게임 라인업도 있잖아! 은호도 여기에 태그되어 있네!", "나도 축구 해 보고 싶다. 전부터 애들이 축구 연습하는 거 보고 싶었는데 항상 다른 일이 있었잖아."

스스로에게 약간 짜증이 나면서, 준우는 지훈이와 은호가 자신에게 같이 축구 하자고 하지 않았다는 걸 이제 깨달았습니다. "그러든지 말든지! 축구를 하려면 몸이 엄청 탄탄해야 해. 아니면 하나도 안 멋있고 창피하기만 하지." } **실망, 분노**

준우는 담요를 턱까지 끌어올립니다. "음, 내가 죽었다 깨도 호날두가 될 수 없는 건 확실하고, 축구는 컴퓨터 게임으로 하는 것만큼 편하진 않지."

> **낙담**

준우는 게임을 잘하기 위해서 많은 노력을 할 필요가 전혀 없었습니다. 조금만 해도 레벨이 오르고, 게임 세계에서는 축구를 제법 잘하는 편입니다. 이것이 준우가 게임을 좋아하는 이유입니다. 담요를 둘둘 만 채로 준우는 자기 방으로 발을 질질 끌며 들어가서 컴퓨터를 켭니다. 준우는 최근에 새로운 전략 게임을 발견했습니다. "이걸 매일 연습해야 돼. 안 그러면 다른 사람들한테 뒤처질 거야."

게임은 매우 어렵지만, 준우의 점수는 하루하루 올라갑니다. 이것이 준우를 기대에 부풀게 하고, 게임을 계속 하게 만듭니다. "이거지!", 준우가 크게 기뻐합니다. 가끔씩 준우는 밤늦게까지 게임을 하고, 그래서 잠들기 어려울 때가 종종 있습니다.

> **즐거움**

준우가 컴퓨터 부팅을 막 끝냈을 때, 벽에 있는 달력이 눈에 들어옵니다. "뭐? 벌써 2월 24일이라고?" 준우는 충격을 받습니다. 지난주가 준우의 제일 친한 친구인 정우의 생일이었습니다. 정우가 생일파티 한다고 하지 않았나? "에이, 완전히 잊어버렸네!" 준우가 생각합니다.

> **충격**

규민이는 불안해

"다음 주부터 중간고사인 거 잊지 마세요." 규민이의 수학 선생님이 말합니다. 규민이는 중간고사라는 단어를 듣자마자 공상에서 바로 깨어났습니다. "벌써 시험 기간?!" 규민이는 손이 차가워지고 땀이 나는 걸 느끼면서 혼잣말을 합니다. 규민이는 천천히 자리에서 몸을 일으켜 도현이를 따라 교실을 터덜터덜 빠져 나옵니다. "넌 우리가 지금까지 배운 거 다 알겠어?" 규민이가 친구에게 물어봅니다. "글쎄, 별로." 도현이가 대답합니다. "그렇지만 공부할 시간이 일주일이나 남았잖아."

"나는 수학은 진짜 모르겠어, 일주일로는 절대 안 돼." 규민이가 시무룩하게 투덜거립니다. 규민이는 기분이 나빠서 아침 내내 거의 아무 말도 하지 않았습니다. 규민이가 생각할 수 있는 것은 다음 수학 시험에서 완전 망할 것이라는 두려움 뿐입니다.

> 두려움

"시험에서 좋은 점수를 받아야 돼. 안 그러면 사람들이 나를 완전 바보라고 생각할 거야." 규민이는 다음 수학 시간이 더욱 두려워지기 시작합니다. "나는 아무것도 못 알아들어." 규민이는 속으로 생각합니다. 그날은 체육 시간도 평소처럼 잘 흘러가지 않습니다. "젠장!" 규민이가 욕을 해요. "나는 제대로 하는 게 하나도 없어! 운동은 맨날 꽝이고. 전부 다 망했어!"

학교가 끝나고 규민이는 집으로 곧장 갑니다. 규민이는 자기 자신과 수학 선생님에게 화가 났습니다. 규민이의 아버지가 집에서 기다리고 있습니다. "왔니, 규민아" 규민이 아버지가 부엌에서 물어봅니다. "오늘 학교에서 어땠니?"

> 분노, 실망

"혼자 있고 싶어요!" 규민이는 이를 악물고 으르렁거립니다. "곧 중간고사 보겠네." 아버지가 말을 이어 나갑니다. "기운 내, 지난 시험도 잘 쳤잖아."

"지난번엔 겨우 3등급을 받았는데, 그것도 시험이 쉬워서 그런 거였어요." 규민이가 대답합니다.

"몇 시간이고 공부했는데 결국엔 하나도 소용이 없었어. 그건 엄청 힘들기만 하고 의미 없는 일이었다고." 규민이는 무기력함을 느끼면서 생각합니다. "며칠만 일찍 공부를 시작하면 괜찮을 거야." 아버지는 규민이를 안심시키려고 합니다. "맞아요." 규민이도 스스로 인정합니다. "하지만 공부하기 전에 메신지 확인부터 해야 돼요."

> 무기력

순간, 규민이 머릿속에 먼저 신경 써야 할 많은 일들이 떠오릅니다. "메시지부터 확인하는 게 좋겠어." 도현이가 규민이에게 힙합 랩 영상 링크를 보내주었던 것이 생각났습니다. "새로운 영상들 보는 게 한참 밀렸었네. 그거 보고 연습 좀 해야 되는데. 안 그러면 애들한테 쪽팔릴 테니까." 규민이가 영상을 보는 것은 당연해 보입니다.

영상을 다 보고 나서 규민이는 지난주 내내 공들여 만든 가상의 마을을 돌봐야 한다는 것을 떠올립니다. "마을을 공격에서 지키고 옆 마을을 정복할 준비를 서둘러야 돼.

TS 4.2b

그게 더 급하고 훨씬 재밌어. 내가 그건 또 잘하지." } 즐거움, 자신감

규민이는 스스로가 자랑스러워집니다. 시간이 가는 것은 전혀 알아차리지 못합니다. 모든 것을 끝낸 후에야 규민이의 눈에 수학 문제집이 들어오고, 양심의 가책이 느껴집니다. 좋았던 기분이 바로 사라집니다. 갑자기 몸이 마비되는 느낌이 들고 목에 뭐가 걸린 것 같습니다. 규민이는 침을 꿀꺽 삼킵니다. 수학을 생각만 해도 토 } 두려움

할 것 같습니다. 갑자기 다시 엄청나게 작아지는 기분이 듭니다. "수학에서 내가 할 수 있는 건 없어. 맨날 수학에서 망했고 앞으로도 계속 망할 거야." 규민이가 } 무기력, 무관심

시무룩하게 스마트폰을 보다가 새 메시지를 발견합니다.

"오, 새 메세지다!" 규민이가 짝사랑하는 반 친구 지우가 생일 파티에 초대했습니다! 갑자기 규민이는 다시 행복한 상상에 빠져듭니다. 기뻐서 온몸을 주체할 수 가 없습니다. "좋아, 시후랑 도윤이도 접속했네." } 행복

규민이는 마음이 편안해져 친구들과 게임을 시작합니다. 규민이가 시험 공부를 하고 있는지 확인하려고 아버지가 방에 들어올 때가 되어서야 규민이는 컴퓨터에서 눈을 뗍니다. 규민이는 공부를 아직 시작하지 않았음을 깨닫고 겁에 질려요. 오전에 규민이를 괴롭혔던 두려움과 분노가 다시 찾아옵니다. 규민이의 심장이 빨리 뛰고 주먹이 저절로 쥐어져요.

"수학이 항상 문제야." 규민이는 기운이 빠져 중얼거립니다. "한 판만 더 하자. } 좌절

그래야 공부에 집중할 수 있어." 밖은 깜깜해졌지만 규민이는 신경 쓰지 않습니다. 또다시, 규민이는 수학 시험을 완전히 잊어버립니다.

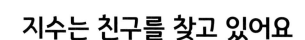

지수는 친구를 찾고 있어요

지수는 영어 수업에 혼자 앉아 있습니다. 그녀는 영화 보는 걸 좋아하지만, 너무 두려워 아무에게도 같이 가자고 물어보지 못합니다. "같이 영화 보러 갈 친구가 없다니, 절망적이야." 라고 생각합니다. 그녀는 대화를 시작하는 방법을 잘 모를 뿐입니다. 다른 아이들이 자신을 이상하다고 생각하거나 좋아하지 않는다면? "나만 빼고 전부 다 친구가 있네. 최악이야." 지수는 생각합니다. "그래도 민지에게 물어봐야겠다." 민지는 얼마전에 지수가 수학 문제 푸는 것을 도와준 적이 있습니다. "걔가 나를 조금이라도 싫어하면 안 도와줬을 거야." 지수는 여전히 자신이 없지만, 용기를 내서 다음 쉬는 시간에 민지에게 이야기하기로 결심합니다. "그래, 민지랑 친구가 되는 거야, 민지밖에 없어!"

지수는 종이 울릴 때부터 불안해지기 시작합니다. 그녀는 초조하게 교실 밖에서 민지가 나오기를 기다립니다. ⟩ **두려움**

심장이 두근거리고, 첫 번째 학생이 지나가자마자 속이 불편해집니다. "어떡해, 저기 민지가 오네." 민지는 지수에게 눈길도 주지 않고 지나쳐 혜인이와 서윤이, 수아에게 곧장 갑니다. "망했어, 나를 못 봤어. 그렇지만 아무도 내가 있는지 몰랐을 거야."

지수는 머뭇거리고 떨면서 친구들에게 다가갑니다. 그녀는 너무 두려워서 친구들의 눈을 똑바로 보지 못하고 바닥을 쳐다봅니다. "얼굴이 또 빨개지겠지. 긴장하면 항상 그러니까. 너무 부끄러워! 벌써 덥네. 다들 날 비웃겠지. 이런 식으로는 절대 친구를 사귈 수 없을텐데." 지수는 절망 속에서 혼자 생각합니다. 지수의 몸이 완전히 긴장되어 있고, 어깨는 굳어 있습니다. ⟩ **당황스러움**

지수가 친구들에게 다가가니 말소리가 줄어들고 조용해집니다. "최악이야, 갑자기 아무 말도 안 하네. 내 얘기를 하고 있던 게 분명해. 다들 내 흉을 보니까……." 지수는 머뭇거리며 민지를 쳐다봅니다. 목이 막혀 숨을 못 쉴 것 같습니다. 아무 말 ⟩ **두려움** 도 하고 싶지 않지만, 모두가 그녀를 똑바로 쳐다보고 있기 때문에 말을 꺼내야 합니다. 지수는 말을 어떻게 꺼내야 하는지도 잊은 채 작은 목소리로 더듬거리며 말합니다: "민지야, 음…… 어…… 그래서 물어보고 싶었어……. 음, 오늘은 날씨도 좋고…… 음…… 원피스가 극장판으로 개봉했으니까…… 음…… 영화관에 가면 좋을 것 같아서. 음, 오늘. 음, 어…… 물론 너가 원한다면. 그런데…… 그런데 그게 안 되면…… 아냐, 신경 쓰지 마." 친구들이 지수를 쳐다보고 있지만, 아무도 말을 하지 않습니다. "아…… 안 돼! 안 돼!" 지수는 속으로 생각합니다. "망했어, 아무도 말을 안 하잖아! 내 말이 지루하다고 생각하는 게 틀림없어……."

다시 한번, 지수는 용기를 내어 이야기를 꺼냅니다. "이야기 들었어? 진짜 재밌대! 내가 지난주에 다른 영화 보러 갔다가 예고편 봤는데 진짜 재밌을 것 같아!"

여전히 아무도 반응을 하지 않습니다. 지수는 살짝 위를 쳐다봅니다. 혜인이와 수아는 서로 쳐다보며 눈동자만 굴리고 있습니다. 지수는 부끄러워서 지구에서 사라지고 싶은 마음입니다. 갑자기 민지가 웃음을 터뜨리며 지수에게 묻습니다. "말하고 싶은 게 정확히 뭐야?" 모두가 웃기 시작합니다. 지수는 남은 용기를 모아 떨리는 목소리로 말합니다. "음, 그냥 물어보고 싶었어. 혹시 나랑……." } 수치심

"너랑 영화 보러 가지 않겠냐고?" 민지가 이어서 말합니다. "미안해, 지수야. 난 애들이랑 약속이 있어. 새로 생긴 코인 노래방에 가기로 했거든. 지금 우리가 하고 있던 얘기가 그거야." 지수는 부끄러워하며 고개를 끄덕입니다. 그녀는 말없이 돌아서서 가능한 한 빨리 도망칩니다. 지수는 뒤에서 터져 나오는 웃음소리를 듣고 더 빨리 걷기 시작합니다. "최대한 빨리 나가자!" 지수는 눈에 눈물이 고이는 것을 느끼면서 뛰기 시작합니다. "아무도 나를 좋아하지 않아! 학교에 가기 싫어!"

지수는 집에 가면서 민지에게 이야기를 건네려고 했던 바보 같은 생각에 화가 납니다. 집에 도착하자마자, 그녀는 방으로 사라집니다. 그녀는 한결 편안해진 마음으로 침대로 돌진하며 기대에 들떠 노트북을 켰습니다. 지수는 다양한 온라인 커뮤니티에서 활동하고 있고, 온라인에는 많은 친구들이 있습니다. 지수는 두 친구와 정기적으로 채팅을 합니다.

소리와 민아가 접속한 것을 보니 마음이 편해져 그들에게 무슨 일이 있었는지 이야기합니다. "드디어 진정한 친구를 찾았어." } 행복

지수는 행복한 마음으로 생각합니다. "학교에서 친구 사귀는 것보다 훨씬 쉬워. 여긴 안전하고, 말 더듬거나 얼굴 붉어지는 걸 걱정할 필요도 없어. 여기 있는 사람들은 항상 친절하고 개방적이야. 나는 처음부터 이 커뮤니티 멤버였고 다들 내 얘기를 좋아해." } 안전, 소속감, 감사함, 관심

지수는 소리와 민아가 너무 편해서 가장 큰 고민들도 나눕니다. 가장 좋은 점은 비웃음을 당하거나 이상한 시선을 받은 적이 없다는 것입니다. "얘네 앞에선 괜찮아." 지수는 생각합니다. "실제로 만날 일이 없으니까." } 신뢰

TS 4.3

감정의 별

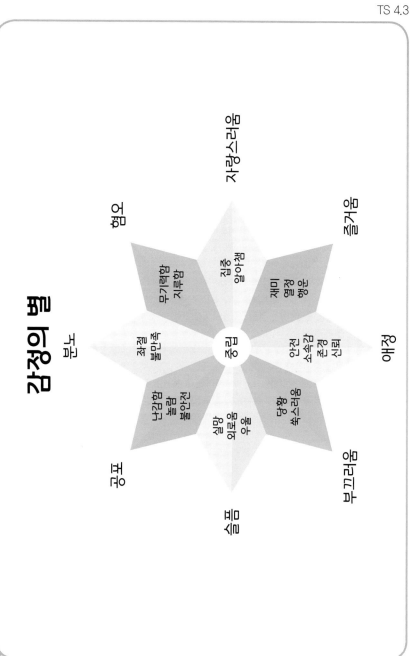

자랑스러움

즐거움

애정

부끄러움

슬픔

공포

분노

혐오

집중
알아챔

재미
열정
행운

안전
소속감
존경
신뢰

흥분
중립

당황
쑥스러움

실망
외로움
우울

난감함
놀람
불안전

좌절
불안족

무기력함
지루함

감정의 기능

공포

자신을 보호하세요

분노

자신을 방어하세요

슬픔

자신을 위로하세요

부끄러움

철수하세요!
만회하세요!

혐오

내버려 두세요!
그냥 버리세요!

애정

연락하세요!

자랑스러움

잘했어요!
계속해 보세요!

즐거움

지금 이 순간을
즐기세요!

TS 4.4b

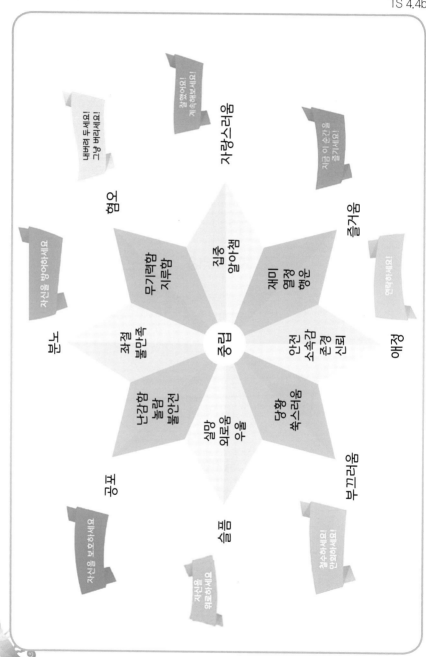

TS 4.5

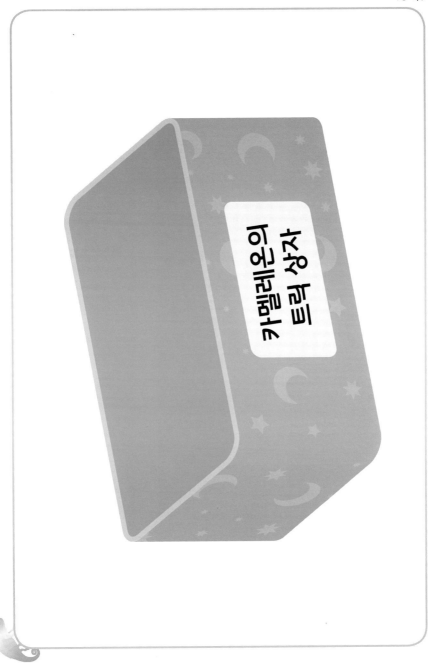

카멜레온의
트릭 상자

TS 4.6

리얼리티 체크

생각 멈추기

변화 계획

TS 4.6

인공위성

내면의 안전지대

TS 4.6

정신적 근육 이완

젤러콤 연습

내 마음의 인공위성

이 트릭을 언제 그리고 왜 사용하나요?
- 여러분의 감정을 바꾸기 전에, 감정을 인식하고 이해하는 것이 중요합니다.

이 트릭의 목표
- 이 연습을 어떻게, 그리고 왜 하고 있을까?
- 이 질문에 대답을 할 수 있다면 이 연습의 목표를 달성한 것입니다.

어떻게 하면 되나요?
- 이제 눈을 감고 여러분 마음속에서 어떤 일이 일어나고 있는지 관찰해 보세요.
  인공위성처럼 떠다니며 멀리 떨어져서 여러분의 기분을 지켜보는 상상을 해 보세요.
  [중요]: 인공위성은 조용한 관찰자예요. 그래서 판단하지도 않고 지적하지도 않아요.
      인공위성은 여러분을 세심하게 관찰하고, 여러분이 자신에 대해서 더 잘 알고
      이해할 수 있게 도와줍니다.
- 여러분은 방금 학교에서 돌아왔고 오늘 하루는 엉망진창이었습니다. 스스로에게 다음 질
  문을 해 보세요.

  1) 지금 내 기분이 어떻지?
  2) 내 머릿속에서 무슨 생각을 하고 있지? 나를 다운시키는 생각들을 찾을 수 있나?
  3) 이 기분이 내 몸을 어떻게 만들지? 심장이 빨리 뛰나? 배가 쑤시나? 목에 뭐가 걸렸나?
     불안한가? 쥐가 나나? 긴장했나? 손이 떨리나? 얼굴이 빨개졌나?
  4) 나는 이제 무엇을 하게 될까?
  5) 내가 경험하는 감정들을 뭐라고 부를까?

- 이제 눈을 뜨세요. 무엇을 느꼈나요?
- 이제 다시 눈을 감고, 여러분이 온라인에 접속해 있다고 상상해 보세요. 여기서 여러분은
  가장 좋아하는 것을 합니다. 스스로에게 다음의 질문을 해 보세요.

  1) 지금 내 기분이 어떻지?
  2) 내 머릿속에서 무슨 생각을 하고 있지? 나를 다운시키는 생각들을 찾을 수 있나?
  3) 이 기분이 내 몸을 어떻게 만들지?
  4) 나는 이제 무엇을 하게 될까?
  5) 내가 경험하는 감정들을 뭐라고 부를까?

- 이제 다시 눈을 뜨세요. 무엇을 느꼈나요?

내면의 안전지대

이 트릭을 언제 그리고 왜 사용하나요?
- 인공위성 연습으로 여러분이 어떤 감정을 왜 가지게 되었는지 이해하게 되면 '내면의 안전지대' 기법을 통해 감정 세계를 변화시킬 수 있습니다. 내면의 안전지대는 특히 여러분이 매우 화가 나거나 슬플 때 유용해요. 이 방법은 여러분이 부정적인 감정을 잊고, 안전함과 차분함을 느끼게 도와줍니다.

이 트릭의 목표
- 여러분이 현실에서 외로움과 힘겨움을 느낄 때 언제든지 찾을 수 있는 상상 속의 안전한 공간을 만드는 것이 목표입니다. 이 장소는 여러분을 편안하고 안전하게 느끼게 만들어야 하고, 현실에서 새롭게 힘을 낼 수 있게 충전해 주는 역할을 합니다.

어떻게 하면 되나요?
- 연습을 위해 필요한 것: 10분 정도의 시간, 편안한 자세(앉거나 눕기), 여러분과 내면에 충분히 집중하기
- 여러분에게 다음의 지시문을 읽어 주는 사람이 있으면 좋습니다.

지시문:
이제 여러분을 초대하여 여러분의 안전지대를 만들어 보겠습니다. 우선 편안하고 안락한 자세로 앉으세요. 이제 눈을 감고 천천히, 그리고 차분하게 숨을 들이 마시고 내쉽니다. 여러분 자신에게만 집중합니다. 소음과 다른 일들이 일어나게 내버려 두세요. 지금 당장은 그렇게 할 수 없어도 괜찮습니다. 준비됐나요? 여러분만의 안전지대를 향해 천천히 떠나 봅시다.

이 공간은 지구상에 있을 수 있지만, 꼭 그럴 필요는 없습니다. 이 공간은 여러분의 상상 속에 존재할 수도 있습니다. 여러분의 환상과 생각이 자유롭게 이리저리 돌아다니게 해 보세요. 여러분은 안전하고 편안한 곳에 서 있습니다. 이 곳은 오로지 여러분의 것입니다. 다른 존재들을 이 공간에 초대하는 것도 물론 여러분의 자유로운 선택입니다. 그 존재는 동물, 사람 또는 심지어 완전히 다른 존재일 수 있습니다. 여러분만이 환상 속에서 볼 수 있는 존재들을 초대할 수도 있습니다. 하지만 사랑하는 친구와 여러분을 도와주는 사람들만 초대하라고 충고하고 싶습니다. 여러분을 지지하고 사랑을 주는 존재들. 이제 모든 감각을 동원해서 여러분의 개인적인 공간을 살펴봅시다.

TS 4.7b

뭐가 보이나요? 기분이 좋은가요? 들리는 소리에 편안함을 느끼나요? 만약 여러분이 듣고 있는 것이 맘에 들지 않는다면, 여러분이 원하는 대로 바꾸세요. 몸을 움직여서 더 편한 자세로 바꿔도 좋습니다. 다시 말하지만, 여러분이 무엇이든 원하는 대로 바꿀 수 있습니다.

이 공간의 냄새는 어떤가요? 냄새가 좋은가요? 마찬가지로, 여러분은 편안하고 원하는 대로 냄새를 바꿀 수 있습니다.

이제, 이 공간이 전반적으로 어떻게 느껴지나요? 안전하고 보호 받는다고 느껴지나요? 이 공간이 어려운 상황에서 여러분을 도울 수 있다고 생각하나요? 이 공간으로 돌아가고 싶나요? 이러한 질문에 "네"라고 대답할 수 있는 것이 중요합니다. 언제든, 어떤 방식으로든 원하는 대로 여러분 내면의 안전지대를 만들고 바꾸세요. 모든 것이 가능합니다.

이제 천천히 눈을 뜨고 다시 방에 주의를 집중하세요. 여러분이 원할 때 언제든지 이 공간으로 되돌아와도 좋습니다. 이제 작은 카멜레온 사진을 여러분들에게 나눠 드리겠습니다. 카멜레온을 가방이나 지갑에 넣어두면 이 곳이 생각날지도 모릅니다.

기분이 어떤가요? 여러분만의 공간을 찾았나요? 언제 이곳으로 갈 건가요?

점진적 근육 이완법

이 트릭을 언제 그리고 왜 사용하나요?
- 여러분은 아마 어떤 생각들이 부정적인 감정을 일으키는지 충분히 이해하고, 이런 부정적인 생각을 생각 멈추기 기법으로 조절할 수 있을 것입니다. 만약 좀 더 편안함을 느끼고 싶다면, 점진적 근육 이완법이 도움이 될 것입니다.

이 트릭의 목표
- 여러분이 온몸의 근육을 하나씩 긴장시켰다가 이완하기를 반복하여 온몸을 편안하게 만드는 것이 목표입니다.

어떻게 하면 되나요?
- 연습을 위해 필요한 것: 10분 정도의 시간, 편안한 자세(앉거나 눕기)
- 여러분에게 다음의 지시문을 읽어 주는 사람이 있으면 좋습니다.

지시문:
편안한 자세를 만드세요. 눈을 감아 보세요. 가능한 한 몸을 느슨하게 하고 긴장을 푸세요.
- 발과 다리, 배, 어깨와 목, 팔과 손 그리고 머리와 얼굴 순서로 진행합니다.

이제, 여러분의 발과 다리에 집중합니다. 다리, 발, 발가락에 최대한 힘을 줍니다. 그동안 다른 모든 신체 부위는 긴장을 풀어야 합니다. 여러분이 크고 물컹거리는 진흙 구덩이를 맨발로 걷고 있다고 상상해 보세요. 발가락 사이에 진흙이 고이는 것을 상상해 보세요. 미끄러져 넘어지지 않아야 합니다. 발가락과 발 뒤꿈치를 땅속으로 밀어 넣습니다. 여러분의 발과 다리가 얼마나 긴장되고 단단하게 느껴지나요? 이제 천천히 긴장을 풉니다. 깊게 숨을 마시고 여러분의 발과 다리에서 긴장이 빠져나가는 것을 느껴 봅니다. 지금 발과 다리가 얼마나 이완되었는지 느낄 수 있나요? 여러분의 근육이 다시 부드러워질 때까지 최대한 이완하세요.

이제 배에 집중합니다. 풀밭에 누워서 벌이 윙윙거리는 소리를 듣고 있다고 상상합니다. 갑자기, 작은 코끼리가 여러분에게 다가옵니다. 코끼리가 금방이라도 여러분을 밟을 것 같습니다. 여러분의 배가 작은 코끼리의 무게를 견딜 수 있게 배 근육을 가능한 세게 조여 주세요. 여러분의 배에 있는 작은 코끼리의 발과 무게를 느낄 수 있나요? 지금 배가 얼마나 딱딱하고 팽팽한지 느껴지나요? 배가 너무 단단해서 작은 코끼리가 여러분을 밟는 것을 거의 느낄 수 없습니다.

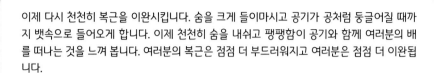

이제 다시 천천히 복근을 이완시킵니다. 숨을 크게 들이마시고 공기가 공처럼 둥글어질 때까지 뱃속으로 들어오게 합니다. 이제 천천히 숨을 내쉬고 팽팽함이 공기와 함께 여러분의 배를 떠나는 것을 느껴 봅니다. 여러분의 복근은 점점 더 부드러워지고 여러분은 점점 더 이완됩니다.

이제 여러분의 목과 어깨에 집중합니다. 바닷가에 누워 있는 작은 거북이가 되는 상상을 합니다. 갑자기, 여러분은 위험을 느끼고 머리를 재빨리 껍데기 안으로 넣어야 합니다. 가능한 한 어깨를 최대한 머리까지 높이 들어올립니다. 여러분의 어깨는 머리를 보호하는 껍데기입니다. 어깨와 목이 얼마나 긴장되는지 느껴지시나요? 여러분의 근육은 머리를 보호하기 위해 열심히 일하고 있나요? 위험은 지나갔나요? 그렇다면 천천히 여러분의 껍데기에서 나옵니다. 어깨가 아래로 부드럽게 움직이도록 하고 목을 조심스럽게 위로 뻗습니다. 깊게 숨을 들이 마십니다. 근육이 이완되는 것을 느껴봅니다. 어깨가 편안한 자세로 돌아가는 것을 느껴 봅니다.

편안한가요? 이제 팔에 집중합니다. 여러분이 고양이라고 상상합니다. 여러분은 이제 막 편안한 낮잠에서 깼습니다. 다시 나무에 올라가서 쥐를 사냥하기 전에, 앞다리와 발을 뻗고 싶습니다. 팔을 최대한 위로 뻗습니다. 이 자세를 할 때 여러분의 팔은 어떤 느낌이 드나요? 여러분이 충분히 스트레칭을 했다고 느낄 때, 편안한 동작으로 팔을 다시 아래로 내립니다. 다시 한번, 심호흡을 하고 천천히 고르게 숨을 내쉽니다. 팔 근육이 점점 이완되고 풀리는 느낌이 드나요?

이제, 이완된 상태를 유지하며 손에 집중합니다. 즙을 짜내고 싶은 레몬을 양손에 들고 있다고 상상해 봅니다. 과즙이 여러분 손가락 사이로 흘러내릴 때까지 주먹을 불끈 쥡니다. 손바닥과 손가락에 힘과 긴장감을 느낄 수 있나요? 손의 느낌은 어떤가요? 그 느낌이 가득 차게 하고, 가능한 자세히 느껴 봅니다. 레몬에서 즙을 다 짰나요? 그러면 천천히 다시 손을 풉니다.

이제 여러분의 얼굴에 집중합니다. 태양 아래 앉아 있는 것을 상상해 봅니다. 여름 풀밭이나 테라스, 발코니에 있는 집도 좋습니다. 갑자기, 파리가 나타나서 코에 앉아 얼굴을 간지럽힙니다. 여러분은 얼굴을 잔뜩 찡그려 파리를 겁주려고 하고 있습니다. 이마와 턱에도 주름을 잡아야 합니다. 파리가 갔나요? 이런, 파리가 입술에 앉았습니다! 입으로 들어가지 않도록 입술과 이를 함께 누릅니다. 휴, 드디어 파리가 갔습니다! 이제 얼굴의 긴장을 풀 수 있습니다. 다시 한번 깊게 숨을 들이마시고 얼굴 전체가 어떻게 이완되는지 느껴 보세요.

한 번 더 온몸을 조여 봅니다. 발, 다리, 배, 어깨와 목, 팔과 손, 그리고 얼굴도요. 머릿속으로 셋을 세고 나서 온몸의 긴장을 풉니다.

이제, 천천히 눈을 떠도 됩니다. 기분이 어떤가요? 천천히 이 방과 주변 사람들에게 돌아옵니다. 기분이 어떤가요? 여러분의 몸은 어떻게 느끼나요?

젤리곰 연습

이 트릭을 언제 그리고 왜 사용하나요?
- 젤리곰 연습은 특히 여러분이 불쾌한 사건이나 생각, 기분으로 예민해질 때 유용합니다.

이 트릭의 목표
- 스트레스를 받으면 현재에 집중하기가 어려워집니다. 여러분의 마음이 여기저기 떠다니고 주변에서 어떤 일이 벌어지는지 알아차리기 힘들어집니다. 이 트릭은 여러분이 현재 어떤 일이 일어나는지 의식적으로 알아차리게 도와줍니다. 즉, 젤리곰이 실제로 어떤 냄새를 풍기는지, 어떤 맛인지 알아차리게 해 줍니다.

[주의]: 이 트릭은 연습이 필요합니다. 처음에는 이 트릭이 별로 유용하지 않다고 느낄 수도 있습니다. 좌절하지 말고 꾸준히 연습을 해 보세요.

어떻게 하면 되나요?
- 연습을 위해 필요한 것: 10분 정도의 시간, 앉아 있기에 조용한 장소, 젤리곰 1~2개, 오감, (필요하다면) 여러분에게 지시문을 읽어 줄 사람

지시문:
손바닥 위에 젤리곰을 올려놓습니다. 이제 그것을 여기저기 돌려 봅니다. 무엇처럼 보이나요? 무슨 색인가요? 표면이 밋밋한가요 아니면 반짝이나요? 어떤 음영이 들어 있나요? 빛에 비추면 달라지나요? 시각장애인에게 그것을 어떻게 설명할 것인가요?

이제 눈을 감고 젤리곰을 코에 가까이 대세요. 냄새를 맡아 봅니다. 무슨 냄새가 나요? 냄새나 냄새의 강도가 변하나요?

젤리곰을 귀에 대고 소리를 들어 봅니다. 전혀 안 들리나요? 아니면 무슨 소리를 들으려면 젤리곰을 움직여야 하나요? 그 소리를 어떻게 설명할 건가요? 잘 들어 보세요. 처음에는 한쪽 귀로, 그다음에는 다른 쪽 귀로.

젤리곰을 손에 올려 봅니다. 이제 여러분의 손에 모든 관심을 집중시킵니다. 젤리곰이 어떤 느낌인지 여러 가지로 탐색해 봅니다. 손가락 사이로 느껴 보고, 그 감각을 설명해 봅니다. 매끈하거나, 거칠거나, 뭉툭하거나, 아니면 미끄럽나요?

마지막으로, 젤리곰을 입에 넣고 혀로 탐색해 봅니다. 무슨 맛인가요? 어떤 느낌인가요? 시간이 지날수록 모양이 변하나요?

이제 젤리곰을 아직 깨물지 말고 어금니 위에 올려놓습니다. 젤리곰을 조심스럽게 물어뜯고 천천히 씹어보세요. 이제 어떤 느낌이 드나요? 맛이 변하나요?

마지막 한 입까지 씹으세요. 삼킬 준비를 하고, 어떻게 삼키는지 자세히 관찰합니다. 삼키는 동작이 느껴지나요? 삼킨 후에 혀는 어떤 느낌인가요?

이제 눈을 뜹니다. 여러분은 젤리곰을 한 개 더 받을 것입니다. 두 번째 것은 평소에 먹듯이 먹습니다. 그러면서 여러분의 감각을 방금 전과 비교해 봅니다. 차이점이 느껴지나요?

이 연습은 어땠나요? 젤리곰이 어떤 맛인지 의식적으로 알아차렸나요? 평소와 맛이 달랐나요?

[팁] 이 연습은 매일매일 일상생활에 적용하기 쉽습니다. 모든 오감을 동원하지 않아도 되고, 한 가지나 두 가지로도 충분해요. 예를 들면, 샤워를 하거나 이를 닦을 때 의식적으로 하거나, 아침이나 저녁식사를 할 때 스스로를 관찰해 볼 수 있어요.

WS 0.1

인터넷 게임 스마트폰 과몰입 예방 프로그램 (PROTECT-K)

활동 기록지

이름:

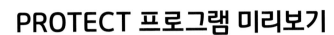

PROTECT 프로그램 미리보기

앞으로 4시간 동안 우리가 참여하게 될 프로그램은 어떤 내용인지 간략하게 살펴볼까요?

제목/날짜	내용/테크닉
첫 번째 시간 지루함과 귀찮음 극복하기 **날짜:**	다른 친구 이야기: '준우는 지루해' 왜 이렇게 되었을까? • 선행 사건: 지루함, 귀찮음와 관련된 문제 • 비합리적인 믿음: '부담 갖기' • 결과: 불만족, 속상함, 화남, 우울함 회피 & 인터넷/게임/스마트폰 생각 바꾸기: 동일시, 재평가, 비합리적 믿음 수정 생각 멈추기: 자기 조절 연습하기 행동 바꾸기: 재미있는 취미 발견하기, 문제 해결하기
두 번째 시간 중요한 일을 미루는 습관 고치기 **날짜:**	다른 친구 이야기: '규민이는 불안해' 왜 이렇게 되었을까? • 선행 사건: 꾸물거림과 수행 불안에 관련된 문제 • 비합리적인 믿음: 당위적 생각과 과잉일반화 • 결과: 두려움, 무기력, 분노, 실망, 좌절 → 회피 & 인터넷/게임/스마트폰 생각 바꾸기: 동일시, 재평가, 비합리적 믿음 수정 생각 멈추기: 자기 조절 연습하기 행동 바꾸기: 문제를 회피하지 않고 직접 다루기, 문제해결과 강화
세 번째 시간 친구관계 문제 대처하기 **날짜:**	다른 친구 이야기: '지수는 친구를 찾고 있어요' 왜 이렇게 되었을까? • 선행 사건: 사회 기술 부족과 관련된 문제 • 비합리적인 믿음: 당위적 생각과 과잉일반화, 파국적 생각 • 결과: 당황스러움, 불안, 수치심, 두려움, 외로움, 슬픔 → 회피 & 인터넷/게임/스마트폰 생각 바꾸기: 동일시, 재평가, 비합리적 믿음 수정 생각 멈추기: 자기조절 연습하기 행동 바꾸기: 자신 있는 사회적 행동 배우기, 문제해결과 강화
네 번째 시간 감정 조절 연습 **날짜:**	다른 친구 이야기: '준우는 지루해!', '규민이는 불안해', '지수는 친구를 찾고 있어요' 감정 이해하기: • 감정의 차원 • 감정의 기능 • 감정의 원인 감정 조절하기: • 자기 관찰 • 감각 기법 • 상상 기법 • 마음챙김 기법

그룹 규칙

보다 편안하게 그룹 활동에 참여할 수 있도록 우리는 다음과 같은 규칙을 지킵니다.

1. 프로그램 시간에는 적극적으로 이야기합니다.
   _____

2. 다른 사람이 말을 하고 있을 때는 끝까지 기다립니다.
   _____

3. 한 명씩 차례대로 이야기합니다.
   동시에 이야기하지 않습니다.

4. 다른 사람의 이야기를 진지하게 듣습니다.
   _____

5. 서로를 존중합니다.
   _____

6. 프로그램 시간에는 휴대전화를 사용하지 않습니다.
   _____

7. 프로그램은 정시에 시작합니다.
   프로그램에 지각하지 않습니다.

쉿……! 비밀이야!

이번 프로그램 동안 우리는 아주 개인적인 이야기들을 하게 될 수도 있습니다.
여기서 이야기되는 내용들은 모두 일급 비밀이며, 반드시 이 방 안에서만 공유되어야 합니다.

우리가 여기서 이야기한 내용을 다른 누구와도 공유하지 않겠다고 약속하는 일은 매우 중요합니다.
서로에 대한 믿음을 바탕으로, 각자의 이야기를 할 때, 프로그램이 더 유익하고 풍부해집니다.
비밀 유지에 대한 유일한 예외는 자신의 이야기를 부모님에게 할 때입니다.

서로의 비밀을 지켜주기 위한 비밀 서약을 공유해 봅시다.

우리의 서명

1. _____   6. _____

2. _____   7. _____

3. _____   8. _____

4. _____   9. _____

5. _____   10. _____

첫 번째 시간
지루함과 귀찮음 극복하기

장점과 단점

현실 세계의 장점	가상 세계의 장점

현실 세계의 단점	가상 세계의 단점

'준우는 지루해'

"또 할 게 없네." 준우가 지루한 목소리로 한숨을 쉽니다. 준우는 학교에서 막 돌아왔습니다. 가방과 패딩을 구석에 던지고 침대에 눕습니다. 오후에는 무엇을 해야 할까요? "뭔가 멋있는 걸 해야 하는데…… 안 그러면 또 지루한 하루가 될 거야……." 준우가 말합니다.

"준우야, 와서 간식 먹어라!" 준우의 엄마가 부릅니다. 그러나 준우는 부엌을 지나치며 엄마 말을 듣지 않습니다. 준우는 스마트폰에 완전히 빠져서 메시지가 58개나 온 것을 발견합니다. 준우는 곧바로 방금 온 메시지에 답하기 시작합니다. 답장을 다 하고 앱을 닫으려고 하는데, 또다시 메시지와 친구의 포스팅이 뜹니다.

'저녁 먹기 전까진 꼭 전부 답장을 해야 돼. 안 그러면 애들이 뭘 하는지 모르고 왕따가 될 걸.'

"엄마! 침대로 간식 좀 가져다주세요!! 애들 메시지에 답장 해야 돼요. 진짜 중요한 일이에요!"

준우는 메시지를 훑어본 후에 바로 스포츠 뉴스를 확인합니다. 이게 준우가 항상 하는 일과입니다. 준우는 자신이 뭘 하고 있는지 생각하지도 않고 자동으로 다른 앱들을 엽니다.

준우의 엄마가 그릇을 들고 와서 경고합니다. "음식을 방에서 먹는 사람이 어딨니? 그리고 너, 오랫동안 방 안 치웠더라." 엄마는 계속해서 잔소리를 합니다. 준우는 스마트폰에 완전히 빠져서 엄마가 하는 말을 거의 듣지 못 합니다. "네, 네……." 준우는 SNS에 무엇을 올릴지 생각하면서 중얼거립니다.

"우와, 규호가 어제 저녁에 농구 연습하는 영상을 올렸네! 오, 잘하네?" 준우는 감탄하며 공상에 잠기기 시작합니다. '나도 예전에 농구를 했었는데…… 집에 농구공도 있고…… 근데 나는 규호만큼 3점 슛을 잘 던지지도 못하고, 드리블 스킬도 없고…… 연습해도 안 되니까 영상 올려 봐야 의미도 없고, 하나도 안 멋있어…….' 그러다 준우는 새로 올라온 또 다른 영상을 보기 위해 스마트폰을 들여다보고, 농구 생각은 완전히 잊어버립니다.

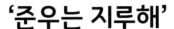

'준우는 지루해'

"새로 올라온 포스팅은 꼭 봐야 돼. 안 그러면 모든 걸 놓칠 거야! 어떻게든 내일 대화에 낄 수 있어야 되잖아." 클릭! 준우는 지훈이의 프로필 페이지를 열었습니다.

"오, 축구팀 전체 사진이네! 토요일 게임 라인업도 있잖아! 은호도 여기에 태그되어 있네!", "나도 축구 해 보고 싶다. 전부터 애들이 축구 연습하는 거 보고 싶었는데 항상 다른 일이 있었잖아." 스스로에게 약간 짜증이 나면서, 준우는 지훈이와 은호가 자신에게 같이 축구하자고 물어보지 않았다는 걸 이제 깨달았습니다.

"그러든지 말든지! 축구를 하려면 몸이 엄청 탄탄해야 해. 아니면 하나도 안 멋있고 창피하기만 하지." 준우는 담요를 턱까지 끌어올립니다. "음, 내가 죽었다 깨도 호날두가 될 수 없는 건 확실하고, 축구는 컴퓨터 게임으로 하는 것만큼 편하진 않지."

준우는 게임을 잘하기 위해서 많은 노력을 할 필요가 전혀 없었습니다. 조금만 해도 레벨이 오르고, 게임 세계에서는 축구를 제법 잘하는 편입니다. 이것이 준우가 게임을 좋아하는 이유입니다. 담요를 둘둘 만 채로 준우는 자기 방으로 발을 질질 끌며 들어가서 컴퓨터를 켭니다. 준우는 최근에 새로운 전략 게임을 발견했습니다. "이걸 매일 연습해야 돼. 안 그러면 다른 사람들한테 뒤처질 거야."

게임은 매우 어렵지만, 준우의 점수는 하루하루 올라갑니다. 이것이 준우를 기대에 부풀게 하고, 게임을 계속 하게 만듭니다. "이거지!", 준우가 크게 기뻐합니다. 가끔씩 준우는 밤늦게까지 게임을 하고, 그래서 잠들기 어려울 때가 종종 있습니다.

준우가 컴퓨터 부팅을 막 끝냈을 때, 벽에 있는 달력이 눈에 들어옵니다. "뭐? 벌써 12월 24일이라고?" 준우는 충격을 받습니다. 지난주가 준우의 제일 친한 친구인 정우의 생일이었습니다. "정우가 생일파티 한다고 하지 않았나? 에이, 완전히 잊어버렸네!" 준우가 생각합니다.

준우의 악순환 고리

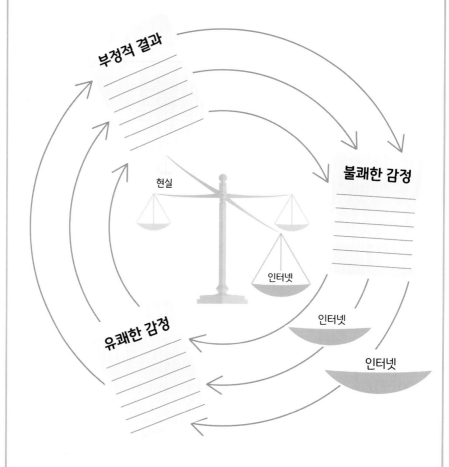

준우의 '리얼리티 체크'

다운(down)시키는 생각들	업(up)시키는 생각들

WS 1.4

준우의 변화 계획

대안 찾기	평가하기		결정 내리기	시도하기
인터넷 사용/ 컴퓨터 게임의 대안	장점	단점	결정(체크하기)	효과가 있었나요? 시도해 보았나요? 어려웠나요? 다시 시도해 보길 원하나요?

WS 1.5

지루함에 맞서는 나의 변화 계획

대안 찾기	평가하기		결정 내리기	시도하기
인터넷 사용/ 컴퓨터 게임의 대안	장점	단점	결정(체크하기)	효과가 있었나요? 시도해 보았나요? 어려웠나요? 다시 시도해 보길 원하나요?

두 번째 시간
중요한 일을 미루는 습관 고치기

'규민이는 불안해'

"다음 주부터 중간고사인 거 잊지 마세요." 규민이의 수학 선생님이 말합니다. 규민이는 중간고사라는 단어를 듣자마자 공상에서 바로 깨어났습니다. "벌써 시험 기간?!" 규민이는 손이 차가워지고 땀이 나는 걸 느끼면서 혼잣말을 합니다. 규민이는 천천히 자리에서 몸을 일으켜 도현이를 따라 교실을 터덜터덜 빠져 나옵니다. "넌 우리가 지금까지 배운 거 다 알겠어?" 규민이가 친구에게 물어봅니다. "글쎄, 별로." 도현이가 대답해요. "그렇지만 공부할 시간이 일주일이나 남았잖아."

"나는 수학은 진짜 모르겠어, 일주일로는 절대 안 돼." 규민이가 시무룩하게 투덜거립니다. 규민이는 기분이 나빠서 아침 내내 거의 아무 말도 하지 않았습니다. 규민이가 생각할 수 있는 것은 다음 수학 시험에서 완전 망할 것이라는 두려움뿐입니다.

"시험에서 좋은 점수를 받아야 돼. 안 그러면 사람들이 나를 완전 바보라고 생각할 거야." 규민이는 다음 수학 시간이 더욱 두려워지기 시작합니다. "나는 아무것도 못 알아들을 거야." 규민이는 속으로 생각합니다. 그 날은 체육 시간도 평소처럼 잘 흘러가지 않습니다. "젠장!" 규민이가 욕을 해요. "나는 제대로 하는 게 하나도 없어! 운동은 맨날 꽝이고. 전부 다 망했어!"

학교가 끝나고 규민이는 집으로 곧장 갑니다. 규민이는 자기 자신과 수학 선생님에게 화가 났습니다. 규민이의 아버지가 집에서 기다리고 있습니다. "왔니, 규민아" 규민이 아버지가 부엌에서 물어봅니다. "오늘 학교에서 어땠니?"

"혼자 있고 싶어요!" 규민이는 이를 악물고 으르렁거립니다.

"곧 중간고사 보겠네." 아버지가 말을 이어 나갑니다. "기운 내, 지난 시험도 잘 쳤잖아."

"지난번엔 겨우 3등급을 받았는데, 그것도 시험이 쉬워서 그런 거였어요." 규민이가 대답합니다.

"몇 시간이고 공부했는데 결국엔 하나도 소용이 없었어. 힘들기만 하고 의미 없는 일이었다고." 규민이는 무기력함을 느끼면서 생각합니다.

"며칠만 일찍 공부를 시작하면 괜찮을 거야." 아버지는 규민이를 안심시키려고 합니다.

'규민이는 불안해'

"맞아요." 규민이도 스스로 인정합니다. "하지만 공부하기 전에 메시지 확인부터 해야 돼요." 순간, 규민이 머릿속에 먼저 신경 써야 할 많은 일들이 떠오릅니다. "메시지부터 확인하는 게 좋겠어." 도현이가 규민이에게 힙합 랩 영상 링크를 보내주었던 것이 생각났습니다. "새로운 영상들 보는 게 한참 밀렸었네. 그거 보고 연습 좀 해야 되는데. 안 그러면 애들한테 쪽팔릴 테니까." 규민이가 영상을 보는 것은 당연해 보입니다.

영상을 다 보고 나서 규민이는 지난주 내내 공들여 만든 가상의 마을을 돌봐야 한다는 것을 떠올립니다. "마을을 공격에서 지키고 옆 마을을 정복할 준비를 서둘러야 돼. 그게 더 급하고 훨씬 재밌어. 내가 그건 또 잘하지." 규민이는 스스로가 자랑스러워집니다. 시간이 가는 것은 전혀 알아차리지 못합니다.

모든 것을 끝낸 후에야 규민이의 눈에 수학 문제집이 들어오고, 양심의 가책이 느껴집니다. 좋았던 기분이 바로 사라집니다. 갑자기 몸이 마비되는 느낌이 들고 목에 뭐가 걸린 것 같아요. 규민이는 침을 꿀꺽 삼킵니다. 수학을 생각만 해도 토할 것 같습니다. 갑자기 다시 엄청나게 작아지는 기분이 듭니다. "수학에서 내가 할 수 있는 건 없어. 맨날 수학에서 망했고 앞으로도 계속 망할 거야." 규민이가 시무룩하게 스마트폰을 보다가 새 메시지를 발견합니다. "오, 새 메시지다!" 규민이가 짝사랑하는 반 친구 지우가 생일 파티에 초대했습니다! 갑자기 규민이는 다시 행복한 상상에 빠져듭니다. 기뻐서 온몸을 주체할 수가 없습니다. "좋아, 시후랑 도윤이도 접속했네." 규민이는 마음이 편안해져 친구들과 게임을 시작합니다.

규민이가 시험 공부를 하고 있는지 확인하려고 아버지가 방에 들어올 때가 되어서야 규민이는 컴퓨터에서 눈을 뗍니다. 규민이는 공부를 아직 시작하지 않았음을 깨닫고 겁에 질립니다. 오전에 규민이를 괴롭혔던 두려움과 분노가 다시 찾아옵니다. 규민이의 심장이 빨리 뛰고 주먹이 저절로 쥐어집니다. "항상 수학이 문제야." 규민이는 기운이 빠져 중얼거립니다. "한 판만 더 하자. 그래야 공부에 집중할 수 있어." 밖은 깜깜해졌지만 규민이는 신경 쓰지 않습니다. 또다시, 규민이는 수학 시험을 완전히 잊어버립니다.

규민이의 악순환 고리

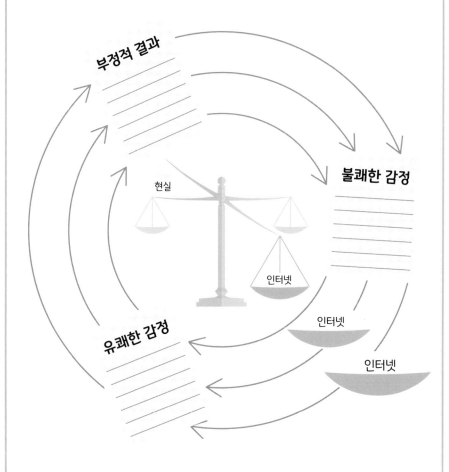

부정적 결과

불쾌한 감정

현실

인터넷

인터넷

인터넷

유쾌한 감정

규민이의 '리얼리티 체크'

다운(down)시키는 생각들	업(up)시키는 생각들

WS 2.4

규민이의 변화 계획

대안 찾기	평가하기		결정 내리기	시도하기
인터넷 사용/ 컴퓨터 게임의 대안	장점	단점	결정(체크하기)	효과가 있었나요? 시도해 보았나요? 어려웠나요? 다시 시도해 보길 원하나요?

WS 2.5

중요한 일을 미루는 습관에 대한 나의 변환 계획

대안 찾기	평가하기		결정 내리기	시도하기
	장점	단점	결정(체크하기)	효과가 있었나요? 시도해 보았나요? 어려웠나요? 다시 시도해 보길 원하나요?
인터넷 사용/ 컴퓨터 게임의 대안				

나의 '리얼리티 체크'

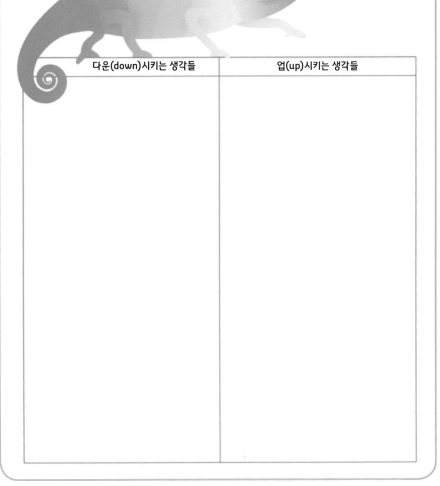

다운(down)시키는 생각들	업(up)시키는 생각들

세 번째 시간
친구관계 문제 대처하기

'지수는 친구를 찾고 있어요'

지수는 영어 수업에 혼자 앉아 있습니다. 지수는 영화 보는 걸 좋아하지만 너무 두려워 아무한테도 같이 가자고 물어보지 못합니다. "같이 영화 보러 갈 친구가 없다니, 절망적이야." 라고 생각합니다. 그녀는 대화를 시작하는 방법을 잘 모를 뿐입니다. 다른 아이들이 자신을 이상하다고 생각하거나 좋아하지 않는다면?

"나만 빼고 전부 다 친구가 있네. 최악이야." 지수는 생각합니다. "그래도 민지에게 물어봐야겠다." 민지는 얼마 전에 지수가 수학 문제 푸는 것을 도와준 적이 있습니다. "걔가 나를 조금이라도 싫어하면 안 도와줬을 거야." 지수는 여전히 자신이 없지만, 용기를 내서 다음 쉬는 시간에 민지에게 이야기하기로 결심합니다. "그래, 민지랑 친구가 되는 거야, 민지밖에 없어!"

지수는 종이 울릴 때부터 불안해지기 시작합니다. 그녀는 초조하게 교실 밖에서 민지가 나오기를 기다립니다. 심장이 두근거리고, 첫 번째 학생이 지나가자마자 속이 불편해집니다. "어떡해, 저기 민지가 오네." 민지는 지수에게 눈길도 주지 않고 지나쳐 혜인이와 서윤이, 수아에게 곧장 갑니다.

"망했어, 나를 못 봤어. 그렇지만 아무도 내가 있는지 몰랐을 거야." 지수는 머뭇거리고 떨면서 친구들에게 다가갑니다. 그녀는 너무 두려워서 친구들의 눈을 똑바로 보지 못하고 바닥을 쳐다봅니다.

"얼굴이 또 빨개지겠지. 긴장하면 항상 그러니까. 너무 부끄러워! 벌써 덥네. 다들 날 비웃겠지. 이런 식으로는 절대 친구를 사귈 수 없을 텐데." 지수는 절망 속에서 혼자 생각합니다. 지수의 몸이 완전히 긴장되어 있고, 어깨는 굳어 있습니다.

지수가 친구들에게 다가가니 말소리가 줄어들고 조용해집니다. "최악이야, 갑자기 아무 말도 안 하네. 내 얘기를 하고 있던 게 분명해. 다들 내 흉을 보나까……." 지수는 머뭇거리며 민지를 쳐다봅니다. 목이 막혀 숨을 못 쉴 것 같습니다. 아무 말도 하고 싶지 않지만, 모두가 그녀를 똑바로 쳐다보고 있기 때문에 말을 꺼내야 합니다. 지수는 말을 어떻게 꺼내야 하는지도 잊은 채 작은 목소리로 더듬거리며 말합니다: "민지야, 음…… 어…… 그래서 물어보고 싶었어……. 음, 오늘은 날씨도 좋고……. 음…… 원피스가 극장판으로 개봉했으니까…… 음…… 영화관에 가면 좋을 것 같아서. 음, 오늘. 음, 어…… 물론 너가 원한다면. 그런데…… 그런데 그게 안 되면…… 아냐, 신경 쓰지 마." 친구들이 지수를 쳐다보고 있지만, 아무도 말을 하지 않습니다.

'지수는 친구를 찾고 있어요'

"아…… 안 돼! 안 돼!" 지수는 속으로 생각합니다. "망했어. 아무도 말을 안 하잖아! 내 말이 지루하다고 생각하는 게 틀림없어……" 다시 한번, 지수는 용기를 내어 이야기를 꺼냅니다. "이야기 들었어? 진짜 재밌대! 내가 지난주에 다른 영화 보러 갔다가 예고편 봤는데 진짜 재밌을 것 같아!"

여전히 아무도 반응을 하지 않습니다. 지수는 살짝 위를 쳐다봅니다. 혜인이와 수아는 서로 쳐다보며 눈동자만 굴리고 있습니다. 지수는 부끄러워서 지구에서 사라지고 싶은 마음입니다. 갑자기 민지가 웃음을 터뜨리며 지수에게 묻습니다. "말하고 싶은 게 정확히 뭐야?" 모두가 웃기 시작합니다. 지수는 남은 용기를 모아 떨리는 목소리로 말합니다: "음, 그냥 물어보고 싶었어. 혹시 나랑……."

"너랑 영화 보러 가지 않겠냐고?" 민지가 이어서 말합니다. "미안해, 지수야. 난 얘들이랑 약속이 있어. 새로 생긴 코인 노래방에 가기로 했거든. 우리는 지금 그 얘기를 하고 있었어." 지수는 부끄러워하며 고개를 끄덕입니다. 그녀는 말없이 돌아서서 가능한 한 빨리 도망칩니다. 지수는 뒤에서 터져 나오는 웃음소리를 듣고 더 빨리 걷기 시작합니다. "최대한 빨리 나가자!" 지수는 눈에 눈물이 고이는 것을 느끼면서 뛰기 시작합니다. "아무도 나를 좋아하지 않아! 학교에 가기 싫어!"

지수는 집에 가면서 민지에게 이야기를 건네려고 했던 바보 같은 생각에 화가 납니다. 집에 도착하자마자, 그녀는 방으로 사라집니다. 그녀는 한결 편안해진 마음으로 침대로 돌진하며 기대에 들떠 노트북을 켰습니다. 지수는 다양한 온라인 커뮤니티에서 활동하고 있고, 온라인에는 많은 친구들이 있습니다. 지수는 두 친구와 정기적으로 채팅을 합니다. 소리와 민아가 접속한 것을 보니 마음이 편해져 그들에게 무슨 일이 있었는지 이야기합니다.

"드디어 진정한 친구를 찾았어." 지수는 행복한 마음으로 생각합니다.

"학교에서 친구 사귀는 것보다 훨씬 쉬워. 여긴 안전하고, 말 더듬거나 얼굴 붉어지는 걸 걱정할 필요도 없어. 여기 있는 사람들은 항상 친절하고 개방적이야. 나는 처음부터 이 커뮤니티 멤버였고 다들 내 얘기를 좋아해."

지수는 소리와 민아가 너무 편해서 가장 큰 고민들도 나눕니다. 가장 좋은 점은 비웃음을 당하거나 이상한 시선을 받은 적이 없다는 것입니다.

"얘네 앞에선 괜찮아." 지수는 생각합니다. "실제로 만날 일이 없으니까."

지수의 악순환 고리

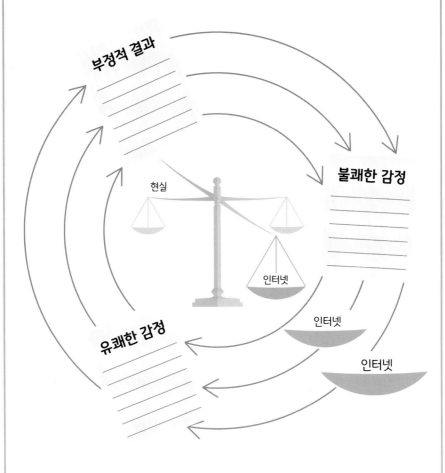

지수의 '리얼리티 체크'

다운(down)시키는 생각들	업(up)시키는 생각들

WS 3.4

지수의 변화 계획

대안 찾기	평가하기		결정 내리기	시도하기
인터넷 사용/ 컴퓨터 게임의 대안	장점	단점	결정(체크하기)	효과가 있었나요? 시도해 보았나요? 어려웠나요? 다시 시도해 보길 원하나요?

좋은 친구 관계를 위한 나의 변화 계획

대안 찾기	평가하기		결정 내리기	시도하기
인터넷 사용/ 컴퓨터 게임의 대안	장점	단점	결정(체크하기)	효과가 있었나요? 시도해 보았나요? 어려웠나요? 다시 시도해 보길 원하나요?

나의 악순환 고리

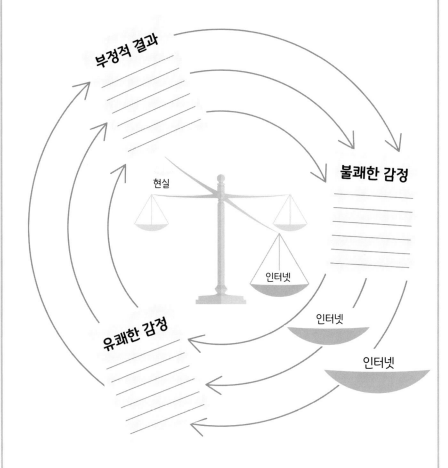

네 번째 시간
감정 조절하기

WS 4.0

내 마음의 인공위성

지난 3주 동안의 이야기
- 첫 번째 시간 – '준우는 지루해'
- 두 번째 시간 – '규민이는 불안해'
- 세 번째 시간 – '지수는 친구를 찾고 있어요'

'내 기분은?' '내 생각은?'
'내 몸의 반응은?'

 인공위성이 되어 감정을 관찰해 봅시다.

준우의 감정

규민의 감정

지수의 감정

감정의 별

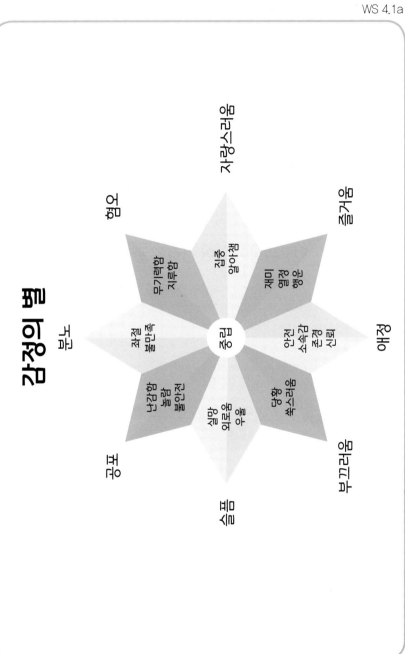

자랑스러움

즐거움

혐오

무기력함
지루함

집중
알아챔

재미
열정
행운

애정

분노

좌절
불만족

중립
안전
소속감
존경
신뢰

난감함
놀람
불안전

실망
외로움
우울

당황
쑥스러움

부끄러움

공포

슬픔

WS 4.1b

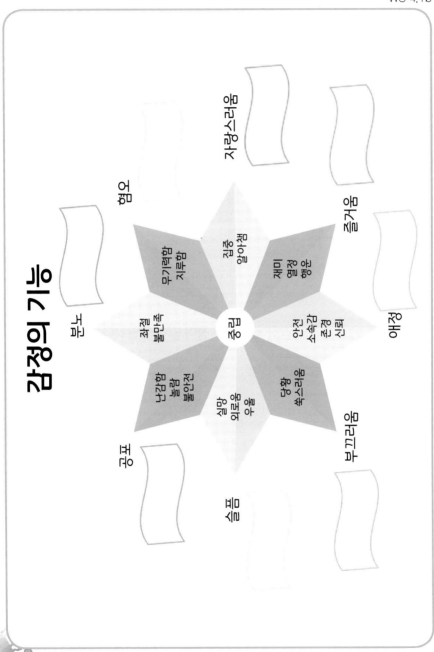

감정의 기능

자랑스러움

즐거움

혐오

애정

분노

부끄러움

공포

슬픔

무기력함
지루함

집중
알아챔

재미
열정
행운

좌절
불만족

중립
중력

안전
소속감
존경
신뢰

난감함
놀람
불안전

실망
외로움
우울

당황
쑥스러움

변화를 위한 캐릭터-
카멜레온

카멜레온과 우리의 감정에는 닮은 점이 많이 있답니다!

카멜레온 색깔은……	우리의 감정은……
항상 어떤 색을 띠고 있다.	
카멜레온 전체에 퍼져 있다.	
다채롭다.	
변화할 수 있다.	
외부 상황의 결과다.	

내 마음의 인공위성

이 트릭을 언제 그리고 왜 사용하나요?
- 여러분의 감정을 바꾸기 전에, 감정을 인식하고 이해하는 것이 중요합니다.

이 트릭의 목표
- 이 연습을 어떻게, 그리고 왜 하고 있을까?
- 이 질문에 대답을 할 수 있다면 이 연습의 목표를 달성한 것입니다.

어떻게 하면 되나요?
- 이제 눈을 감고 여러분 마음속에서 어떤 일이 일어나고 있는지 관찰해 보세요.
  인공위성처럼 떠다니며 멀리 떨어져서 여러분의 기분을 지켜보는 상상을 해 보세요.
[중요]: 인공위성은 조용한 관찰자예요. 그래서 판단하지도 않고 지적하지도 않아요. 인공위성은 여러분을 세심하게 관찰하고, 여러분이 자신에 대해서 더 잘 알고 이해할 수 있게 도와줍니다.
- 여러분은 방금 학교에서 돌아왔고 오늘 하루는 엉망진창이었습니다. 스스로에게 다음 질문을 해 보세요.

  1) 지금 내 기분이 어떻지?
  2) 내 머릿속에서 무슨 생각을 하고 있지? 나를 다운시키는 생각들을 찾을 수 있나?
  3) 이 기분이 내 몸을 어떻게 만들지? 심장이 빨리 뛰나? 배가 쑤시나? 목에 뭐가 걸렸나? 불안한가? 쥐가 나나? 긴장했나? 손이 떨리나? 얼굴이 빨개졌나?
  4) 나는 이제 무엇을 하게 될까?
  5) 내가 경험하는 감정들을 뭐라고 부를까?

- 이제 눈을 뜨세요. 무엇을 느꼈나요?
- 이제 다시 눈을 감고, 여러분이 온라인에 접속해 있다고 상상해 보세요. 여기서 여러분은 가장 좋아하는 것을 합니다. 스스로에게 다음의 질문을 해 보세요.

  1) 지금 내 기분이 어떻지?
  2) 내 머릿속에서 무슨 생각을 하고 있지? 나를 다운시키는 생각들을 찾을 수 있나?
  3) 이 기분이 내 몸을 어떻게 만들지?
  4) 나는 이제 무엇을 하게 될까?
  5) 내가 경험하는 감정들을 뭐라고 부를까?

- 이제 다시 눈을 뜨세요. 무엇을 느꼈나요?

카멜레온의 트릭 상자

지난 몇 주 동안 여러분은 여러가지 트릭을 배웠습니다.
여러분에게 도움이 좀 되었나요?
트릭들이 담긴 상자를 선물로 <u>드릴게요</u>! 여러분의 일상생활에 활용해 보세요.

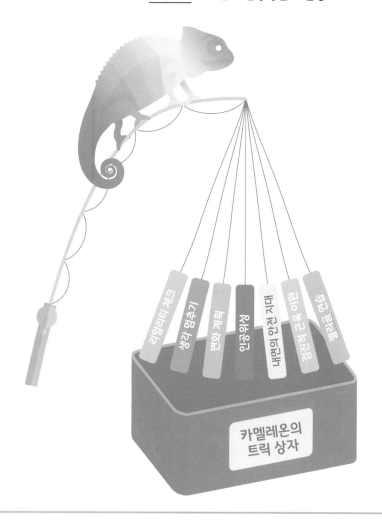

내면의 안전지대

편안하고 안락한 자세로 앉아 보세요.
눈을 감고 천천히 숨을 들이 마시고 내쉬어 보세요.
자기 자신에게만 집중해 보아요.

나를 안전하게 보호해 줄 수 있는 상상 속의 안전지대를 여행하는 거예요.
나를 도와주는 존재들도 함께 초대할 수 있어요.

무엇이 보이나요?

무엇이 들리나요?

냄새는 어떤가요?

기분은 어떤가요?

여러분이 안전하고 보호 받는다고 느껴지나요?

지치고 힘들 땐 내면의 안전지대로 잠시 도망쳐도 괜찮아요.

내면의 안전지대

이 트릭을 언제 그리고 왜 사용하나요?

- 인공위성 연습으로 여러분이 어떤 감정을 왜 가지게 되었는지 이해하게 되면 '내면의 안전지대' 기법을 통해 감정 세계를 변화시킬 수 있습니다. 내면의 안전지대는 특히 여러분이 매우 화가 나거나 슬플 때 유용해요. 이 방법은 여러분이 부정적인 감정을 잊고, 안전함과 차분함을 느끼게 도와줍니다.

이 트릭의 목표

- 여러분이 현실에서 외로움과 힘겨움을 느낄 때 언제든지 찾을 수 있는 상상 속의 안전한 공간을 만드는 것이 목표입니다. 이 장소는 여러분을 편안하고 안전하게 느끼게 만들어야 하고, 현실에서 새롭게 힘을 낼 수 있게 충전해 주는 역할을 합니다.

어떻게 하면 되나요?

- 연습을 위해 필요한 것: 10분 정도의 시간, 편안한 자세(앉거나 눕기), 여러분과 내면에 충분히 집중하기
- 여러분에게 다음의 지시문을 읽어 주는 사람이 있으면 좋습니다.

지시문:

이제 여러분을 초대하여 여러분의 안전지대를 만들어 보겠습니다. 우선 편안하고 안락한 자세로 앉으세요. 이제 눈을 감고 천천히, 그리고 차분하게 숨을 들이마시고 내쉽니다. 여러분 자신에게만 집중합니다. 소음과 다른 일들이 일어나게 내버려 두세요. 지금 당장은 그렇게 할 수 없어도 괜찮습니다. 준비됐나요? 여러분만의 안전지대를 향해 천천히 떠나 봅시다.

이 공간은 지구상에 있을 수 있지만, 꼭 그럴 필요는 없습니다. 이 공간은 여러분의 상상 속에 존재할 수도 있습니다. 여러분의 환상과 생각이 자유롭게 이리저리 돌아다니게 해 보세요. 여러분은 안전하고 편안한 곳에 서 있습니다. 이곳은 오로지 여러분의 것입니다. 다른 존재들을 이 공간에 초대하는 것도 물론 여러분의 자유로운 선택입니다. 그 존재는 동물, 사람 또는 심지어 완전히 다른 존재일 수 있습니다. 여러분만이 환상 속에서 볼 수 있는 존재들을 초대할 수도 있습니다. 하지만 사랑하는 친구와 여러분을 도와주는 사람들만 초대하라고 충고하고 싶습니다. 여러분을 지지하고 사랑을 주는 존재들. 이제 모든 감각을 동원해서 여러분의 개인적인 공간을 살펴봅시다.

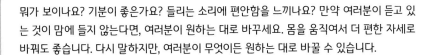

뭐가 보이나요? 기분이 좋은가요? 들리는 소리에 편안함을 느끼나요? 만약 여러분이 듣고 있는 것이 맘에 들지 않는다면, 여러분이 원하는 대로 바꾸세요. 몸을 움직여서 더 편한 자세로 바꿔도 좋습니다. 다시 말하지만, 여러분이 무엇이든 원하는 대로 바꿀 수 있습니다.

이 공간의 냄새는 어떤가요? 냄새가 좋은가요? 마찬가지로, 여러분은 편안하고 원하는 대로 냄새를 바꿀 수 있습니다.

이제, 이 공간이 전반적으로 어떻게 느껴지나요? 안전하고 보호 받는다고 느껴지나요? 이 공간이 어려운 상황에서 여러분을 도울 수 있다고 생각하나요? 이 공간으로 돌아가고 싶나요? 이러한 질문에 "네"라고 대답할 수 있는 것이 중요합니다. 언제든, 어떤 방식으로든 원하는 대로 여러분 내면의 안전지대를 만들고 바꾸세요. 모든 것이 가능합니다.

이제 천천히 눈을 뜨고 다시 방에 주의를 집중하세요. 여러분이 원할 때 언제든지 이 공간으로 되돌아와도 좋습니다. 이제 작은 카멜레온 사진을 여러분들에게 나눠 드리겠습니다. 카멜레온을 가방이나 지갑에 넣어 두면 이곳이 생각날지도 모릅니다.

기분이 어떤가요? 여러분만의 공간을 찾았나요? 언제 이곳으로 갈 건가요?

점진적 근육 이완법

이번 트릭은 여러분이 초조하고 긴장될 때,
스트레스 받을 때 유용하게 사용할 수 있는 트릭입니다.

근육을 강하게 조이고, 긴장을 유지하고, 긴장을 푸는 연습을 시행합니다.

발/다리 → 배 → 어깨/목 → 머리/얼굴 순서로 진행합니다.

점진적 근육 이완법

이 트릭을 언제 그리고 왜 사용하나요?
- 여러분은 아마 어떤 생각들이 부정적인 감정을 일으키는지 충분히 이해하고, 이런 부정적인 생각을 생각 멈추기 기법으로 조절할 수 있을 것입니다. 만약 좀 더 편안함을 느끼고 싶다면, 점진적 근육 이완법이 도움이 될 것입니다.

이 트릭의 목표
- 여러분이 온몸의 근육을 하나씩 긴장시켰다가 이완하기를 반복하여 온몸을 편안하게 만드는 것이 목표입니다.

어떻게 하면 되나요?
- 연습을 위해 필요한 것: 10분 정도의 시간, 편안한 자세(앉거나 눕기)
- 여러분에게 다음의 지시문을 읽어 주는 사람이 있으면 좋습니다.

지시문:
편안한 자세를 만드세요. 눈을 감아 보세요. 가능한 한 몸을 느슨하게 하고 긴장을 푸세요.
– 발과 다리, 배, 어깨와 목, 팔과 손 그리고 머리와 얼굴 순서로 진행합니다.

이제, 여러분의 발과 다리에 집중합니다. 다리, 발, 발가락에 최대한 힘을 줍니다. 그동안 다른 모든 신체 부위는 긴장을 풀어야 합니다. 여러분이 크고 물컹거리는 진흙 구덩이를 맨발로 걷고 있다고 상상해 보세요. 발가락 사이에 진흙이 고이는 것을 상상해 보세요. 미끄러져 넘어지지 않아야 합니다. 발가락과 발 뒤꿈치를 땅속으로 밀어 넣습니다. 여러분의 발과 다리가 얼마나 긴장되고 단단하게 느껴지나요? 이제 천천히 긴장을 풉니다. 깊게 숨을 마시고 여러분의 발과 다리에서 긴장이 빠져나가는 것을 느껴 봅니다. 지금 발과 다리가 얼마나 이완되었는지 느낄 수 있나요? 여러분의 근육이 다시 부드러워질 때까지 최대한 이완하세요.

이제 배에 집중합니다. 풀밭에 누워서 벌이 윙윙거리는 소리를 듣고 있다고 상상합니다. 갑자기, 작은 코끼리가 여러분에게 다가옵니다. 코끼리가 금방이라도 여러분을 밟을 것 같습니다. 여러분의 배가 작은 코끼리의 무게를 견딜 수 있게 배 근육을 가능한 세게 조여 주세요. 여러분의 배에 있는 작은 코끼리의 발과 무게를 느낄 수 있나요? 지금 배가 얼마나 딱딱하고 팽팽한지 느껴지시나요? 배가 너무 단단해서 작은 코끼리가 여러분을 밟는 것을 거의 느낄 수 없습니다.

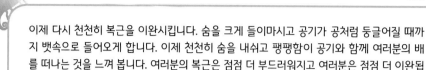

이제 다시 천천히 복근을 이완시킵니다. 숨을 크게 들이마시고 공기가 공처럼 둥글어질 때까지 뱃속으로 들어오게 합니다. 이제 천천히 숨을 내쉬고 팽팽함이 공기와 함께 여러분의 배를 떠나는 것을 느껴 봅니다. 여러분의 복근은 점점 더 부드러워지고 여러분은 점점 더 이완됩니다.

이제 여러분의 목과 어깨에 집중합니다. 바닷가에 누워 있는 작은 거북이가 되는 상상을 합니다. 갑자기, 여러분은 위험을 느끼고 머리를 재빨리 껍데기 안으로 넣어야 합니다. 가능한 한 어깨를 최대한 머리까지 높이 들어올립니다. 여러분의 어깨는 머리를 보호하는 껍데기입니다. 어깨와 목이 얼마나 긴장되는지 느껴지시나요? 여러분의 근육은 머리를 보호하기 위해 열심히 일하고 있나요? 위험은 지나갔나요? 그렇다면 천천히 여러분의 껍데기에서 나옵니다. 어깨가 아래로 부드럽게 움직이도록 하고 목을 조심스럽게 위로 뻗습니다. 깊게 숨을 들이 마십니다. 근육이 이완되는 것을 느껴 봅니다. 어깨가 편안한 자세로 돌아가는 것을 느껴 봅니다.

편안한가요? 이제 팔에 집중합니다. 여러분이 고양이라고 상상합니다. 여러분은 이제 막 편안한 낮잠에서 깼습니다. 다시 나무에 올라가서 쥐를 사냥하기 전에, 앞다리와 발을 뻗고 싶습니다. 팔을 최대한 위로 뻗습니다. 이 자세를 할 때 여러분의 팔은 어떤 느낌이 드나요? 여러분이 충분히 스트레칭을 했다고 느낄 때, 편안한 동작으로 팔을 다시 아래로 내립니다. 다시 한 번, 심호흡을 하고 천천히 고르게 숨을 내쉽니다. 팔 근육이 점점 이완되고 풀리는 느낌이 드나요?

이제, 이완된 상태를 유지하며 손에 집중합니다. 즙을 짜내고 싶은 레몬을 양손에 들고 있다고 상상해 봅니다. 과즙이 여러분 손가락 사이로 흘러내릴 때까지 주먹을 불끈 쥡니다. 손바닥과 손가락에 힘과 긴장감을 느낄 수 있나요? 손의 느낌은 어떤가요? 그 느낌이 가득 차게 하고, 가능한 자세히 느껴 봅니다. 레몬에서 즙을 다 짰나요? 그러면 천천히 다시 손을 풉니다.

이제 여러분의 얼굴에 집중합니다. 태양 아래 앉아있는 것을 상상해 봅니다. 여름 풀밭이나 테라스, 발코니에 있는 집도 좋습니다. 갑자기, 파리가 나타나서 코에 앉아 얼굴을 간지럽힙니다. 여러분은 얼굴을 잔뜩 찡그려 파리를 겁주려고 하고 있습니다. 이마와 턱에도 주름을 잡아야 합니다. 파리가 갔나요? 이런, 파리가 입술에 앉았습니다! 입으로 들어가지 않도록 입술과 이를 함께 누릅니다. 휴, 드디어 파리가 갔습니다! 이제 얼굴의 긴장을 풀 수 있습니다. 다시 한번 깊게 숨을 들이마시고 얼굴 전체가 어떻게 이완되는지 느껴 보세요.

한 번 더 온몸을 조여 봅니다. 발, 다리, 배, 어깨와 목, 팔과 손, 그리고 얼굴도요. 머릿속으로 셋을 세고 나서 온몸의 긴장을 풉니다.

이제, 천천히 눈을 떠도 됩니다. 기분이 어떤가요? 천천히 이 방과 주변 사람들에게 돌아옵니다. 기분이 어떤가요? 여러분의 몸은 어떻게 느끼나요?

젤리곰 연습

우리가 스트레스를 받으면 그 순간에 집중하기 힘들 수 있습니다.

젤리곰 연습은 여러분이 주변에서 일어나는 일을 더 잘 알아채게 도와줍니다.

젤리곰 연습

이 트릭을 언제 그리고 왜 사용하나요?
- 젤리곰 연습은 특히 여러분이 불쾌한 사건이나 생각, 기분으로 예민해질 때 유용합니다.

이 트릭의 목표
- 스트레스를 받으면 현재에 집중하기가 어려워집니다. 여러분의 마음이 여기저기 떠다니고 주변에서 어떤 일이 벌어지는지 알아차리기 힘들어집니다. 이 트릭은 여러분이 현재 어떤 일이 일어나는지 의식적으로 알아차리게 도와줍니다. 즉, 젤리곰이 실제로 어떤 냄새를 풍기는지, 어떤 맛인지 알아차리게 해 줍니다.
[주의]: 이 트릭은 연습이 필요합니다. 처음에는 이 트릭이 별로 유용하지 않다고 느낄 수도 있습니다. 좌절하지 말고 꾸준히 연습을 해 보세요.

어떻게 하면 되나요?
- 연습을 위해 필요한 것: 10분 정도의 시간, 앉아 있기에 조용한 장소, 젤리곰 1~2개, 오감, (필요하다면) 여러분에게 지시문을 읽어 줄 사람

지시문:
손바닥 위에 젤리곰을 올려놓습니다. 이제 그것을 여기저기 돌려 봅니다. 무엇처럼 보이나요? 무슨 색인가요? 표면이 밋밋한가요 아니면 반짝이나요? 어떤 음영이 들어있나요? 빛에 비추면 달라지나요? 시각장애인에게 그것을 어떻게 설명할 것인가요?

이제 눈을 감고 젤리곰을 코에 가까이 대세요. 냄새를 맡아 봅니다. 무슨 냄새가 나요? 냄새나 냄새의 강도가 변하나요?

젤리곰을 귀에 대고 소리를 들어 봅니다. 전혀 안 들리나요? 아니면 무슨 소리를 들으려면 젤리곰을 움직여야 하나요? 그 소리를 어떻게 설명할 건가요? 잘 들어 보세요. 처음에는 한쪽 귀로, 그다음에는 다른 쪽 귀로.

젤리곰을 손에 올려 봅니다. 이제 여러분의 손에 모든 관심을 집중시킵니다. 젤리곰이 어떤 느낌인지 여러 가지로 탐색해 봅니다. 손가락 사이로 느껴 보고, 그 감각을 설명해 봅니다. 매끈하거나, 거칠거나, 뭉툭하거나, 아니면 미끄럽나요?

마지막으로, 젤리곰을 입에 넣고 혀로 탐색해 봅니다. 무슨 맛인가요? 어떤 느낌인가요? 시간이 지날수록 모양이 변하나요?

이제 젤리곰을 아직 깨물지 말고 어금니 위에 올려놓습니다. 젤리곰을 조심스럽게 물어뜯고 천천히 씹어 보세요. 이제 어떤 느낌이 드나요? 맛이 변하나요?
마지막 한 입까지 씹으세요. 삼킬 준비를 하고, 어떻게 삼키는지 자세히 관찰합니다. 삼키는 동작이 느껴지나요? 삼킨 후에 혀는 어떤 느낌인가요?

이제 눈을 뜹니다. 여러분은 젤리곰을 한 개 더 받을 것입니다. 두번째 것은 평소에 먹듯이 먹습니다. 그러면서 여러분의 감각을 방금 전과 비교해 봅니다. 차이점이 느껴지나요?

이 연습은 어땠나요? 젤리곰이 어떤 맛인지 의식적으로 알아차렸나요? 평소와 맛이 달랐나요?

[팁] 이 연습은 매일매일 일상생활에 적용하기 쉽습니다. 모든 오감을 동원하지 않아도 되고, 한 가지나 두 가지로도 충분해요. 예를 들면, 샤워를 하거나 이를 닦을 때 의식적으로 하거나, 아침이나 저녁식사를 할 때 스스로를 관찰해 볼 수 있어요.

수고했어요!

찾아보기 🔍

인명

Young, K. 89

내용

Assessment for Computer
  and Internet Addiction-
  Screener(AICA-S) 39
Compulsive Internet Use
  Scale(CIUS) 39
DSM-5 32, 89
ICD-11 28, 90
Internet Addiction Test 39
I-PACE 모델 78
SCI-IGD 39

Short Internet Addiction Test(s-
  IAT) 39
Video Game Addiction Test(VAT)
  39
Video Game Dependency Scale
  (CSAS-II) 39

ㄱ

간헐적 강화 27
갈망 33

감각 이완 기법 206

감각적 기법 100

감각적 방법 104

감정 조절 100, 196, 205

감정의 별 196

강박장애 54

강박적 인터넷 사용 25

건포도 연습 212

게임 장애 28, 73

게임 중독 26

고전적 및 조작적 조건화 73

공격성 54

공황장애 54

과잉일반화 82, 101, 153, 154, 180

과잉행동/주의력결핍 54

국제질병분류(ICD-11) 36

금단 증상 33

기능적 행동의 훈련 103

ㄴ

내성 33

내현화 장애 54

ㄷ

당위적 생각 101, 128, 154, 180

동일시 27

ㅁ

마음챙김 206

마음챙김-기반 방법 104

만족감(gratification) 80

몰두 32

몰입 38

무작위 대조 연구(RCT) 91, 104

문제적 인터넷 사용 25

문제해결 135, 158

문제해결 기술 103

문제해결 방법을 훈련 103

문제해결 훈련 92, 100

물질 관련 중독 73

ㅂ

병적 인터넷 사용 25

보상(rewarding) 80

보상(compensation) 80

보편적 예방 90

부적 강화 74, 78

부정적인 귀인 양식 82
불안장애 40, 54
비디오 게임 중독 25

ㅅ

사전−사후 검사 설계 92
사회적 역량 훈련 177
상상 기법 104
상상 이완 기법 206
선택적 예방 91
소셜 네트워크 중독 28
소크라테스 문답법 102
수면 장애 54
수행 불안 148
신체화장애 54
심리교육 92, 101, 116
심상적 기법 100

ㅇ

약물 및 알코올 남용 54
역기능적 사고 122, 148
역기능적인 정서 조절 77
온라인 도박 중독 29
온라인 쇼핑 중독 29

온라인 포르노 중독 30
외현화 행동 및 장애 54
우울증 40, 54
유관성 관리 103
유인−민감화 이론 75
이기기 위한 지불(pay-to-win) 28
인지 재구조화 92, 100, 127, 152,
　179
인지적 기법 100
인지적 오류 101
인지적 왜곡 78, 82
인지적 중재 101
인지적 편향 79
인지행동 기법 92
인지행동치료 100
인터넷 및 컴퓨터 게임 중독을
　위한 단기 치료(STICA) 94
인터넷 사용 장애(IUD) 26
인터넷 중독 25
일반화된 병적 인터넷 사용 26

ㅈ

자극 반응성 실험 75
자기 표상 27

재앙화 82, 101

저임계치 접근 100

적대성 54

점진적 근육 이완 206, 210

점진적 근육 이완법 104

정서 조절 중재 83

정신질환의 진단 및 통계 편람
　(DSM-5) 32, 89

정적 강화 74, 78

젤리곰 연습 206, 212

조작적 조건화 102

주의력 결핍 과잉행동장애(ADHD)
　40

중독성 행동에 의한 장애 73

중재 프로그램 91

ㅊ

충동 조절 장애 25

취약성-스트레스 접근법 76

ㅌ

통합적 과정 모델 76

특정 병적 인터넷 사용 26

ㅍ

파국적인 생각 179, 180

품행장애 54

ㅎ

학교 기반 예방 프로그램 92

학습이론 74

합리적인 감정 이야기 102

행동 지향적 중재 83

행동 활성화 100, 103

행동 활성화 연습 135, 158

행동적 중재 103

행위 중독 25, 73

회피적인 대처 방법 77

저자 소개

Katajun Lindenberg, Ph.D.
독일 프랑크푸르트 괴테 대학교, 소아 심리학 및 정신치료 교수
소아 · 청소년을 위한 외래 정신치료 클리닉 책임자다.

Sophie Kindt, M.Sc.
연구원, 임상심리사
인터넷 사용 장애의 예방과 위험 요인에 대한 연구를 주로 수행하고 있다.

Carolin Szász-Janocha, M.Sc.
독일 프랑크푸르트 괴테 대학교, 연구원, 임상심리사
인터넷 사용 장애의 치료 및 위험 요인에 대한 연구를 주로 수행하고 있다.

역자 소개

홍순범
서울대학교병원 정신건강의학과 부교수
아동/청소년 정신질환의 예방과 치료에 관심을 갖고 진료와 연구를 하고
있다.

박선영
서울대학교병원 정신건강의학과 임상강사
중독 정신질환의 예방과 치료에 관심을 갖고 진료와 연구를 하고 있다.

이승아
서울대학교병원 의생명연구원 연구원. 임상심리 전문가
아동/청소년 정신장애와 충동성에 대한 행동심리학적 개입을 중심으로 연
구하고 있다.

지성인
서울대학교병원 정신건강의학과 수료 전문의
청소년 및 군장병의 자살 예방, PTSD를 중심으로 진료하고 연구하고 있다.

강소연
서울대학교병원 의생명연구원 연구원

김선주
서울대학교병원 의생명연구원 연구원

박영은
서울대학교병원 의생명연구원 연구원

청소년 인터넷 게임 중독의 예방과 치료

Internet Addiction in Adolescents:

The PROTECT Program for Evidence-Based Prevention and Treatment

2024년   1월 15일 1판 1쇄 인쇄
2024년   1월 25일 1판 1쇄 발행

지은이 • Katajun Lindenberg · Sophie Kindt · Carolin Szász–Janocha
옮긴이 • 홍순범 · 박선영 · 이승아 · 지성인 · 강소연 · 김선주 · 박영은
펴낸이 • 김진환
펴낸곳 • ㈜ **학지사**

　　　　　04031 서울특별시 마포구 양화로 15길 20 마인드월드빌딩
대표전화 • 02-330-5114   팩스 • 02-324-2345
등록번호 • 제313-2006-000265호

홈페이지 • http://www.hakjisa.co.kr
인스타그램 • https://www.instagram.com/hakjisabook

ISBN 978-89-997-3027-6 93180

정가 17,000원

출판미디어기업 학지사

간호보건의학출판 **학지사메디컬** www.hakjisamd.co.kr
심리검사연구소 **인싸이트** www.inpsyt.co.kr
학술논문서비스 **뉴논문** www.newnonmun.com
교육연수원 **카운피아** www.counpia.com